주님과 동행하는 기쁨

그리스도를 알고 그를 알게 하는 삶을
도와주는 실제적인 안내서

캐롤 메이홀

네비게이토 출판사

네비게이토 선교회는
국제적이며 복음적인 기독교 기관이다.
예수 그리스도께서는 자기를 따르는 자들에게
"너희는 가서 모든 족속으로 제자를 삼으라"
(마태복음 28:19)는 지상사명을 주셨다.
네비게이토 선교회는 세계 모든 국가에서
예수 그리스도의 일꾼들을 배가시켜
이 지상사명을 성취하는 것을 돕는 것을
근본 목표로 하고 있다.

네비게이토 출판사는
네비게이토 선교회의 문서 선교를 담당하고 있다.
본 출판사에서는 그리스도인의 영적 성장을 돕는
서적과 자료들을 출판하여,
그리스도인의 삶의 기초가 견고한
헌신된 제자로 성장하고,
나아가 성숙한 인격과 지도력을 갖춘
일꾼이 되도록 돕고 있다.

Come Walk With Me

Carole Mayhall

Translated by permission
Title originally published in English as
COME WALK WITH ME by WaterBrook Press,
a division of Random House, Inc.
© 1997 by Carole Mayhall
Korean Copyright © 2000
by Korea NavPress

차 례

감사의 말 / 7
1. 자, 나와 함께 걸어갑시다 / 9

제 1 부 : 주님을 알아 감

2. 누가 첫 자리에 있는가 – 그리스도의 중요성 / 21
   구절별 성경공부를 하는 법
   개인 적용을 하는 법
3. "떡으로만 살 것이 아니요" – 말씀의 중요성 / 45
   시편 119편을 공부하는 법
4. 주님과 함께 보내는 시간(1) – 말씀을 섭취하는 법 / 65
   성경 말씀을 묵상하는 법
   장별 성경공부를 하는 법
5. 주님과 함께 보내는 시간(2) – 기도의 삶 / 89

인물별 성경공부를 하는 법
　　　기도 노트 사용법
　6. "나의 계명을 가지고 지키는 자라야" - 순종의 중요성 / 119

제 2 부 : 주님을 닮아 감
　7. 남편을 사랑함 / 145
　8. 자녀를 사랑함 / 171
　　　잠언을 공부하는 법
　9. 집안일을 잘함 / 191
　10. 절 제 / 207
　　　주제별 성경공부를 하는 법
　11. 순 결 / 221
　12. 친 절 / 239
　　　*T-O-P-I-C-A-L*을 사용하여 주제별 성경공부를 하는 법
　13. 복 종 / 257

제 3 부 : 주님을 알게 함
　14. 누가 누구를 - 제자삼는 일에 필요한 자질 / 277
　15. 하지만 어떻게? - 제자를 삼는 방법 / 291

감사의 말

이 책을 쓰는 데 많은 사람들이 도움을 주었습니다. 특히 몇 사람의 도움이 컸습니다.

워터브룩 출판사의 댄 리치 씨에게 감사를 드립니다. 그는 나를 격려해 주고, 믿어 주고, 이 책을 쓰는 일을 후원해 주었습니다. 감사드립니다.

리즈 헤니 씨에게 감사드립니다. 그녀는 훌륭한 편집자일 뿐 아니라, 이 책의 모양을 잡고, 다듬고, 체계를 잡는 데 큰 도움을 주었습니다. 그녀는 열심히 일했고… 그리고 내가 열심히 일하도록 도와주었으며, 그리하여 더 읽기 쉬운 책이 되었습니다.

나의 딸 린과 질녀인 멜로디(내 여동생 조이의 딸), 그리고 친구인 손자 자매는 자녀들을 키우면서 있었던 일을 들려주었는데, 큰 도움이 되었습니다.

나를 자신의 삶의 일부가 되도록 해준 이들에게 감사드립니다. 내가 그들을 도와준 것보다 그들이 나를 도와준 것이 더 많았습니다!

가장 큰 도움을 준 사람은 맨 마지막까지 남겨 두었습니다. 바로 나의 남편 잭입니다. 그는 많은 시간을 들여, 아이디어를 내어 주고, 경청해 주고, 참조 성경 구절들을 찾아봐 주고, 내가 하루 종일 컴퓨터 앞에 앉아 씨름하느라 등이 아플 때는 안마를 해주기도 했습니다. 남편의 도움이 없었다면 이 책은 나오지 못했을 것입니다.

제 1 장

자, 나와 함께 걸어갑시다

남편은 신이 나 있었습니다. 캘리포니아의 롱비치에 가서 새로운 선교 사역의 기회를 알아보고 돌아왔던 것입니다. 마치 처음으로 메이저리그 경기를 보러 가게 된 아이처럼, 그곳에서 할 일을 이야기할 때 그의 눈은 빛났습니다. 우리가 이사갈 집은 현재 군인 선교 센터로 사용되고 있는 크고 오래된 건물인데, 가구는 이미 다 갖춰져 있고, 남자 네 명, 여자 한 명, 그리고 한 부부가 살고 있으며, 개도 한 마리 있더라고 했습니다. 현재 그곳 책임을 맡고 있는 사람들이 우리에게 책임을 넘겨주고 오키나와로 가면서 그 개를 데리고 갈 수가 없어서 남겨 둘 예정이었습니다. 그런데 그 개는 길이 잘 든 편은 아니라고 했습니다. (남편은 내가 그 사실을 모르기를 바라는지, 슬쩍만 언급하고 지나갔습니다.)

우리 부부가 할 일은 사람들의 영적 성장을 돕고, 삶과 사역의 기술을 가르치며, 군인 선교 센터에서 군인들 대상으로 선교 사역을 하고, 수천 달러가 있어도 부족할 것 같은 예산을 위해 후원금을 모금하며, 우리 집을 사역을 위해 개방을 하고…. 남편이 우리가 해야 할 일을 장황하게 늘어놓을 때, 눈이 캄캄해지고 머리가 어지러웠습니다. 물론 남편은 자신의 말이 내게 어떤 영향을 미치고 있는지 모르고 있었습니다. 그러나 그의 이야기를 들으면 들을수록, 그 일은 마치 땅바닥을 기어서 세계 일주를 하는 것만큼이나 힘든 일로 보였습니다.

남편이 우리가 롱비치에 가서 하게 될 이 멋진 사역에 대해 설명을 마치자, 나는 위층에 있는 침실로 올라가 털썩 무릎을 꿇고 기도했습니다. "아버지 하나님! 하나님께서 그의 모든 말을 들으셨습니다. 그리고 제가 그 일을 할 수 없다는 것을 아십니다!

"또한 주님께서 아시다시피, 제가 가장 싫어하는 것은 주님께서 남편을 불러 맡기신 일에서 제가 그의 기대를 저버리는 것입니다. 그런데 주님께서는 그 일을 하도록 그를 부르고 계시는 것 같습니다. 하지만 저는 그 일에서 주님과 남편의 기대를 저버릴 게 분명합니다.

"그러니까…" 나는 주님께 구하려는 것을 말하기에 앞서 잠시 멈추었습니다. "주님께서 지금 당장 저를 데려가시는 편이 나을 것 같습니다. 그러면 남편은 그 일을 잘 도와줄 다른 여성과 결혼할 수 있을 겁니다."

떨리는 마음, 그리고 기대감을 가지고 기다렸습니다. 하나님께서 당장 그 자리에서 나를 데려가실 것을 예상하고…. 그러나 하늘에서 번개가 번쩍이지도, 심장마비나 뇌출혈로 쓰러지지도 않았습니다. 10분 남짓 지나자, 나는 하나님께서 나를 살려 두기로 하신 게 분명하다고 생각했습니다.

그래서 어리둥절해져서 이렇게 기도했습니다. "아버지 하나님, 그렇다면 좋습니다. 저를 본향으로 데려가지 않으실 양이시면, 제가 영적으로 성장하게 도와주셔야 합니다. 어떻게든 …이 일에서 주님께 필요한 사람으로 만들어 주셔야 합니다."

하나님께서는 한 경건한 여인을 통해 그 기도에 응답하기 시작하셨습니다. 그녀는 나를 가르치고, 훈련시키고, 실제적인 방법으로 나를 "디도서에 나오는 여인"으로 만들어 갔습니다 (디도서 2:3-5 참조).

롱비치의 윌로우 가에 있는 그 크고 오래된 집으로 이사한 후, 매주 나는 붐비는 고속도로를 달려 패사데나로 갔습니다. 매주 수요일 아침이면, 세 살짜리 우리 딸 린을 차에 태우고 출발했습니다. 당시는 운전을 배운 지 겨우 6개월밖에 되지 않았던 때라, 격심한 교통량 때문에 엄청난 두려움을 느꼈습니다. 그러나 나는 도움이 절실히 필요했고, 결단을 내렸던 터라, 이를 악물고 그 붐비는 도로로 들어서곤 했습니다.

한 시간 남짓 후 나는 패사데나에 있는 어떤 집 안으로 들어서고 있었습니다. 우리 집보다 더 크고 오래된 집인데, 그 집에 마리온이 살고 있었습니다. 마리온은 우리 남편을 인도하는 사람의 부인이었는데, 나보다 나이는 다섯 살 위였지만 영적으로는 수십 년은 더 성숙해 있는 것 같았습니다. 바로 그녀가 나를 제자로 훈련시켜 주기로 했습니다. 우리는 그녀의 널찍한 침실에 틀어박혀 몇 시간 동안 조용히 대화를 나누곤 했습니다. 그 동안에는 마리온의 집에 함께 사는 자매가 린과 마리온의 아들 리키를 봐주었습니다.

　나는 마리온에게 이렇게 말했습니다. "제가 그리스도인도 아닌 것처럼 여기세요. 저를 그리스도께 인도해 주시고, 성장하기 위해 알아야 할 필요가 있는 것은 무엇이든 가르쳐 주세요. 그리고 제가 배운 것을 다른 사람에게 전달할 수 있도록 해주세요."

　그리고 한 해 동안 마리온은 바로 그렇게 해주었습니다. 그녀는 복음을 전하는 법과 성경 말씀을 파고드는 법으로부터 한꺼번에 20명분 식사를 준비하는 법까지 모든 것을 가르쳐 주었습니다. 나는 하나에서 열까지 모든 것을 배울 필요가 있었습니다! 마리온은 내 곁에서 함께 동행하면서 나의 삶에 구주 예수님의 마크를 찍어 주었습니다.

　영적으로 성장해 가자, 하나님께서는 나에게 다양한 배경과 환경을 가진 수많은 여성들 곁에서 동행하며 성장을 돕는 특권을 주셨습니다. 기독교 가정에서 자라난 사람과 성인이 되어서야 그리스도를 알게 된 사람, 원만한 가정에서 자라난 여성과 역기능적인 가정에서 자라난 여성, 행복한 결혼 생활을 하고 있는 여성과 고통스런 결혼 생활을 하고 있는 여성 등. 많은 여성들이 **기쁨 넘치는 삶**을 위한 실제적이고 효과적인 방법을 찾도록 도움을 받지 않아서 고통 속에 몸부림치고 있었습니다.

　독신으로 살고 있는 어떤 젊은 교사는 어린 시절에 친척으로부터 성폭행을 당한 것 때문에 하나님께서 주시는 기쁨도 남편의 사랑도 알지 못하게 되었습니다.

　그리고 노머가 있습니다. 노머는 수면제를 많이 먹고 목숨을 끊으려 한 적도 있었습니다. 그녀는 삶에서 한 번도 하나님을 실제적으로 경험한 적이 없었습니다.

젊은 미망인도 생각이 납니다. 혼자 여섯 아이를 키우는 그녀는 하나님께서 사람들을 그리스도께 잘 인도할 수 있게 해 주셔서 심지어 전화 통화를 하면서 인도한 적까지 있지만, 어떻게 그들의 영적 성장을 도울 수 있는지 모르겠다고 눈물을 흘리며 말했습니다.

하나님을 친밀히 알고 싶어하지만, 어떻게 하면 되는지를 모르는 아내들과 독신 여성들도 생각납니다.

이 모든 여성들은 각기 나름대로의 방법으로 "하나님께서는 기쁨을 약속하셨는데, 저는 그것을 누리고 있지 못해요. 뭐가 잘못되었지요?"라고 말하고 있었습니다.

그중 한 사람에 대해 나누고자 합니다.

정말이에요?

바로 밑 층계에 한 여인이 서 있었습니다. 손자라는 여성이었습니다. 내 눈 바로 앞에서 그녀의 웃음짓는 파란 눈이 반짝이고 있었습니다. 산들바람이 불어 오자 그녀의 금발 머리가 흐트러졌습니다. 유연해 보이는 몸매에 파란색과 빨간색이 섞여 있는 스웨터를 입고 있었는데, 30세쯤 되는 수줍음 많은 여성으로 생각되었습니다. 왜 나를 만나고 싶어하는지 궁금해서 안으로 들어오게 했습니다.

긴 의자에 같이 앉자, 그녀는 깊은 숨을 들이쉬더니 입을 열었습니다. 느닷없는 첫 질문에 나는 어리둥절해졌습니다.

"정말이에요?"라고 그녀가 묻는 것이었습니다.

"무엇이 말입니까?"

"음, 저는 몇 주 전에 당신이 말씀을 전하는 것을 들었어요. 저는 그 말을 믿을 수가 없어요."

나는 영문을 몰라 눈이 휘둥그래졌고, 그녀는 계속 말을 이었습니다. "저는 전임 사역자의 아내입니다. 저는 성경을 가르치고 있는데, 제가 가르치고 있는 그룹 사람들은 제가 영적으로 잘 살고 있는 것으로 생각하고 있어요. 하지만…." 그녀는 머리카락을 만지작거리며 말을 멈추더니 시선을 돌렸습니다. 그리고, 잘 모르는 사람인 나에게 모든 것을 털어놓기로 결심하는 듯하더니, 계속 말을 이었습니다. "그들은 저를 몰라요. 저의 참 모습을 모르고 있단 말이에요. 저는 잘 지내는 척하고 있는 것뿐이랍니다."

그녀는 착잡한 느낌을 감추기라도 하려는 듯, 일부러 씽긋 웃더니 이렇게 불쑥 내뱉는 것이었습니다. "당신은 제가 찾고 있는 그런 평안과 기쁨은 하나님의 말씀 안에 깊이 거할 때 얻을 수 있다고 하셨어요. 저는 한 번도 진정한 평안과 기쁨을 경험한 적이 없답니다. 당신이 말씀하신 것이 참말인지 묻고 싶어 배길 수가 없었어요. 그래서 이렇게 찾아온 거예요."

그리하여 그녀와의 관계가 시작되었습니다. 그 관계는 먼저 내가 그녀에게 하나님과 생동감 넘치는 관계를 갖는 데 기본이 되는 것을 가르치는 것으로부터 출발했습니다. 그 다음에, 삶의 여러 영역과 경건한 삶에서 훈련을 돕는 것으로 이어졌고, 가장 깊은 친구 관계로까지 발전해 갔습니다. 우리는 함께 기도했고, 함께 울었으며, 함께 주님의 일을 했고, 함께 여가를 즐기기도 했습니다. 영적으로 돕기도 하고, 어머니처럼 돌봐주기도 했으며, 상담도 해주었고, 제자 훈련도 시켜 주었습니다… 우리는 이 모든 것을 함께했습니다. 그 과정에서, 나는 준 것보다 더 많은 것을 얻었고, 내가 가르친 것보다 더 많은 것을 배웠으며, 그녀가 나에게 기쁨을 주었고 지금도 주고 있는 것으로 인해 오늘도 하나님을 찬양합니다.

우리는 디도서 2장에 나와 있는 관계를 그대로 이루어 온 셈입니다. 모든 독자들이 그런 관계를 누렸으면 합니다.

하나도 놓치지 않으려면

디도에게 편지를 보낼 때, 바울은 모든 그리스도인들은 기본이 되는 어떤 진리들을 배울 필요가 있다고 했습니다. 그리고 나서 그는 네 그룹의 사람들에 대해 언급했는데, 각 그룹은 각기 핵심적인 몇몇 자질에 주의를 기울여야 했습니다. 예를 들면, 늙은 남자들은 (다른 무엇보다도) 경건한 삶에 힘써야 했고, 젊은 남자들은 근신 즉 절제를 배울 필요가 있었고, 종들은 순종해야 했고, 늙은 여자들은 거룩한 삶을 배워야 했습니다. 그런데 바울은 "늙은 여자들"에게 말하면서 또 다른 그룹을 첨가했습니다. 늙은 여자들이 디도서 2:4-5에 명확하게 나와 있는 일곱 가지의 중요한 자질에 대해 **젊은 여자들**을 가르쳐야 한다고 말한 것입니다. 이 자질들은 매우 중요해서 제2부에 가서 각각 한 장씩 할애하여 다루도록 하겠습니다.

그러나, 이러한 성품들에 대해 배우기 전에, 어떤 그리스도인에게도 중요한 핵심적 내용들을 알고 이해할 필요가 있습니다. 이러한 내용들은 제1부에서 다루고 있는데, 그리스도인의 삶의 기초가 되는 이것들에 견고하게 뿌리를 내리지 않으면, 우리는 원하는바 경건한 여인이 되는 일에서 한 발자국도 나아가지 못할 것입니다. 만약 그리스도를 삶의 중심에 모시는 것, 하나님의 말씀을 영적 성장의 기본으로 삼는 것, 하나님의 말씀에 순종하는 것, 기도로 하나님을 찾는 것 등의 절대적인 중요성을 확신하지 못한다면, 우리는 결코 경건한 여인이 되기 위한 힘도, 능력도, 열정도 갖지 못하게 될 것입니다.

살아오면서 쓸데없는 두려움도 많았지만, 늘 가지고 싶은 두려움도 한 가지 있습니다. 그것은, 하나님께서 이땅에서 내가 알고 경험하기 원하시는 것들이 있는데, 그 가운데 어떤 것을 내가 놓치지나 않을까 하는 두려움입니다. 당신도 그런 것을 하나도 놓치고 싶지 않을 것입니다. 또한 하나님에 대해, 그리고 자신의 영적 삶에 대해 즐거워하며, 하나님의 말씀이 주는 기쁨을 경험하고 싶어하리라 생각됩니다.

그런데 어떻게 하면 됩니까? 그것이 문제입니다. 그렇지 않습니까? 누구가, 무엇을, 언제도 중요합니다. 그러나 어떻게가 가장 중요합니다. 당신이 원하는 사람, 만유의 주님께서 원하시는 그런 여성이 어떻게 하면 될 수 있는지에 대해 이 책이 실제적인 도움을 줄 수 있기를 기도합니다.

마음에서 마음으로···

많은 여성들이 자신들을 가르쳐 줄 사람이 없습니다. 자기 곁에서 함께 동행하면서, 하나님을 친밀하게 알아 가는 삶의 기뿜을 경험하도록 도와줄 사람이 없는 것입니다. 나는 독자 여러분을 한 사람 한 사람 개인적으로 만나 함께 앉아서 얼굴을 마주보며 하나님과의 관계에서 핵심이 되는 것들에 대해 대화를 나눌 수 있었으면 좋겠습니다. 그러나 이 책을 통해 나의 마음을 나누는 것이 차선책은 될 것입니다. 이 책은 오랫동안 하나님의 진리와 경건한 삶에 대해 여성들에게 가르쳐 온 것들을 담고 있습니다.

제자 훈련이란 관계를 통해 이루어지도록 되어 있습니다. 그러므로 누군가가 당신과 함께 앉아서 당신의 삶에 대해 점검도 해주고, 당신의 질문에 답변도 해주는 것이 가장 좋습니다. 그러므로 영적으로 성숙한 여성을 찾아보기 바랍니다. 나이가 많든 적든, 기꺼이 당신과 함께 이 책을 읽으며 대화를 나누어 줄 사람이면 됩니다. 그러나 그런 사람을 찾을 수 없다고 해서 실망하지는 마십시오. 이 때문에 당신 스스로 하나님을 찾는 삶을 포기해서는 안 됩니다.

각 장의 마지막에는 "성경의 진리를 당신의 것으로"라는 단락이 있습니다. 거기에는 성경공부와 과제들이 있는데, 영적 성장에 중요한 영역들에서 당신이 성장하고 계발되도록 돕기 위한 것입니다. 당신이 원하는 것보다 더 많은 공부를 해야 할 때도 있겠지만, 그 공부들은 다 이유가 있어서 포함시켰습니다. 우리 삶에서 약한 영역들은 강한 영역들보다 더 많은 관심과 주의를 기울여야 하기 때문입니다. 예를 들면, 당신이 천성적으로 온유한 사람이라면, 온유함이라는 주제에 대해서는 한두 주만 들이면 될 것입니다. 그러나 평생 동안 온유함 부족으로 갈등해 왔다면, 그것을 계발하기 위해 몇 주 혹은 몇 달을 들여야 할 것입니다. (남은 여생을 다 들여야 할 것 같습니까?)

손자에게 간단한 성경공부를 과제로 주면서, 다 마치면 전화를 걸어 달라고 했더니, 한 주도 되지 않아 수화기에서 웃음소리가 들려 왔습니다. "과제를 다 했어요. 다음에는 뭘 할까요?"

나는 속으로 생각했습니다. '혹시… 혹시… 이 사람은 잘 배우는 사람일지도 몰라.' 과연 그랬습니다. 이 책을 읽고 있는 당신 또한 잘 배우는 자가 되어야 합니다! 먼저 이 책의 전체 내용을 살펴보기 위해 한 번 죽 통독하기 바랍니다. 그리고 나서 2장으로 돌아가, 다시 읽기 시작하십시오. 각 장의 마지막에 있는 성경공부들을 하는 데 충분한 시간을 들이십시오.

당신은 주님을 알아 가고 닮아 가는 경건한 여인이 되고, 나아가 다른 사람이 그런 여인이 되도록 도우려는 마음과 아울러 그럴 능력을 갖춘 여인이 되고 싶습니까? 이에 필요한 것이 무엇인지 나와 함께 이 지면을 통해 탐구한다면, 내게는 더 큰 영광이 없을 것입니다. 자… 와서 나와 함께 동행합시다. 우리 함께 나란히 걸으면서… 함께 탐구해 봅시다.

제 1 부

주님을 알아 감

제 2 장

누가 첫 자리에 있는가
그리스도의 중요성

나는 탁자를 사이에 두고 친구와 마주했습니다. 그리고 그녀가 세 시간 동안 자기 문제를 이야기하는 것에 귀를 기울였습니다. 여러 문제가 있기는 했습니다. 그런데 그것들에 대해 아마 열두 번은 더 들었을 것입니다. 그래서, 그녀가 깊은 숨을 들이키는 순간 내가 갑자기 끼어 들었습니다.

"그런데, 한 가지 묻고 싶은 게 있어. 네 삶을 나타내는 원을 그린다면 그 중심에는 무엇이 있을까?"

한참 동안 말이 없더니, 친구는 더듬거리며 "내 문제들이 있는 것 같애"라고 했습니다.

맞는 말이었습니다.

1주 후, 나는 병상에 있는 여동생 조이 곁에 앉아 있었습니다. 동생은 급성 임파선 백혈병 진단을 받은 지 얼마 되지 않았습니다. 얼굴은 죽은 잿빛을 띠고 있었고, 땀으로 젖어 있었으며, 목에는 붕대를 칭칭 감고 있었습니다. 수련의가 그녀의 "스트레스 경험"에 대해 물어 보기 위해 왔습니다. 이 젊은 여성 수련의는 말기 환자들과 면담을 하면서, 혹시 자신이 어떤 식으로든 도움이 될 수 있는지 알아보고 있었습니다.

나는 동생이 마음속의 광채로 빛나는 얼굴로 "잰 양, 나는 죽음이 두렵지 않아요. 죽어 갈 때의 고통과 그 과정이 좀 두려울 뿐 **죽음**은 두렵지 않아요. 내게 있어서 죽음이란 단지 거주지를 옮기는 것에 지나지 않아요"라고 말하는 소리를 들었습니다. 그리고 45분 동안 조이는 예수 그리스도의 복음을 잰 양에게 설명했습니다.

나중에 나는 '내 친구나 동생이나 둘 다 문제를 가지고 있는데, 한 사람은 좌절감에 싸여 있고, 한 사람은 기쁨에 싸여 있다. 무엇 때문에 그런 차이가 날까?' 하고 생각해 보았습니다. 그리고 깨닫게 되었습니다. 내 친구의 마음은 문제들로 채워져 있고, 동생의 마음은 살아 계신 하나님으로 차 있다는 것이었습니다. 그리고 그것이 세상의 모든 차이를 만듭니다.

올바른 중심이 필요하다

마음을 하나님으로 채운다는 것은 무슨 의미입니까? 우리 가운데 많은 사람들이 입으로는 마음을 하나님으로 채워야 한다고 하고 있고, 하나님께서 자기 삶의 중심에 있다고 하지만, 행동과 생각을 보면 그 말과는 딴판이라는 것을 알 수 있습니다. 우리는 올바른 중심이 필요합니다. 우리 삶은 축, 즉 무게를 감당할 수 있고, 모든 것의 중심이 될 수 있는 중심축이 필요한 것입니다. 하지만, 흔히 우리의 축은 약하고 부서지기 쉽거나 아예 그 자체가 없는 경우도 있습니다.

최근에 이에 대해 깊이 생각하면서, 마음속으로 세 명의 여성과 대화를 나누어 보았습니다. 한 명은 대학원생이고, 한 명은 매력적인 전문직 여성이고, 다른 한 명은 가정을 지키며 아이를 키우는 젊은 주부입니다. (마음속에서 이루어지는 대화의 장점은 모든 사람이 당신이 원하는 대로 말을 한다는 것입니다!) 그 대화는 다음과 같이 진행되었습니다.

나(학생에게): 개인적인 질문을 하나 해도 될까요? 지난 한 해 동안 당신의 삶에서 주된 초점은 무엇이었어요? 주로 어디에 마음이 쏠려 있습니까?

학생: 물론, 내가 하는 학문, 즉 공부지요. 그게 지금 나의 초점이 되어야 해요.

나(주부에게): 당신은 어때요? 무엇을 중심으로 시간을 사용하며, 생각의 중심을 차지하고 있는 것은 무엇이에요?

주부(피곤한 듯이 한숨을 쉬며): 우리 가족들이에요. 자녀, 남편… 그리고 가정이라고 생각돼요. 나는 요즘 거기다 주로 시간을 들이고, 생각도 많이 하지요.

나(무척 세련되어 보이는 전문인에게): 당신은 어때요?

전문인(깊이 생각하면서): 글쎄, 나는 직업상의 성공에 온통 마음이 쏠려 있어요. 나는 일이 좋아요! 하지만 하나님도 제 삶에서 중요하기는 해요.

주부와 학생(한 목소리로): 아, 하나님께서 나에게 중요하지 않다는 말은 아니었어요.

전문인: 좀더 솔직하게 말하자면, 시간은 직업을 중심으로

사용되고 있지만, 직업과 하나님이 내 마음을 나누어 갖고 있다고 해야 할 것 같아요.

나(학생에게): 당신이 졸업하면 어떻게 될까요? 그때는 무엇이 당신의 초점이 될까요?

학생: 정말로 모르겠어요.

나(주부에게): 애들이 다 크면 어떻게 되지요? 혹은 애들이 당신을 실망시키면? 남편이 결혼 생활에 불성실하거나 이 세상을 떠나면? 그때는 무엇이 초점이 될까요?

주부(몸서리를 치면서): 아, 그런 건 생각조차 할 수 없어요!

나(전문인에게): 말씀해 보세요. 바퀴에 축이 두 개면 어떻게 되지요?

전문인(약간 신경질적으로 웃으며): 제대로 굴러갈 수가 없지요! 틀림없이 두 축은 조화를 이루지 못할 거예요.

내 머리 속에서 이루어지던 이 대화는 끝이 났습니다. 그리고 더 진지하게 생각해 보았습니다. 바퀴가 효과적으로 굴러가려면, 하나의 중심, 하나의 축이 있어야 합니다. 바퀴처럼, 내 삶에도 튼튼한 단 하나의 중심이 있어야 안정이 됩니다. 만약 나의 삶이 가족이나 친구들을 중심으로 하고 있다면, 그들은 언젠가는 나를 실망시키거나 떠나가기도 할 것입니다. 만약 내 삶의 중심이 스포츠, 취미, 혹은 직업 등이라면 그것들은 노년에는 나를 붙잡아 주지 못할 것입니다. 강하고, 영속적이고, 균형을 잘 잡아 주는 것이라야 내 삶의 중심이 될 만합니다.

이 자격 요건을 충족시키는 분이 한 분 있습니다. 바로 예수 그리스도이십니다. 예수님께서는 내 삶의 무게를 다 감당하시고, 압력을 다 담당하시며, 균형을 유지하실 수 있습니다. 이 튼튼한 중심이 없이는 나의 삶은 제대로 돌아가지 않을 것이며, 주님이라는 기초가 없으면 삶은 무너지거나, 내려앉게 될 것입니다. 그러나 견고한 반석이 되시는 주님께서 계시면, 나의 삶은 안정되고 안전합니다. 시편 18:2은 "여호와는 나의 반석이시요, 나의 요새시요, 나를 건지시는 자시요, 나의 하나님이시요, 나의 피할 바위시요, 나의 방패시요, 나의 구원의 뿔이시요, 나의 산성이시로다"라고 선언하고 있습니다.

이 말씀대로 살고 있는 한 여인을 최근에 만났습니다.

먼저, 그녀의 밝은 미소가 눈에 띄었습니다.

다음에, 그녀가 타고 있는 휠체어가 보였습니다.

그 다음, 두 다리가 없다는 것을 알았습니다.

모임이 끝나고 대화를 나누면서, 나는 그녀가 심한 당뇨병으로 활동에 장애가 있게 되었음을 알게 되었습니다. 그녀는 발톱을 깎다가 상처가 났는데, 거기를 통해 병균이 감염되었고, 회저병에 걸리게 되었습니다. 결국, 두 다리를 모두 무릎 위에서 절단해야만 했습니다.

나는 "당신이 지금까지 겪은 고통과 어려움이 상상도 되지 않아요"라고 작은 소리로 말했습니다.

그녀의 미소는 한층 더 빛을 발했습니다. 그리고 조금도 망설이지 않고 그녀는 "하지만 제게는 아직도 **예수님**이 계시잖아요!"라고 했습니다.

왜 그 말에 내가 놀랐을까요? 아마도 그녀는 우리 대부분이 대수롭지 않게 생각하고 있는 한 가지 사실을 굳게 붙잡고 있기 때문일 것입니다.

당신의 중심은 무엇인가

자신을 시험해 보는 시간입니다. (염려하지 마십시오. 당신의 성적을 매기는 사람은 아무도 없습니다.)

우선, 지난 몇 달 동안 어떻게 살았는지 한번 돌아보십시오. 당신이 가장 많이 생각한 것은 무엇입니까?

둘째, 삶의 잔물결이 파도로 바뀔 때, 당신은 누구에게 달려갑니까? 누구에게 마음과 생각을 쏟아 놓습니까?

셋째, "아무든지 나를 따라오려거든, 자기를 부인하고, 날마다 제 십자가를 지고, 나를 좇을 것이니라. 누구든지 제 목숨을 구원코자 하면 잃을 것이요, 누구든지 나를 위하여 제 목숨을 잃으면 구원하리라"(누가복음 9:23-24)라는 말씀을 생각하면, 약간 불편한 느낌 정도가 아니라 그 이상을 느낍니까? 누구나 약간은 이 말씀에 대해 자신감이 없을 것으로 생각되지만, 그러나 그리스도를 주님이요 삶의 중심으로 삼기를 원치 않는다면, 우리 마음은 심하게 우리를 정죄할 것입니다.

그리스도인의 삶은 한 번의 큰 "예"와 수많은 작은 "예"로 이루어진다는 말을 들은 적이 있습니다. 큰 "예"는 그리스도를 구세주로 영접하는 것이요, 작은 "예"는 매일의 삶에서 순종하는 것입니다.

하나님을 알아 가는 면도 이와 비슷한 것 같습니다. 먼저 우리는 하나님을 알아 가야 할 필요가 있다는 것을 인정해야 하고, 그리고 나서 매일의 삶에서 이를 위한 조치들을 취해 가야 합니다. 물론 그 일은 일생이 걸릴 것입니다. 하나님의 완벽한 성품을 닮아 가려면 끊임없이 배워야 합니다.

하나님은 누구신가

당신에게 하나님은 누구십니까? 지금 잠시 시간을 내어 개인적으로 관찰한 하나님의 몇 가지 특성들을 적어 보십시오. (우리 둘이서 당신의 목록을 살펴볼 수 있다면 좋으련만!)

시편 62:11-12에서 기자는 이렇게 노래하고 있습니다. "하나님이 한두 번 하신 말씀을 내가 들었나니, 권능은 하나님께 속하였다 하셨도다. 주여, 인자함도 주께 속하였사오니…." 여기에 나와 있는 하나님의 두 가지 특성은 서로 얽혀 있습니다. 그러나 시편 기자는 그 두 가지를 따로 언급합니다. 하나님께서는 **권능**을 가지고 계시고, 하나님께서는 **인자**하십니다. 권능을 가지고 계시기 때문에, 내 삶의 모든 세세한 것들을 다 다루실 **능력이 있습니다**. 인자하신 분이기 때문에, 내 삶의 모든 세세한 것들을 기꺼이 주관해 주시기 **원합니다**. 얼마나 놀라운 일인지요!

우리 마음을 하나님으로 채우고, 깊이 그분을 알기 위해서는, 하나님께서 진정으로 얼마나 크신 분이신지를 알아야 합니다. 우리 하나님께서 얼마나 경이롭고 경외할 만한 분이신지를 생각할 때 마음에 기쁨이 넘쳐 나야 합니다. 맑은 밤하늘을 종종 바라보노라면, 하나님의 창조 사역이 얼마나 광대한 일이었는지를 상기하게 됩니다. 나는 창세기 1:16을 좋아합니다. 그 구절은 하나님께서 해와 달을 창조하셨다고 하고는, "또 별들을 만드셨다"고 덧붙이고 있습니다. (수많은 별을 창조하신 것이 단 세 마디로 요약되어 있습니다. 놀랍지 않습니까?)

그러나 우주의 광대하심에 대해 놀라움을 느끼듯, 또한 내 속에 있는 미시적(微視的) 세계에 대해서도 놀라움을 느낍니다. 폴 브랜드 박사와 필립 얀시는 함께 쓴 책에서, 우리 각자는 100조 개의 세포로 구성되어 있는데, 각 세포는 우리 몸 전체에 대한 정보로 가득 차 있다고 했습니다. 각 사람의 독특성은 각 세포 핵 안에 간직되어 있으며, DNA 가닥에 화학적으로 새겨져 있습니다. 난자와 정자가 그들의 유전적 형질을 나눌 때, DNA의 화학적 사다리는 지퍼가 쪼개지듯이 찢어지는데, 이때 모든 유전자의 중심이 찢어져 결국 똑같이 나뉘게 됩니다. DNA는 세포가 분열될 때마다 그 자체를 다시 형성하며, 새로 생긴 세포는 동일한 DNA를 가지고 있습니다. 세포들은 계속 분화하나, 각 세포는 10만 개의 유전자로 이루어진 설명서 전체를 계속 전달합니다. DNA가 가지고 있는 정보를 책에 기록한다면 600쪽짜리 책으로 1천 권 정도가 될 것이라고 합니다. 각 세포가 가지고 있는 유전 정보는 너무나 완벽해서, 몸에 있는 세포들 가운데 어느 하나에 담겨 있는 정보만 가지고도 몸 전체를 다시 빚을 수 있습니다. DNA는 아주 좁고 촘촘하여, 몸 전체의 세포들에 있는 모든 유전자들을 다 뭉치면 냉장고에서 만드는 조그만 얼음 조각 정도밖에 되지 않지만, 그 DNA를 풀어서 끝과 끝을 이어 붙이면 지구에서 태양까지 400회 이상 왕복할 수 있는 길이가 됩니다.

그런 것이 하나님의 위대하심을 보여 줍니다.

하나님께서는 위대하시고, 강하시고… 그리고 또한 사랑이 많으십니다. 사도 요한은 스스럼없이 예수님의 품에 의지하여 누웠습니다. 그렇게 함으로써 주님의 속삭임을 들을 수 있었습니다. 주님의 심장 박동을 들을 수 있었습니다. 나 또한 그렇게 할 필요가 있습니다. 하나님의 사랑을 느끼기 위해서 그분의 사랑에 대해 알 필요가 있습니다.

하나님의 사랑을 알아 감

오랜 세월에 걸쳐 내가 정기적으로 기도해 온 것이 있습니다. 하나님께서 매주 그분 자신에 대해 새로운 것 하나를 가르쳐 주시거나, 내가 이미 알고 있는 진리를 더 깊이 알게 해주시도록 기도한 것입니다. 그것은 놀라운 경험이 되었습니다. 어느 주에 하나님께서 내 마음에 두 어절로 된 말 하나를 계속 말씀해 주셨는데, 그 일을 잊을 수가 없습니다. 그것은 바로 "사랑하는 자"라는 말이었습니다. 한 주 내내 하나님께서는 내 마음속에 그 말을 속삭이셨는데, 하나님께서 나를 사랑하신다는 확신을 깊게 해주었습니다. 내가 쓸모없는 사람이라고 느낄 때, 하나님께서는 "사랑하는 자"라고 말씀해 주시곤 했습니다. 괴로움을 느낄 때도, "사랑하는 자"라는 속삭임을 듣곤 했습니다. 근심에 싸이거나 시무룩해질 때도 그렇게 말씀해 주셨습니다. 한 주간 동안 줄곧 마음속으로 그 말씀을 들었고 사랑받고 있다고 느끼게 되었습니다. 하나님께서는 내가 이미 알고 있던 그 진리에 대해 이해를 깊게 해주셨습니다.

하나님의 사랑에 대한 구절들을 묵상하는 것도 이 진리를 살아 움직이게 하는 좋은 방법입니다. 에베소서 1:3-14를 한 주 동안 매일 읽어 보십시오. 7절과 8절을 카드 같은 것에 적어 성경에 꽂아 두고, 몇 주 동안 날마다 읽어 보십시오. "우리가 그리스도 안에서 그의 은혜의 풍성함을 따라 그의 피로 말미암아 구속 곧 죄 사함을 받았으니, 이는 그가 모든 지혜와 총명으로 우리에게 넘치게 하사"라는 말씀입니다. 이 말씀이 좋지 않습니까? 하나님께서는 아기를 애지중지 사랑하는 엄마보다, 새로 사랑에 빠진 남녀보다, 후하게 기부금을 내놓는 자선가보다 더 풍성하게 은혜와 사랑을 우리에게 쏟아 부어 주십니다.

나는 하나님께서 위대하시다는 것을 알 필요가 있습니다. 그리고 그 위대하심에는 나를 개인적으로 사랑하고자 하는 마음과 사랑하실 수 있는 능력도 포함됩니다. 그리스도 안에서 하나님께서는 실제로 나를 개인적으로 사랑해 주십니다.

한 걸음 더 나아가 봅시다. 골로새서 1:12-22에는, 하나님께서 자녀 된 나를 위해 해주신 것의 일곱 가지 중요한 측면을 하나하나 열거하고 있습니다. 그것들에 대해 생각할 때, 다음과 같은 비유적인 이야기가 떠올랐습니다.

그녀는 태어난 지 한 주도 되기 전에 어머니에게서 버림받았고, 성장기에는 싸구려 아파트에서 성미 고약한 아버지의 학대를 받으며 살았습니다. 그녀는 아버지의 성격을 닮았으며, 어린 시절부터 아버지의 생활 방식을 배워 난폭하고, 화를 잘 내고, 잔인하고, 이기적이고, 시기심 많고, 용납할 줄 모르고, 속이기 잘 했습니다. 그녀는 자신이 파멸을 향해 치닫고 있다는 것을 마음속 깊은 곳에서 느끼고 있었습니다.

때때로 그녀는 시내를 방황하다가 어떤 부자가 살

고 있는 거대한 저택의 울타리 안을 물끄러미 바라보곤 했으며, 그 안에 있는 환상적이라고 할 만한 대저택을 살펴보곤 했습니다. 때때로 그 집에 사는 꿈을 꿔 보기도 했지만, 물론 자기와 같은 사람에게는 절대로 이루어질 수 없는 꿈이었습니다.

그런데, 어느 날이었습니다. 그녀는 어떤 사람을 만났는데, 그 사람은 웬일인지 자기와 친구가 되고 싶어했습니다. 그녀의 잔인한 성격에도 아랑곳하지 않고 그는 친절을 베풀고, 그녀는 늘 싸우기를 좋아했으나 그는 동정심을 나타냈으며, 그녀는 그를 형편없이 대우해도 그는 온유함을 잃지 않았고, 끊임없이 사랑을 나타내었으며, 계속 친구가 되어 주었습니다.

믿을 수 없는 일이 일어났습니다. 어느 날 그는 자기가 시내의 그 커다란 저택을 소유하고 있는 부자의 아들이라고 하면서, 한 가지 제안을 했습니다. 믿어지지 않는 제안이었습니다. 그는 이렇게 말하는 것이었습니다. "나는 당신이 우리 가족이 되었으면 좋겠어요. 나의 여동생이 되어 나와 더불어 유산을 나누기도 하고 말입니다. 당신이 원하기만 하면, 새로운 가정에서, 새로운 출발을 하며, 완전히 새로운 삶을 살게 해주고 싶습니다."

그녀는 깜짝 놀라며, "하지만 왜 그런 일을 하려고 해요?"라고 물었습니다.

"당신을 사랑하기 때문이지요"라고 그가 대답했습니다.

"그런데 어떻게 하면 됩니까?"라고 물었습니다.

"좀 의아하게 생각될지 모르지만, 나의 아버지께서는 우리 가족이 될 수 있는 자격을 당신에게 부여했답니다. 그리고 나는 이미 학대하는 아버지에게서 당신을 해방시키기 위해 값을 다 치렀습니다. 내가 당신을 구속(救贖)한 것이지요. 그리고 당신이 지금까지 저지른 모든 잘못도 다 용서했습니다. 당신이 해야 할 것은 오직 한 가지, 나의 제안을 받아들이는 것 뿐입니다."

그녀는 자기 귀를 의심했습니다! 그러나 그렇게 하면, 잃을 것은 아무것도 없고 얻고 싶은 것은 다 얻는다는 것을 알 수 있었습니다. 그래서 자기 손을 내밀어 그의 손을 잡았습니다. 그리고 별안간, 한순간에, 그녀는 그의 가족이 되었고, 세상에서 제일가는 부잣집의 딸이 되었으며, 죄를 다 용서받고, 그리고 사랑을 받게 되었습니다. 그녀는 마침내 그 집 사람이 되었습니다!

그녀는 그 집 가족이 되었지만 아직도 배워야 할 것이 많았습니다.… 새로운 아버지에 대해, 그분의 아들에 대해, 그리고 새로운 가족들에 대해 배워야 했습니다. 그녀는 사랑받고 있었습니다. 하지만 어떻게 사랑하는 삶을 사는지는 배워야 했습니다. 그녀는 귀중히 여김을 받았습니다. 그러나 다른 사람을 귀중히 여기는 것은 배워야 했습니다. 그녀는 새로운 세계로 들어갔고, 새로운 신분을 얻었으며, 새로운 가족으로 입양되었습니다. 이 모든 것을 가능케 해준 분을 닮아 가고 영화롭게 하는 삶을 살려면 그녀의 남은 여생이 다 필요할 것입니다. 그러나 시작하기로 결단을 내렸습니다!

이 비유에서 보여 주는 모든 진리들은 골로새서에 나와 있습니다. 골로새서는 하나님께서 하신 일을 다음과 같이 설명하고 있습니다.

- 내가 성도의 기업을 부분을 얻기에 합당하게 하셨다(1:12).
- 나를 흑암의 권세에서 건져내셨다(1:13).
- 나를 그분의 사랑의 아들의 나라로 옮기셨다(1:13).
- 나를 구속하셨다(1:14).
- 나의 모든 죄를 용서하셨다(1:14).
- 내가 그분과 화목하게 하셨다(1:20-21).
- 내가 책망할 것이 없는 자가 되게 하셨다(1:22).

이 놀라운 진리들에 대해 진지하게 생각해 본 적이 있습니까? 생각해 본 적이 없다면, 기업, 구속, 화목 등과 같은 단어를 성구 사전에서 찾아봄으로써, 각각의 진리들에 대해 깊이 있는 공부를 해보는 것이 좋을 것입니다. 그리고 당신의 구원에 대한 경이감이 사라졌다면, 하나님의 자녀라는 사실에 대한 감격이 사라졌다면, 시편 51:12 말씀으로 기도하십시오. "주의 구원의 즐거움을 내게 회복시켜 주소서."

마음을 하나님으로 가득 채우려면, 그리스도를 우리 삶의 축과 중심으로 모시려면, 주님의 놀라운 것들과 기쁨을 경험하려면, 하나님이 누구신지, 그리고 우리를 향한 사랑이 어떠한지 계속 깊이 탐구해 가야 합니다.

그리스도와 사랑에 빠짐

어떻게 하면 그리스도와 더 깊이 사랑에 빠지게 됩니까? 어떤 사람과 사랑에 빠질 때와 같습니다.

남편과 내가 대학에서 만난 후, 우리는 서로에 대해 더 잘 알고 싶어했습니다. 그래서 시간만 나면 함께 있었습니다. 강의와 강의 사이에 잠시 틈이 날 때도 만났고, 함께 공부도 했으며(어쩌면 함께 있기 위해 공부도 했겠지요), 함께 식사도 했고, 함께 이곳저곳에 가기도 했습니다. 우리는 이야기를 주고받았습니다. 우리는 이런저런 상황에서 상대방을 관찰했으며, 서로의 가족을 만나기도 했고, 서로의 친구를 알아 가기도 했습니다. 그가 미식 축구팀의 쿼터백이기 때문에 나는 미식 축구에 대해 묻기도 하고 배우기도 했습니다. 그는 내가 피아노 치는 것을 들어주었습니다. 우리는 함께 대화를 나누었습니다.

나는 그가, 나, 그의 가족들, 그리고 다른 사람들에게 어떻게 행동하는지, 다양한 상황에서 어떤 반응을 나타내는지, 이런저런 것에 대해 어떤 생각을 하는지를 관찰할 때, 그를 향한 나의 존경심은 자라 갔습니다. 우리의 우정은 깊어졌습니다. 그리고 사랑이 꽃피게 되었습니다.

함께 논쟁을 벌인 적도 있느냐고요? 그렇습니다. 싸우기도

했느냐고요? 물론입니다. 그 기간 동안, 힘든 시기도 더러 있었는데, 우리의 관계에서도 삶에서도 그러했습니다. 그러나 한 번도 서로를 버리지는 않았습니다. 그리고 해가 갈수록 우리의 사랑은 깊어졌습니다. 우정과 사랑은, 함께 시간을 보내고, 함께 대화를 나누고, 함께 즐거운 것들을 할 때 발전해 갑니다.

비슷한 방식으로 주님을 향한 사랑도 자라 갑니다. 주님과 함께 시간을 보내고(이에 대해서는 다음 두 장에 걸쳐 나눌 것임), 함께 대화를 나누고(기도를 통해. 5장에서 다룸), 함께 삶을 경험하는 것을 통해, 우리와 주님의 사랑은 발전하는 것입니다.

비유에 나오는 그 여인은 깨달았습니다. 그 부잣집의 가족으로 어울릴 만한 사람이 되는 것은 평생이 걸리는 과정이라는 것을 말입니다. 우리도 알아야 합니다. 만왕의 왕이신 분의 딸로서, 우리가 완전히 왕족다워지는 데는 남은 여생이 다 걸릴 것입니다. 왕을 닮아 가는 것은, 다시 말해 하나님을 닮아 가는 것(경건해지는 것)은, 그분의 집에 살며, 주시는 음식(하나님의 말씀)을 먹고, 그분의 성품을 공부하며, 실패했을 때는 용서를 구하고, 성장을 위해 도움을 구하는 것으로 이루어지는 하나의 과정입니다. 그것은 계속 그리스도께 초점을 맞추며, 그리스도께서 우리의 생각과 삶에서 중심이 되시도록 해 드리는 것을 의미합니다. 어렵습니까? 물론입니다. 사실상 불가능한 일입니다. 우리 속에 내주하시고, 우리를 인도하시고, 조언을 해주시고, 도와주시는 성령의 도움이 없이는 말입니다. "사람으로는 할 수 없으되, 하나님으로서는 다 할 수 있느니라"(마태복음 19:26).

에베소서 3:14-19에서 핵심을 보여 줍니다.

이미 하늘에 있거나 아직도 땅 위에 있는 당신의 가족들에게 베푸신 하나님의 계획이 얼마나 지혜롭고 엄청난 것인가를 생각할 때, 나는 무릎을 꿇고 기도드리지 않을 수 없습니다. 아버지 하나님께서 넘쳐흐르는 영광으로 성령을 통하여 여러분의 속사람을 굳세게 해주시기를 기도합니다. 그리스도를 믿는 여러분의 마음속에 그리스도께서 더욱더 친밀한 분으로 계시기를 기도합니다. 여러분이 하나님의 놀라운 사랑의 토양 속에 깊이 뿌리를 내리게 되기를 기도합니다. 모든 하나님의 자녀들이 그러하듯이 여러분도 하나님의 사랑이 참으로 얼마나 한없고 넓으며, 얼마나 깊고 높은가를 깨닫기를 기도합니다. 그리고 그 사랑이 너무도 커서 여러분은 그 끝을 볼 수도 없고 또 그 사랑을 다 헤아릴 수도 없음을 스스로 체험할 수 있기를 기도합니다. 그래서 마침내 하나님의 모든 충만하신 것으로 여러분도 충만하게 되기를 기도합니다. (현대어 성경)

이 말씀에 의하면, 성령께 활짝 자신을 개방하고(우리 마음속에 "어두운 구석"을 조금도 남겨 두지 않고), 그리스도의 사랑을 알 때, "하나님으로 충만하게" 됩니다. 여기에 "깨닫다"로 번역되어 있는 말이 어떤 번역에서는 "알다," "느끼다," "이해하다," "체험하다" 등으로 되어 있습니다. 우리는 가슴으로 느끼고, 머리로 이해하고, 삶으로 체험합니다. 우리가 그리스도를 마음으로 느낄 때, 그분의 사랑을 이해할 때, 그분이 우리를 위해 간직하고 계신 것들을 경험할 때, 우리의 마음은 점점 더 위엣 것들에 초점을 맞추게 될 것이며, 그리스도께서는 우리 삶의 축이 되실 것입니다.

내가 개인적으로 증언할 수 있는 것은, 성경 지식을 많이 안다고 그리스도가 삶의 중심이 되지는 않는다는 사실입니다. 그렇게 되는 데는 그보다 더 많은 것이 필요합니다. 하나님께서는 "너희 마음에 그리스도를 주로 삼으라"(베드로전서 3:15)라고 명령하십니다. 무슨 지름길을 가르쳐 줄 수 있었으면 좋겠지만, 지름길은 없습니다.

어떤 바이올린 연주자 이야기를 들은 적이 있습니다. 어느 날 저녁 그의 뛰어난 연주 솜씨를 본 어떤 사람이 다가와서는 "내가 당신처럼 연주를 할 수 있다면 그것을 위해 내 평생을 다 바치겠습니다"라고 했습니다. 그러자 그 연주자는 그를 똑바로 쳐다보면서 이렇게 말했다고 합니다. "나는 평생을 다 바쳤지요."

그렇습니다. 그리스도 중심의 삶에서 성장하기 위해서는 우리 평생을 드려야 할 것입니다. 하지만 한 가지 묻고 싶은 게 있습니다. 그것말고 당신의 평생을 드릴 만한 것이 있습니까?

주 예수님께 초점을 맞추는 것을 목표로 삼는다면, 역경의 폭풍이 몰려와 우리를 고통과 좌절의 바위 위에 내동댕이친다 해도, 우리는 밝게 미소를 지으며 "당신이 아시다시피, 제게는 아직도 예수님이 계시잖아요!"라고 담대히 말할 수 있을 것입니다. 두 다리가 없는 그 여인처럼 말입니다.

그리고 주님만 있으면 됩니다.

성경의 진리를 당신의 것으로

지금 당신은 이 책의 가장 중요한 부분에 다다랐습니다. 하나님께서는 내 말이 당신 삶을 변화시킬 것이라고 약속하지 않으십니다. 하나님께서 약속하신 것은, 그분 자신의 말이 헛되이 돌아오지 않고 그분의 기뻐하시는 것을 성취한다는 것이었습니다(이사야 55:11). 하나님의 말씀은 예리한 칼이요(히브리서 4:12), 방망이며(예레미야 23:29), 불이요(예레미야 20:9), 빛입니다(시편 119:105). 그리고 명철(시편 119:99)과 깨달음(시편 119:130)과 영적 성장(베드로전서 2:2-3, 베드로후서 1:3-8)에 이르는 길인데, 이것이 가장 중요한 면입니다. 그러므로, 여러분, 이 책에 나오는 여러 가지 공부를 서둘러 해치우지 마십시오. 기도하면서, 주의 깊게 각각의 과제를 해나가십시오. 투자한 것만큼 얻게 될 것입니다.

내가 목표하는 바는, 당신 스스로 혹은 그룹에서 할 수 있는 몇 가지 공부 방법을 제시하는 것입니다. 이러한 방법들을 배우는 것이 어렵지는 않겠지만, 틀림없이 삶에서 많은 것을 요구할 것입니다. 공부에서, 가장 소중한 부분이요, 삶에 변화를 가져오는 부분은 개인 적용 부분입니다. 그리고 분명히 말해 두고 싶은 것이 있습니다. 당신 영혼의 대적인 마귀는 이 적용을 하지 못하게 하려고 안간힘을 쓸 것이라는 사실입니다. 마귀는 당신의 삶이 변화되는 것을 원치 않으나 하나님께서는 원하십니다. 공부의 적용 부분을 정기적으로 해나가려면 많은 기도와 훈련이 필요할 것입니다.

잘 번역된 다른 성경들도 도움이 됩니다. 번역은 풀어쓰는 것과는 다릅니다. 성경 번역은, 히브리어 원어(구약)와 헬라어 원어(신약)로 된 본문을 다른 언어로 번역하는 일단의 성경학자들에 의해 이루어집니다. 반면, 풀어 쓴 성경은 대개, 어떤 사람이 원어로 된 성경이나 번역된 성경을 쉬운 말로 바꾼 것입니다. 풀어 쓴 영어 성경으로는 필립스 역, *Living Bible*, *Message* 등이 본문에 대한 통찰력을 얻는 데 도움이 됩니다. 그러나 본문의 좀더 정확한 의미를 알고자 할 때는, KJV, NASB, NIV 등이 좋습니다.

성경공부 형태는 여러 가지가 있는데, 당신이 배웠으면 하고 내가 바라는 것 중 첫 번째는 간단한 구절 분석입니다. 이를 설명한 후에, 어떻게 개인적인 적용을 할 수 있는지 보여 드리겠습니다.

구절별 성경공부를 하는 법

당신은 몇 구절을 공부할 수도 있고, 한 단락 전체를 공부할 수도 있습니다. 구절별 성경공부를 시작하기 전에, 그 구절이 속해 있는 장 전체를 읽도록 하십시오. 아니면, 적어도 그 구절의 전후 문맥은 읽도록 하십시오. 그렇게 해야, 어떤 구절을 전후 문맥에서 떼어 내어 그 의미를 잘못 해석하는 오류를 방지할 수 있습니다. 문맥을 이해했다고 생각이 들 때, 각 구절을 공부할 수 있습니다.

구절별 성경공부의 몇 가지 기본 요소를 소개하면 다음과 같습니다.

이 구절은 무엇을 말하는가?
그 구절을 당신 자신의 말로 써보십시오. 이것을 풀어쓰기라고 합니다.

이 구절에서 내가 이해하지 못하고 있는 것은 무엇인가?
그 구절의 의미에 대해 당신이 가지고 있는 질문들을 적어 보십시오.

다른 곳에서는 어떻게 말하고 있는가?
성구 사전을 사용하여, 그 구절의 뜻을 더 밝혀 주는 다른 성경 구절들을 찾아보십시오. 어떤 성경은 뒷부분에 간단한 성구 사전이 있으며, 각 페이지마다 여백에 참조 구절이 나와 있는 성경도 있습니다. 주석 성경류도 참조하면 도움이 될 것입니다.

이 구절은 나에게 무엇을 말하는가?
그 구절로부터 이번주에 당신 삶에 적용할 수 있는 것을 보여 주시도록 기도하십시오.

구절별 성경공부의 예

"너희는 먼저 그의 나라와 그의 의를 구하라. 그리하면 이 모든 것을 너희에게 더하시리라"(마태복음 6:33)라는 구절을 함께 공부해 보겠습니다.

이 구절은 무엇을 말하는가?
나의 풀어 쓰기: 만약 하나님과 그분이 선하게 여기시는 것을 나의 삶에서 첫 자리에 둔다면, 그분은 그 외의 모든 것을 돌보아 주실 것이다.

이 구절에서 내가 이해하지 못하고 있는 것은 무엇인가?
- "그의 의"란 무엇을 의미하는가?
- "그의 나라"는 무엇을 의미하는가?
- 이 구절은 내가 일을 하지 않아도 하나님께서 내게 필요한 모든 것을 공급해 주신다는 의미인가?
- 그것은 내게 필요한 것뿐 아니라 내가 원하는 것도 의미하는가?

다른 곳에서는 어떻게 말하고 있는가?
누가복음 9:23-25은 누구든지 그리스도를 따르려면 자신을 부인하고 날마다 자기 십자가를 져야 한다고 말하고 있다. 그 구절은 또한 "사람이 만일 온 천하를 얻고도 자기를 잃으면 무슨 유익이 있겠느냐?"고 묻고 있다.

마태복음 10:38은 누구든지 자기 십자가를 지고 그리스도를 좇지 않는 자는 그분께 합당치 않다고 말하고 있다.

이 구절은 나에게 무엇을 말하는가?
이 구절은 세상에 있는 그 어떤 것도 전심으로 주님을 따르는 것보다는 중요하지 않다는 것을 보여 준다. 그러나 나는 삶 속에서 늘 전심으로 주님을 따르고 있지는 못하다. 특히 시간 사용의 영역에서 그러하다. 나는 하찮은 일에 많은 시간에 허비하고 있다. 이번주에 나는 여러 가지 일을 하는 데 들이고 있는 시간들을 적어 보고, 내가 어떻게 시간을 사용하고 있는지 잘 알게 해주시도록 주님께 기도하겠다. 주말에는 나의 일정들을 살펴보고, 그중에서 바꾸어야 할 것이 무엇인지 알아보겠다.

이러한 기본적인 지침을 따라, 몇 개의 **구절별 성경공부**를 더 해봅시다. 매주 두세 개 정도가 적당할 것입니다. 다음에 몇 가지를 제안합니다.

그리스도는 누구신가에 대해 :
- 히브리서 1:3-4
- 요한복음 1:1(이것을 공부하기 전에 요한복음 1:1-14을 읽으십시오.)
- 요한복음 14:6

그리스도를 따르는 것의 중요성에 대해 :
- 누가복음 18:29-30
- 마태복음 16:24-26

개인 적용을 하는 법

기억하십시오. 어떤 성경공부를 하든 가장 중요한 부분은 적용입니다. 여러 도구들이 내가 영적 삶에서 정체 상태에서 벗어나 앞으로 나가는 데 도움이 되었는데, 그중 하나가 개인 적용 지침입니다. 나는 성경공부를 할 때마다 그것을 활용하기 시작했습니다.

하나님께서 당신의 마음에 "이 구절은 너를 위한 것이다"라고 속삭여 주시면, 다음과 같은 단계를 밟으십시오.

당신 자신의 말로 그 구절을 기록하라. (구절별 성경공부를 할 때 이미 해보았습니다.)

이 구절의 말씀대로 사는 면에서 당신이 어떻게 실패했는지 기록하라. (우리, 우리에게가 아니라, 나, 나에게를 사용하십시오.)

구체적 실례를 들어 보라. (최근에 있었던 일 중에서 찾아보십시오.)

이 구절에 순종하기 위하여 실천 계획을 세우라. 하나님의 지혜를 구하는 기도를 한 후에 세우십시오. 무슨 계획을 세우든, 그것은 이번주 내에 할 수 있는 것이어야 합니다. 가능하다면, 다음주에 누군가가 당신의 진보를 점검하게 하십시오.

매주 한 가지만 적용하십시오. 그렇지 않으면 곧 너무 많은 적용들을 실행하느라 낙심이 되고 중단하게 될 것입니다. 적용을 할 때마다 한 주 동안에 이룰 수 있는 구체적인 일을 하는 데 집중하십시오. 하나님께서는 그 주제를 다음주에도 계속 당신 마음에 두게 하실 수도 있습니다. 그러나 하나님께서는 그 주에 또 다른 단계에 초점을 두도록 하실 것입니다. 한 번에 한 단계씩 나아가십시오.

적용 방법으로 언제든 고려해 볼 수 있는 것이 있습니다. 한 가지는, 공부하고 있는 구절을 암송하고, 그 주 동안 자주 기억이 나게 해주시도록 하나님께 기도하는 것입니다. 또 한 가지는, 그 주제를 한 주 동안 당신의 기도 제목의 맨 위에 두는 것입니다. 이 책 전체를 통해 다른 제안들도 하겠습니다.

하나님께서 앞으로 몇 주 혹은 몇 개월 동안 당신에게 가르쳐 주실 것을 생각하면 기대가 됩니다.

제 3 장

"떡으로만 살 것이 아니오"
말씀의 중요성

로이스는 운 것이 분명했습니다. 눈시울은 빨간 빛을 띠고 있었고, 눈물이 흘러내릴까 봐 계속 눈을 빨리 깜박이고 있었습니다. "직장 동료가 내가 쌀쌀맞고 잘난 척한다고 했어요. 나는 되받아 주고 싶었어요!"

"그런데 왜 그렇게 하지 못했어요?" 하고 나는 물었습니다.

그녀는 애써 미소를 지으며, "주님께서 원치 않으신다는 것을 알기 때문이에요!"라고 말했습니다.

로이스와 나는 일정 기간 함께 성경을 공부해 왔던 터라, 나는 어떤 일이 일어나는지 지켜보았습니다. 몇 주 후, 나는 알아보았습니다.

"그 직장 동료와의 관계는 어떻게 되었어요?" 하고 물었습니다.

"음, 물론, 기도가 필요했어요. 그리고 나서 하나님께서 내가 어떤 반응을 보이기 원하실지 알아보았어요. 제대로 한 거죠?"

나는 머리를 끄덕였습니다.

"지난 두 주 동안 성경을 읽다가 이런 말씀을 읽었어요. '죄가 있어 매를 맞고 참으면 무슨 칭찬이 있으리요? 오직 선을 행함으로 고난을 받고 참으면 이는 하나님 앞에 아름다우니라. 이를 위하여 너희가 부르심을 입었으니, 그리스도도 너희를 위하여 고난을 받으사 너희에게 본을 끼쳐 그 자취를 따라오게 하려 하셨느니라.… 욕을 받으시되 대신 욕하지 아니하시고'(베드로전서 2:20-21,23). 그리고 또, '모든 겸손과 온유로 하고, 오래 참음으로 사랑 가운데서 서로 용납하고, 평안의 매는 줄로 성령의 하나 되게 하신 것을 힘써 지키라'(에베소서 4:2-3)라는 말씀도 읽었어요. 나는 하나님께서 내가 보복을 하지 말고 온유하게 대하기를 원하신다는 것을 깨달았어요."

"그러면 다음 단계는 무엇이지요?" 하고 나는 물었습니다.

"나는 벌써 그 단계를 밟았어요. 기도를 한 후, 나는 그녀에게 다시 가서, 내가 잘난 척하는 것 같은 인상을 준 데 대해 사과했어요. 그리고 나는 누구보다 잘났다고 느끼지 않으며, 내가 쌀쌀맞은 것처럼 보이는 줄도 몰랐다고 했어요. 그리고 내가 언제 그런 인상을 주었는지, 구체적인 예를 들려 달라고 부탁했어요. 금방 생각이 나지 않는다고 하기에, 다음 번에 혹시 내가 잘난 척한다는 느낌을 주는 행동이나 말을 하면, 알려 달라고 부탁했어요."

"와! 진짜로 고통을 느낄 수도 있는 상황에 당신을 개방했군요. 그렇지요?"

"그래요. 나는 그것에 대해 생각해 보았지요. 그러나 최근에 하나님께서는 내가 더 겸손해지며, 연약하거나 그릇된 삶의 영역에서 변화하는 데 나를 개방할 필요가 있다는 것을 보여 주셨어요. 나는 이번 일이 그분의 해결책 중 하나라고 생각돼요."

나는 로이스에 대해 점점 더 탄복하지 않을 수가 없었습니다! 우리는 하나님의 말씀이 교리를 위해서만 아니라 삶을 위해서도 얼마나 중요한지를 공부했는데, 그녀는 정말로 말씀의 가르침을 실행에 옮기고 있었습니다.

몇 개월 후, 나는 동일한 교훈을 상기해야 했습니다.

해결책은 오직 말씀

몸집이 작고 까무잡잡한 피부를 가진 여성이 내가 머물고 있는 호텔 방에 들어오더니 의자에 쓰러지듯 털썩 주저앉았습니다. 마음에 있는 것을 쏟아 놓을 때, 흐느끼는 소리가 간간이 들려 왔습니다. 나는 충격을 받은 모습을 보이지 않으려고 애를 썼지만, 그녀가 어린 시절에 오랫동안 받았던 학대에 대해 들을 때 너무나 충격적이어서 멍하니 바라만 볼 뿐 아무 말도 나오지 않았습니다. 다음날 나는 그 대화에 대해 오랫동안 눈물을 흘리며 하나님과 이야기를 나누었습니다.

"하나님, 제발 도와주소서!"라고 나는 기도했습니다. "저는 요즘 망가진 삶을 사는 여성들, 감정적으로 피폐해진 여성들, 사랑을 받지 못하고 있다고 느끼고 회복 불가능해 보일 정도로 산산조각 난 삶을 살고 있는 여성들을 점점 더 많이 만나 대화를 나누곤 합니다. 하나님께서는 제가 다른 사람들에게 뭔가를 가르치는 특권을 주셨습니다. 하지만 제가 어떻게 그들을 가르칠 수 있겠습니까? 저는 그들과 같은 처지가 되어 본 적이 없으며, 그들과 같은 경험을 한 적도 없습니다. 도대체 제가 어떻게 도울 수 있겠습니까? 저는 더 이상 성경공부를 인도하거나, 모임에서 말씀을 전하거나, 책을 쓰기에 부족함을 느낍니다. 어떻게 해야 하지요?"

하나님께서는 늘 나를 깜짝 놀라게 하시곤 합니다! 하나님께서는 내가 기도를 하자마자 응답해 주신 적이 많은데 이번이 그런 경우였습니다. 그날 아침 내가 읽은 말씀은 시편 19편이었는데, 7-11절은 불타는 떨기나무에서 들려 오는 하나님의 힘있는 음성과 같았습니다.

> 여호와의 율법은 완전하여 영혼을 소성케 하고,
> 여호와의 증거는 확실하여 우둔한 자로 지혜롭게 하며,
> 여호와의 교훈은 정직하여 마음을 기쁘게 하고,
> 여호와의 계명은 순결하여 눈을 밝게 하도다.
> 여호와를 경외하는 도는 정결하여 영원까지 이르고,
> 여호와의 규례는 확실하여 다 의로우니,
> 금 곧 많은 정금보다 더 사모할 것이며,
> 꿀과 송이 꿀보다 더 달도다.
> 또 주의 종이 이로 경계를 받고,
> 이를 지킴으로 상이 크니이다.

하나님 아버지께서는 내 마음에 이렇게 말씀해 주셨습니다. "사랑하는 딸아, 너는 사람들의 최고의 지혜도 내게는 미련한

것이라는 사실을 잊었구나. 네가 공부를 많이 하여 여러 학위를 따 이력서를 가득 채운다 해도, 너의 지혜는 여전히 나의 지혜와는 비교도 되지 않는다. 사실, 너는 상담에 관한 무슨 박사 학위를 가지고 있지도 않고, 인간 본성을 연구하여 박사 학위를 받은 적도 없다. 그리고 너는 우둔한 사람이다. 그러나 용기를 가져라. 그리고 내가 네게 말하고 있는 바에 귀를 기울여라. 나의 말은 우둔한 자를 지혜롭게 한다. 네게 배우고 있는 사람들은 여느 곳에 있는 여성들과 같다. 그들은 기쁨, 빛, 목적, 지혜, 지도, 그리고 평화가 필요하지. 그리고 바로 이런 것을 나의 말을 통해 얻을 수 있다. 너는 '해결책'을 가지고 있을 필요가 없다. 내 말이 바로 해결책이다. 그러니, 애야, 단순하게 생각해라. 단지 내 말을 그들에게 들려주어라."

휴! 무릎을 꿇고 있다가 다시 일어설 때, 내 마음은 너무나 가벼웠습니다. 비록 내가 가르치고, 말씀을 전하고, 글을 쓰는 것과 관련해서는 종종 씨름을 할 수 있음을 알고 있지만, 하나님께서는 다른 사람을 돕기 위한 지혜를 갖는 것은 **그분의** 지혜를 끌어다 쓰는 데 달려 있다고 확신시켜 주셨습니다. 하나님께서는 그분의 말씀을 알기만 하면 다른 사람을 도울 수 있다고 하십니다. 기쁨을 주고⋯ 괴로워하는 심령에 평화를 주고⋯ 절실한 필요들에 대한 해결책을 주는 것은 오직 하나님의 말씀입니다.

많은 사람이 하나님의 말씀이 얼마나 중요하고, 의미심장한지를 잘 모르고 있습니다. 하나님의 말씀이 유익하다는 것은 믿지만, 그것이 우리의 삶과 성장을 위해 **필수 불가결**하고, 지극히 중요하다는 것을 잘 이해하지 못하고 있습니다. 우리는 머리로는 믿을지 모르나, 그 말씀의 진리가 삶의 한 부분이 되지는 않았습니다.

그러므로 시편 19편으로 되돌아가 함께 생각해 보도록 하겠습니다.

하나님의 말씀은 엄청난 유익을 준다

시편 19편을 보면 하나님의 말씀이 어떠하며, 어떤 일을 하는지가 자세히 나와 있습니다. 이 내용들을 묵상해 보면 말씀을 생명만큼이나 소중히 여기고 싶어집니다. 하나님의 말씀은 다음과 같습니다.

- 완전하다(7절)
- 확실하다(7절)
- 정직하다(8절)
- 순결하다(8절)
- 확실하고 의롭다(모두 옳고 참되다)(9절)
- 보배롭다(10절)
- 달다(10절)

그리고 하나님의 말씀이 하는 일은 다음과 같습니다.

- 영혼을 소성케 한다(7절)
- 우둔한 자를 지혜롭게 한다(7절)
- 마음을 기쁘게 한다(8절)

- 눈을 밝게 한다(8절)

이 네 가지 유익을 하나씩 살펴봅시다.

"여호와의 율법은 완전하여 영혼을 소성케 하고"
침체에 빠지거나 낙심해 본 적이 없는 사람은 없을 것입니다. 당신을 위한 좋은 소식이 있습니다. 하나님의 말씀은 영혼을 소성케 합니다. 살아나게 하고, 고양시키고, 밝게 합니다. 나는 말씀의 그런 능력을 알고 있습니다. 하나님의 말씀이 나를 소성시켜 주었던 경험을 나누고자 합니다.

한번은 선교상의 일로 여러 나라를 방문할 기회가 생겼습니다. 방문할 나라들의 이름을 들어 보니 마음이 많이 끌렸습니다. 그 나라들을 방문하여 할 일들을 생각하노라니 내 마음은 흥분이 되었습니다. 그러나 한편으로는 두려운 마음도 있었습니다. 그 일을 우리가 감당할 수 있을까? 도저히 감당할 수 없을 것이라는 생각이 들었습니다. 남편과 나는 두 달 동안 집을 떠나 코타키나발루, 쿠칭과 같이 이름도 낯선 곳에 머물게 될 것입니다. 낯선 관습, 낯선 음식, 낯선 땅. 그리고 믿음 때문에 고난을 당하고 있는 경건한 사람들. 그들 속에서 우리는 사역을 하게 될 것입니다. 도대체 우리가 그들에게 무슨 도움을 줄 수 있단 말인가? 도리어 남편과 내가 그들로부터 배우게 될 텐데. 그런데 우리가 그들을 가르치기로 되어 있었습니다.

아시아로 날아가기 이틀 전, 나는 우유를 사기 위해 상점으로 갔습니다. 그때 자동차 시동을 걸자, 샌디 패티의 노래 소리가 라디오에서 흘러나왔습니다. 그 감미로운 목소리는 곧바로 내 마음을 울렸는데, 그 가사는 하나님의 말씀을 기초로 한 것이었습니다. 거듭거듭 샌디는 "주님의 능력으로 나아가라" 고 노래했습니다. 만약 힘이 나게 하는 무슨 주사를 맞았다 해도, 그 가사가 했던 것과 같은 일을 나에게 하지는 못했을 것입니다. 나 자신의 조그만 지혜의 창고만을 의지하여 그 여행을 갈 필요가 없었습니다. 모든 능력과 권세와 위엄을 가지신 주님을 의지하고 가면 되는 일이었습니다.

바로 그때 그 자리, 내가 타고 있던 조그맣고 빨간 승용차 안에서 하나님의 말씀은 내 영혼을 소성케 했습니다. 그것이 처음은 아니었습니다. 그것이 마지막이 되지도 않을 것입니다. 그러나 말씀말고 어떤 것도 그런 식으로 내 영혼을 소성시킬 수 없었습니다. 어떤 것도.

침체되고, 우울하고, 낙심이 된다면, 특별한 민감함을 주사 마음의 귀로 주님의 음성을 들을 수 있게 해주시도록 기도하십시오. 그러면 하나님께서 당신의 영혼을 소성케 하기 위해 사용하시는 여러 수단들에 깨어 있게 될 것입니다. 그러한 수단들에는 친구의 말, 찬송가, 혹은 당신이 말씀을 읽을 때 특별히 와 닿는 구절 등이 포함됩니다.

감정적인 문제를 가지고 있는 한 친구와 참으로 힘든 시간을 보내고 나서 항공편으로 집으로 돌아오고 있었습니다. 나는 기진맥진하고, 정신적으로나 육체적으로 에너지가 고갈되고 멍한 느낌을 받았습니다. 비행기는 폭풍 구름의 가장자리를 지나가게 되었는데, 그 구름 가까이로 다가갈 때, 나는 놀라움에 숨이 멎을 것 같았습니다. 이 구름들의 색깔들은 내가 지금까지 땅이나 하늘에서 본 그 어떤 것과도 달랐습니다. 밝은 빨간색, 자주색, 오렌지색, 분홍색, 그리고 보라색의 구름들은 번개가 번쩍일 때마다 순간적으로 흩어졌습니다. 20분 동안 경외감과 경이감을 가지고 그 광경을 바라볼 때, 하나님께서는 "하늘이 하나님의 영광을 선포하고"(시편 19:1)라는 구절이 생각나게 해주셨습니다. 나는 다시 힘을 얻었고, 소성되었으며, 다시 활기를 얻어서 집으로 돌아왔습니다. 하나님께서 만드신 것의 아름다움과 시편 19편의 그 말씀은 우주 만물을 다스리시는 하나님께서 내 친구의 상황뿐 아니라 세계를 다스리고 계신다는 것을 상기시켜 주었습니다.

"여호와의 증거는 확실하여 우둔한 자로 지혜롭게 하며"
내게는 지혜가 필요하며, 그래서 이 구절은 격려가 됩니다. 나 자신의 자원만 가지고서는, 어떤 상황에서 무슨 말을 해야 할지, 어떻게 행동해야 할지 모를 때가 종종 있습니다. 완더가 걱정 어린 목소리로 "캐롤, 왜 사람들이 내게 아무 반응을 보이지 않는 것 같지요?"라고 물었을 때, 나는 지혜가 필요하다는 것을 알았습니다.

나는 '도대체 내가 그것을 어떻게 알지?'라고 생각했습니다. 그리고⋯ 나마저도 완더에게 말을 거는 것이 어려웠습니다. 왜 그렇습니까? 완더는 젊은 여성들을 제자로 성장하도록 돕고 싶어했습니다. 그러나 그녀가 여성들에게 자신의 삶을 쏟아 붓고 싶어도 그들은 내키지 않는 것처럼 보였습니다. 그들은 도와달라고 해놓고서는, 나중에는 슬그머니 꼬리를 감추는 것이었습니다. 그녀는 무엇을 잘못하고 있는가? 잘 알 수가 없어 나는 충분치 못한 답변으로 얼버무리고는 화제를 바꾸었습니다.

하지만 나는 완더의 문제를 두고 기도하기 시작했습니다. 그리고 바로 그 주에 잠언을 읽다가 한 구절을 통해 답변을 얻었습니다. 그 구절은 이렇게 되어 있었습니다. "물위에 얼굴이 비치듯 사람도 얼굴을 쳐다보면 그 마음을 비춰 볼 수 있다"(잠언 27:19, 현대어 성경). "사람도 얼굴을 쳐다보면…." 그 말씀이 내 머리 속을 천천히 맴돌았습니다. '그것이 무슨 의미지?' 그때 문득 완더의 문제가 무엇인지 깨닫게 되었습니다. 하나님의 말씀이 그 해답을 준 것입니다.

당신은 단조로운 목소리를 들어 본 적이 있습니까? 완더는 표정 없는 얼굴을 하고 있었습니다. 얼굴에 감정이 나타나는 경우가 별로 없었습니다. 그녀와 대화를 나눌 때 나는 늘 불편함을 느꼈습니다. 내 말에 어떤 반응을 보일지 늘 염려가 되었기 때문입니다. 그녀가 말을 할 때도 나은 것은 아니었습니다. 하는 말이 진정인지 의문을 갖지 않을 수가 없었습니다. 말을 하는 그녀에게는 활기도, 흥분도, 반짝이는 눈빛도 없었기 때문입니다.

아무 표정이 없다는 사실을 말해 주어야 할지 기도했습니다. 하나님께서는 청신호를 보내 주셨습니다. 그래서 다음에 만났을 때 이렇게 말해 주었습니다. "완더, 당신도 알다시피 성경에는 '사람도 얼굴을 쳐다보면'이라는 말씀이 있어요. 다른 말로 하면, 다른 사람에게 말을 할 때, 그의 얼굴을 통해 그의 반응을 알 수가 있어요. 그런데 당신의 얼굴은 그렇지가 못해요. 그것이 사람들이 당신에게 반응을 보이지 않는 이유가 될 수 있을 것 같아요. 당신은 지혜롭고, 경건하고, 다른 사람들을 돕고자 하는 열정도 있지요. 하지만 당신의 얼굴에서는 그런 것을 읽을 수가 없어요. 당신의 표정을 바꾸기 위해 나와 함께 기도로 하나님의 도우심을 구하는 것이 어떻겠어요?" 그녀는 그렇게 하고 싶다고 했습니다. 몇 달이 지나자, 그녀의 얼굴에는 생기가 감돌았고, 그녀는 대화를 나누기에 더 좋은 사람이 되었습니다. 여성들을 영적으로 돕는 그녀의 사역 또한 발전해 가는 것을 보았습니다. 하나님께서는 말씀을 통해 내가 가지고 있지 않았던 지혜를 주신 것입니다.

구체적으로 하나님께서는 어떻게 이 일을 하십니까? 지혜를 달라고 기도하면 하나님께서는 성령을 통해 말씀을 깨닫게 하심으로 응답하십니다. 완더의 문제와 관련하여, 나는 하나님의 약속들을 주장하는 것으로 시작했으며, 두 구절을 기억했습니다. 한 구절은 시편 19:7인데, 그 말씀에 대해서는 이미 언급했습니다. 다른 하나는 "너희 중에 누구든지 지혜가 부족하거든, 모든 사람에게 후히 주시고 꾸짖지 아니하시는 하나님께 구하라. 그리하면 주시리라"라는 야고보서 1:5입니다. 나는 이 구절을 가지고 수천 번은 더 기도했을 것입니다. 어머니로서 애를 키우면서 나는 하나님께 이렇게 기도한 적이 많았습니다. "하나님, 도와주세요. 저는 이전에 이런 경험을 해본 적이 없습니다. 애가 하나뿐이기 때문입니다. 그러니 하나님의 도움이 필요합니다. 저는 그 애를 어떻게 다루고, 어떻게 훈련하고, 어떻게 가르쳐야 할지 알 수가 없으나, 하나님께서는 알고 계십니다. 이 상황을 위한 하나님의 지혜를 주소서." 나는 아내로서, 친구로서, 성경공부 인도자로서도 이런 식으로 지혜를 구하는 기도를 했습니다. 이런저런 때, 이곳저곳에서, 나의 기도는 "주여, 도와주소서. 지혜를 가르쳐 주소서"였습니다.

"여호와의 교훈은 정직하여 마음을 기쁘게 하고"
하나님의 약속들이 정직하고 믿을 만하다는 것을 알 때 얼마나 기쁜지요! 우리 귀를 열면, 하나님께서는 사랑과 은혜의 메시지를 말씀해 주시고, 우리 마음은 기쁨이 넘칩니다.

그리 오래되지 않은 때의 일입니다. 나는 나이가 들고 약해져 다른 사람들의 짐을 질 수가 없다는 느낌이 들었습니다. 나의 삶뿐만 아니라 친구들과 사랑하는 사람들의 삶에도 폭풍우가 사납게 몰아닥치고 있었습니다. 나는 강해질 필요가 있었으나 약하다는 느낌이 들었고, 다른 사람들을 도와줄 필요가 있었으나 나 자신이 도움이 필요하다는 느낌이 들었습니다. 나는 서재에 앉아서 하나님께 말씀드렸습니다. "하나님 아버지, 저는 너무나 지치고, 낙심도 됩니다. 저는 주님의 무릎 위에 올라 거기서 쉬는 것이 필요한 것 같습니다."

하나님께서는 나의 마음에 말씀해 주셨습니다. "캐롤, 너는 내 무릎에 올라올 필요가 없다."

"하나님, 정말이에요. 저는 너무 지쳐서 하나님께 저를 번쩍 들어 무릎 위에 앉혀 달라고 요청해야 할 거예요."

하나님께서 미소를 지으시는 것이 보이는 듯했습니다. "얘야, 나는 너를 들어 무릎에 앉힐 필요가 없단다. 알다시피, 너는 이미 내 무릎 위에 있단다. 사실, 너를 내 품에 안고 있지."

나는 그 말씀에 대해 잠시 생각해 본 후, 이렇게 대답했습니다. "그렇다면, 왜 저는 산 속의 가시덤불 속에서 상처를 입고

피를 흘리고 있는 것처럼 느껴지지요?"

"애야, 그건 단지 네가 가끔 그렇게 **느낄** 뿐이란다. 하지만 **사실**은, 내가 너를 품에 안고 있지."

나는 느낌이 사실과 같아지도록 기도했습니다. 그리고 나서 이사야 40:11과 46:4을 읽었는데, 하나님의 멜로디가 갑자기 내 마음속에 울려 퍼졌습니다. 그 구절들은 이렇게 말씀하고 있었습니다. "그는 목자같이 양무리를 먹이시며, 어린양을 그 팔로 모아 품에 안으시며… '너희가 노년에 이르기까지 내가 그리하겠고, 백발이 되기까지 내가 너희를 품을 것이라. 내가 지었은즉 안을 것이요, 품을 것이요, 구하여 내리라.'"

나는 '물론이지! 내가 아무리 나이가 들어도 여전히 하나님의 자녀이고, 그분은 나를 품고 있다. 하나님께서는 나를 그분의 품에 안고 계시지' 하고 생각했습니다. 이 구절의 진리가 나에게 기쁨을 주었습니다. 웃고 싶었습니다… 그래서 나는 웃었습니다!

"여호와의 계명은 순결하여 눈을 밝게 하도다"
때로, 사랑하는 사람에 대한 비방보다 차라리 우리 자신에 대한 비방을 받아들이는 것이 더 쉽습니다. 자녀가 누군가로부터 상처를 입으면, 엄마는 으레 복수해 주고 싶고, 가해자에게 달려들고 싶습니다.

남편이 누군가로부터 상처를 입었을 때도 마찬가지입니다. 나의 남편이 상처를 입은 경우가 있었습니다. 나는 본능적으로 비난을 퍼붓고 앙갚음을 하고 싶었습니다. 남편에 대한 상대방의 말은 사실과 달랐습니다. 나는 비난을 퍼붓는 편지를 보내거나, 그 사람에게 가서 따지고 싶었습니다.

 당시 내가 야고보서 3장의 몇 구절을 암송하고 있었던 것은 단지 "우연"이었을까요? 그 구절들은 내 맘대로 행동할 수 없게 했습니다.

> 너희 중에 지혜와 총명이 있는 자가 누구뇨? 그는 선행으로 말미암아 지혜의 온유함으로 그 행함을 보일지니라.… 오직 위로부터 난 지혜는 첫째 성결하고 다음에 화평하고 관용하고 양순하며, 긍휼과 선한 열매가 가득하고, 편벽과 거짓이 없나니, 화평케 하는 자들은 화평으로 심어 의의 열매를 거두느니라. (13,17-18절)

 이 말씀을 생각할 때 나는 행동을 포기할 수밖에 없었습니다. 내가 취하려고 했던 행동은 화평한 것도, 관용하는 것도, 긍휼과 선한 열매가 가득한 것도 아니었습니다. 나의 동기는 순수하지 못했습니다. 사실, 그것은 복수심에서 비롯된 것이었습니다. 이 경우, 하나님께서는 말씀을 사용하여 내가 아무 말도, 행동도 하지 않도록 제지시키셨습니다. 하나님께서는 자신이 재판관이며, 나의 보호자가 되겠다고 확신시켜 주셨습니다. 하나님의 말씀은 나에게 빛을 주었으며, 그 빛은 **찬란했** 습니다. 그 빛은 너무나 밝아 내 마음속에 있는 어두운 구석을 다 볼 수 있게 해주었습니다. 하나님의 말씀은 나의 죄를 드러내었고, 무릎 꿇고 회개하도록 했습니다.

 하나님의 말씀으로부터 얻는 유익은 수없이 많으며, 그 가운데 겨우 네 가지를 살펴보았을 뿐입니다. (시편 119편은 말씀의 유익을 더 많이 열거하고 있습니다.) 미지근한 그리스도인이 되느냐, 아니면 생생하게 하나님을 경험하는 그리스도인이 되느냐는 말씀의 가치를 깊이 확신하고 있느냐 하는 것에 달려 있습니다.

우리의 책임

하나님의 말씀이 실제적으로 유익을 준다는 사실이 기쁘지 않습니까? 당신과 내가 테이블을 사이에 두고 얼굴을 마주하며 커피를 들면서 대화를 나누고 있다면, 이렇게 말하고 싶습니다. "자, 지금까지 하나님의 말씀이 무엇이며, 어떤 일을 하는지에 대해 대화를 나누었어요. 이제는 우리의 책임에 초점을 맞추려고 해요. 경건한 여인이 되려면, 첫째, **알아야** 하고, 그리고 나서는 **행해야** 하지요. 다른 방법은 없어요."

"주의 종이 이[하나님의 말씀]로 경계를 받고, 이를 지킴으로 상이 크니이다." 이 시편 19:11에서 하나님께서는 두 가지를 하라고 도전하십니다. 경계를 받고, 그리고 지키는 것입니다. 우리가 경계를 받고, 이를 지킨다면, 하나님께서는 "큰 상"을 약속하셨습니다. 우리는 성경에 있는 모든 명령들을 알 수 있으나, 그 명령들을 지키지 않는다면, 그 명령들은 우리와 무관하고, 우리에게 쓸모없는 것이 될 것입니다. 지키는 것, 즉 순종하는 것은 경건한 여인이 되는 데 있어서 너무나 중요한 부분이며, 나중에 이 책의 한 장 전체를 할애하여 이에 대해 토의할 것입니다.

지금 내가 당신의 손을 잡아 보며, 당신의 눈을 바라보며,

내가 말하고자 하는 바를 알아듣고 받아들이고 있다는 것을 알 수가 있다면 얼마나 좋을까요. 이는 당신이 하나님의 말씀을 알고 순종하는 것에 높은 가치를 두지 않는다면, 하나님과 오랫동안 동행하지는 못할 것이요, 그리스도를 닮아 가는 일에서도 별로 진보가 없을 것이기 때문입니다. 당신은 하나님의 기이한 것들을 보기는 할지 모르나, 결코 그분의 마음을 진정으로 알지는 못할 것입니다. 당신은 큰 일들을 행할지 모르나, 그분의 임재 가운데 동행하지는 못할 것입니다.

하나님을 깊이, 그리고 개인적으로 알기 위해서 꼭 필요한 것이 있습니다. 그것은 하나님과 시간을 보내는 것, 그분의 말씀과 더불어 시간을 보내는 것이 꼭 필요하다는 확신입니다. 그런 확신이 없다면, 앞으로 몇 주 동안 그러한 확신을 얻기 위해 노력도 하고 기도도 하기 바랍니다. 이 장의 끝부분에 있는 모든 공부를 주의 깊게, 기도하는 가운데 하도록 하십시오. 여전히 확신이 없으면, 이 주제에 대한 다른 성경공부 교재들도 찾아보십시오. 나이가 든 여성이나 목사님께 찾아가 도움을 받거나, 설교 테이프를 들으십시오.

힘차게 그리스도인의 삶을 시작했다가 금새 시들어 버리는 여성을 보면 참으로 마음이 아픕니다. 마치 흙이 얇은 돌밭에 떨어진 씨와 같습니다(마가복음 4:3-9). 물론, 그렇게 되는 데는 여러 가지 원인이 있습니다. 그러나 한 가지 원인은, 말씀 안에서 시간을 보내는 것이 하나님과 동행하는 일에 얼마나 중요한지 확신하지 못한 것입니다. 이 확신을 내가 원하는 수준만큼 당신에게 심어 줄 수는 없습니다. 그러나 내가 기도하는 바는, 당신이 창조주 하나님, 당신의 이해를 초월하여 당신을 사랑하시는 하나님 아버지께서 그런 확신을 심어 주시도록 기도하는 것입니다. 그리고 하나님께서 그런 확신을 주실 때, 당신이 그분과 동행하는 것입니다.

성경의 진리를 당신의 것으로

2장에서 배운 것을 사용하여, 다음 주제에 대해 **구절별 성경공부**를 해봅시다.

하나님의 말씀은 무엇을 하는가
- 디모데후서 3:16-17
- 히브리서 4:12 (에베소서 6:17 참조)

하나님의 말씀은 무엇인가(어떠한가)
- 잠언 30:5-6

하나님의 말씀은 얼마나 보배로운가
- 예레미야 15:16

시편 119편을 공부하는 법

이제는 시간이 좀 걸리는 공부를 해보도록 합시다! 성경에서 제일 긴 장인 시편 119편은 거의 모두가 하나님의 말씀에 관한 내용입니다. 사실, 176구절 중에 오직 다섯 구절만이 하나님의 말씀에 관한 언급이 없습니다. 분명, 시편 기자는 하나님의 말씀이 중요하다는 것을 느꼈고, 우리도 그래야 합니다. 그러므로, 다음 3주 동안, 이 시편에 초점을 맞추며, 하나님께서 마음에 가지고 계신 것을 우리 마음에 얹어 주시도록 기도합시다.

매일, 시편 119편의 한 단락(8구절)을 깊이 생각하면서, 그리고 기도하면서 읽습니다. 당신의 성경에는 단락으로 나누어져 있지 않으면, 하루에 여덟 구절씩 읽으십시오(그 시편을 다 마치는 데는 22일이 걸릴 것입니다). 그 시편은 다음 질문에 대해 어떻게 답하고 있는지 기록하십시오.

- 말씀은 무엇인가(어떠한가)?(예: 말씀은 빛이다. 105절)
- 말씀은 어떤 일을 하는가?(예: 말씀은 우리를 죄로부터 지켜 준다. 9절)
- 하나님의 말씀에 대한 당신의 책임은 무엇인가?(예: 나의 책임은 말씀을 내 마음에 두는 것이다. 11절)

이 시편에는 여러 단어가 성경 말씀을 가리킨다는 것을 기억하십시오. 예를 들면, 증거, 율례, 계명 등.

이 시편의 공부를 다 마쳤으면, 이제 다음 질문에 답해 보십시오.

- 시편 기자는 하나님의 말씀에 얼마나 중요성을 부여했는가?
- 나는 그분의 말씀에 얼마나 중요성을 부여해야 하는가?

- 하나님께서 가르쳐 주고 계시는 것을 어떻게 이번주에 삶에 적용할 것인가? (여기서 **개인 적용**을 기록하십시오.)

제 4 장

주님과 함께 보내는 시간 (1)

말씀을 섭취하는 법

남편은 불같은 성격이었고… 나는 성미가 급했습니다. 결혼하고 나서 첫 6년 동안 우리 결혼 생활은 안정되어 있지 않았습니다. 우리는 자주 부딪쳤습니다. 나는 어딘가에서 내가 할 일은 남편을 사랑하는 것이고, 그를 훌륭하게 변화시키는 것은 하나님께서 하실 일이라는 말을 들었습니다. 그렇지만 나는 어쩐지 하나님께서 나의 도움이 필요하신 것처럼 느껴졌습니다! 남편이 내가 좋아하지 않는 행동이나 말을 하면, 화가 나기 시작합니다. 그러면 나는 그에게 징계를 가했습니다. 먼저 차가운 침묵으로, 다음에는 독기 어린 말을 내뱉음으로써. 그러다가 감정이 사그라지고, 둘 중에 하나가 사과를 하고 나면, 그 말다툼은 잊혀지곤 했습니다. 하지만 다음 번에 또 그런 일이 일어납니다. 나를 당황스럽게 했던 것은 우리의 말다툼이 점점 더 잦아지고 있었으나, 그것에 대해 어떻게 해야 할지 모른다는 것이었습니다.

　결혼하고 나서 6년 후, 우리는 오리건 주의 포틀랜드로 이사를 갔는데, 그곳에서 남편은 시내에 있는 큰 교회의 청년부 지도자가 되었습니다. 3개월 후 어느 저녁, 그는 집으로 돌아와서 현관문에서 큰 소리로 "여보, 별일 없었소?" 하고 외쳤습니다. 나는 침묵으로 그를 맞이했습니다. 좀 있다가, 마지못해 "네, 잘 지냈어요" 하고 부엌에서 차가운 목소리로 대답했습니다. 나는 잘 지내지 못했습니다. 그리고 나의 쌀쌀한 말투를 통해 남편도 분명히 알 수 있었습니다.

　"무슨 일이 있었소?"라고 그는 부엌으로 들어오면서 물었습니다.

　"아무 일 없었어요"라고 나는 감정을 죽이며 담담한 목소리로 대답했습니다.

　"당신 뭔가 못마땅한 게 있나 봐. 그게 뭐요?" 그가 캐물었습니다.

　나는 그가 그렇게 나와 주기를 바랐습니다. 사실, 그가 그런 식으로 자꾸 캐묻지 않았다면 나는 더 화가 났을 것입니다. 그동안의 결혼 생활을 통해 남편도 그 정도는 알고 있었습니다. 무엇 때문에 그날 그렇게 화가 났는지는 기억이 나지 않습니다. 그러나 분명히 기억나는 것은, 보이지 않는 곳에서 보글보글 끓고 있던 분노가 마침내 그날 끓어 넘쳤다는 것입니다.

　늘 그런 식이었습니다. 그러나, 남편은 그날 저녁 전혀 다른 행동을 보였습니다. 전 같으면 불쾌하다는 듯이 곧바로 내게 반격해 왔을 텐데 이번에는 사랑과 애정이 가득한 눈길로 나를 보면서 "당신이 옳을지도 몰라. 그것에 대해 함께 기도하도록 합시다"라고 말하는 것이었습니다.

나는 처음에는 놀랐고, 다음에는 당황이 되더니, 마침내는 부끄러워졌습니다. 나는 쥐구멍이라도 있으면 숨고 싶었습니다. 우리는 그것에 대해 기도했습니다. 우리라기보다는 남편이라고 해야 옳겠죠. 나는 얼떨떨하여 한마디도 제대로 할 수가 없었습니다.

그날 저녁 식사 때는 아무 말도 않고 있었습니다. 그러나 나는 마침내 모든 자존심을 꺾고 물어 보았습니다. "여보, 당신에게 무슨 일이 일어났어요? 왜 오늘 저녁에는 여느 때와 다른 반응을 보였어요?"

몇 주 동안 남편은 어떤 사람과 만나 성경공부를 해왔습니다. 그 두 사람은 어떻게 하면 이미 알고 있는 성경의 진리들을 삶에 적용하느냐에 초점을 맞추고 있었습니다. 내가 보니, 남편은 성경 말씀을 암송하려고 애쓰고 있었는데, 이전에는 그리 신경을 쓰지 않던 영역들에 관한 말씀도 암송하고 있었습니다. 하지만 그것이 원인인가?

남편은 이렇게 말했습니다. "나도 당신이 한 말 때문에 약간 기분이 상하긴 했소. 하지만 화가 난 말로 당신에게 반격을 하려고 하는데 몇 주 전에 암송한 말씀이 떠오르지 않겠소. 그 말씀은 '너희에게 인내가 필요함은 너희가 하나님의 뜻을 행한 후에 약속을 받기 위함이라'라는 히브리서 10:36 말씀이오. 그래서… 나는 하나님께 순종하고 싶었소." 원래의 의미와는 약간 거리가 있었지만, 이 말다툼에 관련해서도 적용할 수 있는 말씀이었습니다.

한 대 얻어맞은 듯한 기분이었습니다. 하나님께서 남편의 삶에서 뭔가 실제적인 변화를 일으키고 계신다는 것이 너무나 충격적이었습니다. 나는 갑자기, 만약 하나님께서 내 마음속에서 뭔가를 행하시도록 해드리지 않으면, 그와 나 사이에는 영적으로 엄청난 간격이 생기게 될 것이라는 사실을 깨닫게 되었습니다.

그것은 하나님께서 내 삶 가운데 역사하시도록 해드리고자 하는 이유로 썩 좋지는 않습니다. 그러나 하나님께서는 역사하시도록 해드리기만 하면, 어떤 이유라도 사용하신다는 것을 발견했습니다. 그것이 나의 전환점이 되었습니다. 나는 실상을 똑바로 보게 되었고, 내가 어디에 있었고, 어디를 향하고 있었는지를 알았으며, 코스를 바꾸기로 의도적인 결단을 내렸습니다. 내가 그렇게 할 수 있게 해주신 하나님이 얼마나 감사한지 모릅니다.

영적 권태기를 넘어

남편과 나는 그때까지 줄곧 복음적인 교회에 출석했고, 기독교 계통의 대학에 다녔습니다. 나는 성경을 가르칠 뿐만 아니라 성경대로 사는 가정에서 자라났고, 십대가 되기 직전에 예수님을 나의 개인적인 구주로 영접했습니다. 그러나 나의 성장은 롤러 코스터와 같았습니다. 나는 그리스도인의 삶의 어떤 영역에서 승리를 만끽하다가 갑자기 침체기로 곤두박질을 하곤 했습니다. 나는 하나님과 함께 시간을 보내고자 하는 동기를 받곤 했지만, 몇 주만 지나면 그 동기력은 시들해지곤 했습니다.

남편이 4년 동안 신학교에 다니고 있을 때, 나는 그의 논문들을 타자해 주고, 우리의 조그만 트레일러 주택 안에서 그가 다른 사람들과 토의하는 것을 듣곤 했습니다. 이런 것들을 통해 나는 간접적으로 헬라어, 히브리어, 그리고 신학을 배웠습니다. 우리는 둘 다 엄청난 분량의 진리들을 우리 머리 속에 꽉꽉 채워 넣었습니다. 그러나 그것 중 지극히 조그만 분량만이 우리의 영혼을 사로잡고 있었습니다.

6년 후 나는 한 살짜리 아기의 어머니요, 교회의 부목사이자 청년부 지도자인 사람의 아내가 되어 있었고, 교회의 여러 활동들에 적극적으로 참여하고 있었습니다. 나는 목사의 사모는 어떤 사람이 되고 어떤 행동을 해야 하는지에 대해 나름대로의 기대치를 가지고 있었고, 그 기대치를 따라 살려고 최선을 다했습니다.

나는 그리스도이라면, 특히 목사 부인이라면 마땅히 해야 할 것이 매일 아침 성경 한 장을 읽고 기도를 잠시 하는 것이라고 생각했고, 그것을 부지런히 실행했습니다. 그러나 어느 날 내가 깨달은 것은, 나는 살아 계신 하나님을 만나고 있다기보다는 습관을 좇아 행하고 있다는 것이었습니다. 그 결과, 비록 내가 그 당시에 인정하지는 않았지만, 나는 영적 권태기에 있었습니다. 나는 어떻게 예수님의 발 앞에 앉으며, 그분이 말씀하시는 것을 듣고, 그분과 교제를 나누는지, 그 방법을 배울 필요가 있었습니다.

남편은 하나님의 말씀을 통해 삶의 변화를 받는 법에 대해 배우고 있었고, 배운 것을 나에게 전달해 주었습니다. 그리하여 나는 매일 아침 주님과 몇 분 정도(실제로는 7분 내지 10

분) 시간을 보내기 시작했습니다. 나는 "내 눈을 열어서 주의 법의 기이한 것을 보게 하소서"라는 시편 119:18 말씀으로 기도하는 것으로 시작했습니다. "주님, 오늘 주님의 말씀으로부터 기이한 것을 제게 주소서"라고 기도하곤 했습니다. 이것은 내가 미지근한 태도가 아니라 기대하는 태도로 주님께 나아가도록 도와주었습니다. 그리고 나서 성경을 읽었습니다. 한 장 전체를 읽어 나가려고 하기보다는 몇 구절 정도만 읽었습니다. 깊이 생각하면서, 그리고 기도하면서 읽었고, 하나님께서 보여 주신 "기이한 것들"을 기록했습니다. 그리고 나서 나는 그분이 내게 말씀해 주고 계시는 것에 대해 기도했습니다. 그 몇 분간은 점차 늘어났습니다. 그러나 나는 주님과 단지 5분 동안의 **질적인** 시간을 가져도 죄책감을 느끼지는 않습니다.

분명 당신의 상황은 나와는 다르겠지만, 나와 비슷한 것을 느낄 것입니다. 그리스도인의 삶이 내가 지금 경험하고 있는 이게 다일까? 뭔가가 더 있지 않을까? 라고. 당신의 영혼은 공허한 것 같고, 하나님께서는 당신 안에 **거하시는** 것이 아니라 "바깥 어딘가"에 계신 것 같은 느낌이 들지 모릅니다. 내가 침체에 **빠진** 영적 삶에서 벗어나 모험이 가득한 삶(네, 오르막도 있고 내리막도 있습니다)을 살도록 이끌어 준 핵심적인 것들이 있는데, 그중 하나가 하나님과 더불어 시간을 보내는(습관 때문이 아니라 나를 사랑하시는 하나님을 만나기 위해서) 법을 배운 것이었습니다. 이 장은 이 책에서 제일 중요한 장입니다. 하나님과 질적인 시간을 갖지 않고는 결코 참되고 의미 깊은 그리스도인의 삶을 살 수 없기 때문입니다.

때때로 내 삶에서 어떤 것을 보고는, 이렇게 생각합니다. '사고 방식 자체가 틀렸군. 그것은 어리석은 짓이요, 문제가 많아. 그건 바꿀 필요가 있겠어.' 하지만 어떻게 바꿉니까? 이 장에서 소개하는 방법들을 통해 하나님의 말씀을 섭취하면 됩니다. 그렇게 하는 것이 필요한 변화를 일으키도록 계속 나를 도와주고 있습니다.

어떻게 하나님의 말씀을 섭취하는가

나는 하나님의 말씀을 섭취하여 내 것으로 만드는 방법이 많이 있다는 것을 알게 되었는데, 그 모든 방법이 다 필요합니다. 나는 하나님의 말씀을 듣고, 읽고, 공부하고, 암송하고, 그리고 묵상을 합니다. 그 밖의 다른 방법들을 배우는 면에도 계속 발전해야 하겠지만, 지금은 이 다섯 가지 방법을 살펴보고자 합니다.

말씀 듣기

하나님의 말씀을 섭취하기 위해서는, 그것을 들을 필요가 있습니다. 나는 수백 번의 설교를 들었지만, 기억할 수 있는 것은 한 줌도 되지 않습니다. 이는 흔히 나의 마음은 '오늘 저녁 식사를 위한 준비는 다 해두었던가? 내일 할 일은 뭐가 있지?' 와 같은 다른 생각들로 차 있기 때문입니다. 메시지를 듣거나, 설교 테이프를 듣거나, 그리고 예배 시간에 설교를 들을 때는 진정으로 경청하고 또한 요점을 기록해 두는 것이 좋습니다. 그럴 때, 듣고 있는 말씀은 내 영혼의 먼지 앉은 구석들에 신선한 공기를 불어넣기 시작합니다.

직접 듣든 설교 테이프를 듣든, 말씀을 듣기 전에, 나는 하나님께서 가르쳐 주시기 원하는 것으로 내 마음을 감동시켜 주시도록 기도하기 시작했습니다. 성경 구절들과 중요한 요점들을 기록했고, 그 다음날 복습했습니다. 때로는 타자하여 노트에 보관해 두기도 했습니다. 차를 타고 가거나 음식을 장만할 때는 설교 테이프를 들었습니다. 바쁜 일정 가운데서도 이런저런 시간을 활용하여(다리미질을 할 때, 먼지를 떨 때, 운전을 할 때, 요리를 할 때 등) 하나님의 말씀을 들을 수 있다는 것을 알고 놀랐습니다. 당신도 그렇게 할 수 있습니다. 만약 어려워 보이면, 그분의 발 앞에 앉아 있는 순간들을 더 많이 확보하기 위해 어떻게 시간을 운용해야 할지 하나님께 여쭤 보십시오.

말씀 읽기

나는 요즘은 2년에 한 번씩 성경을 통독하고 있습니다. 경건의 시간에 읽는 것은 제외하고서입니다. 어떤 사람들은 경건의 시간에 성경을 통독하는 것을 좋아하기도 하지만, 나는 그 시간이 주님과 친교를 나누는 시간이 되기 원합니다. 그 시간에는 서두르지 않고, 주님의 발 앞에 앉아 내가 그분을 사랑한다고 말씀드리고, 그리고 나를 사랑하신다는 주님의 음성도 들을 수 있습니다. 경건의 시간에는, 한 단락만 읽거나 혹은 단 한 구절만 읽었다 해도, 내 마음에 말씀해 주시는 하나님의 음성을 듣기만 했다면 그걸로 족합니다.

  성경 읽기를 위해서는, 나는 매일 잠자리에 들기 전에 몇 분 정도 시간을 내어 몇 장 정도를 읽기로 계획하고 있습니다. 나는 성경 전체와 익숙해지고 싶습니다. 이는 장차 하늘나라에 갔을 때 혹시 미가가 "내가 기록한 책을 얼마나 즐겨 읽었습니까?"라고 물을 때 "안 읽었는데요"라고 대답하기가 싫기 때문입니다(그것은 단지 한 가지 이유일 뿐입니다). 성경 말씀에 대한 전체적인 시야를 얻기 위해서는, 역사 전체를 통해 하나님께서 하신 일의 전체 파노라마를 아는 것이 필요합니다.

말씀 공부
우리 부부가 포틀랜드에 살 때, 나는 성경공부 그룹에 참석했습니다. 그때 나는 공부 교재에 나오는 질문에 답할 때 흔히 빈칸을 채워 넣기에만 급급했습니다. 그러나 하나님의 말씀을 알고자 갈급해하는 마음을 주시도록 기도하자, 그분은 열망을 주셨습니다. 깊이 파고들고, 해야 할 과제 이상을 하며, 가슴 벅차게 하는 진리들을 찾고 발견하며, 그리스도의 말씀이 내 속에 풍성히 거하게 하려는 열망입니다(골로새서 3:16 참조).

나는 주중에 몇 시간을 오직 성경공부를 위해 할애하기 시작했습니다. 바쁜 엄마들은 한 친구와 함께 교대로 상대방의 아기를 봐주며, 성경공부를 하기 위해 도서관으로 갑니다. 직업을 가진 여성들은 흔히 저녁에 혼자 있는 시간을 이용해서 공부를 합니다. 그러나 분명히 말씀드리고 싶은 것은, 성경공부를 위해 시간 계획을 짜지 않으면 결코 성경공부를 할 수 없다는 것입니다.

말씀 암송
하나님께서는 또한 남편의 태도를 바꾸는 데 효과가 있었던 그 성경 암송을 나도 하도록 도전하셨습니다. 우리 삶을 바꾸어 놓은 그 말다툼을 할 때까지는, 나는 성경 암송을 하는 것은 전혀 원치 않았습니다. 그것은 일만 많고 어렵기만 하고, 나한테 별로 필요하지는 않은 것처럼 보였습니다. 그러나 내가 화를 냈을 때 남편이 그렇게 새롭고 경건한 방법으로 반응하는 것을 보자 성경 암송을 해야 할 이유는 너무나 분명해졌습니다.

나는 네비게이토 선교회의 **주제별 성경 암송**을 가지고 시작했습니다. 그리하여 매주 두세 구절의 내용과 장절을 암송했습니다. 그 구절의 내용을 소리내어 암송하면서 앞 뒤로 장절을 말하면 그 구절의 "주소"를 기억하는 데 도움이 되었습니다. 그리고 나는 어떤 구절을 새로 암송하는 것보다 계속 잊지 않고 기억하는 것이 훨씬 더 어렵다는 것을 발견했습니다.

"나는 지금까지는 성경을 암송했지만, 이제는 마음판에 새깁니다"라는 말을 들었습니다. 전에는 기계적으로 외우기만 했는데, 이제는 암송한 말씀을 삶에 적용하고 있다는 의미로 이해됩니다. 나는 그 말을 좋아합니다. 나는 그 주에 "하나님의 말씀을 마음판에 새기기" 시작했고, 암송은 하나님께서 나의 성품을 변화시키기 위해 사용하신 가장 놀라운 방법 가운데 하나가 되었습니다. 깜짝 놀랄 일들이 일어나기 시작했습니다. 그 가운데 어떤 것은 내가 좋아하는 것이고, 어떤 것은 고통스러운 것이었습니다. 나는 내 성격 가운데 과감한 수술이 필요한 영역이 많이 있다는 것을 알고 있었으나, 그것들을 잘라 내는 과정은 고통스러웠습니다. (나는 종종 사람들에게, "하나님께서 당신의 삶을 변화시켜 주시기를 원치 않는다면,

성경을 암송하지 마십시오"라고 말합니다. 하나님의 말씀을 우리 마음판에 새기면 하나님께서 우리 삶을 변화시키실 것이기 때문입니다.)

햇볕이 내리쬐는 어느 오후, 나는 몇 사람이 함께 갖는 기도 모임에 참석했습니다. 우리는 커피를 들면서 기도 제목들에 대하여 이야기를 나누고 있었습니다.

나는 한숨을 쉬면서 말했습니다. "저어, 수우를 위해 기도해 주었으면 좋겠어요. 지금 결혼 생활에 어려움을 겪고 있어요. 그녀의 남편이 근래에 들어 무척 신경질적이 된 데다가…." 나는 그 다음 말을 마저 이을 수가 없었습니다. 마치 하늘로부터 직접 하나님의 음성이 내 마음속에 들려 오는 것 같았기 때문입니다. "캐롤(그분은 내게 굉장히 가깝게 느껴졌습니다), '두루 다니며 한담하는 자는 남의 비밀을 누설하나, 마음이 신실한 자는 그런 것을 숨기느니라'(잠언 11:13)."

그 뒤에, 디모데후서 3:16-17을 읽을 때 웃음이 나왔습니다. 그 구절은 하나님께서는 교훈하고, 책망하고, 바르게 하고, 의로 교육하기 위해 그분의 말씀을 사용하신다고 말하고 있었습니다. 의심할 것 없이, 나는 그 기도 모임 때 말씀으로 호되게 책망을 받았던 것입니다.

또 한번은 우리 딸 린이 집에 들어오면서 울음을 터뜨렸습니다. 그 애는 "엄마, 낸시가 나랑 놀지 않는데. 개는 내가 맨날 나 하고 싶은 대로만 하고, 자기를 부려먹는다고 했어. 또…" 하면서 엉엉 울었습니다. 나는 이런 얘기는 전에도 들었다는 생각이 들어 귀를 닫아 버렸고, 그 아이가 한참 동안 늘어놓는 이야기의 나머지 부분은 별로 귀담아 듣지 않으려

했습니다. 내 마음속에는 그 애에게 해줄 적절한 대답까지 이미 마련되어 있었습니다. 그때 잠언 18:2을 통해 하나님의 검은 바로 정곡을 찔러 주었습니다. "캐롤, '미련한 자는 명철을 기뻐하지 아니하고, 자기의 의사를 드러내기만 기뻐하느니라.'" 나는 마루 바닥에 주저앉아 울고 있는 린에게 다가갔고, 내가 말하기에 앞서 그 애의 말에 귀를 기울이고, 또 기울였습니다. 하나님께서는 계속 이 구절을 사용하셔서 내가 주위 사람들의 말을 주의 깊게 경청하도록 상기시켜 주십니다.

내가 하나님의 말씀을 마음에 간직했기 때문에 그 말씀은 내 마음속에 살아 움직이게 되었고, 나의 습관과 생각과 욕망을 변화시키셨습니다. 내가 하나님의 말씀의 능력을 가장 필요로 하는 때는 대개 내가 성경 말씀을 찾아보기를 가장 원치 않을 때입니다. 그러므로 성령께서 하나님의 말씀을 사용하셔서 나의 삶을 변화시킬 수 있도록 하기 위해서는 하나님의 말씀을 늘 마음속에 간직하고 있어야 합니다. 성령께서는 하나님의 말씀을, 어루만져 주는 손길과 같이, 때로는 검과 같이, 또 필요할 때면 내리치는 망치와도 같이 사용하십니다!

당신은 이렇게 생각할지도 모릅니다. 캐롤 씨, 다 좋은 얘기 같아요. 하지만 나는 하루 종일 잠시라도 발 뻗고 쉴 시간이 나지 않아요. 성경 말씀을 암송하기 위해 어떻게 시간을 낼 수가 있죠? 좋은 질문입니다. 잘 물었습니다. (당신도 그런 의문이 생겼죠? 그렇죠?)

나는 앞에서 차를 운전할 때나 요리를 할 때 설교 테이프를 듣는다고 한 적이 있습니다. 우리는 모두 삶에서 그런 시간이 있습니다. 나는 그런 시간을 잘 사용하기로 결심했습니다. 성경 구절을 조그만 카드에 기록하여 가까운 곳에 두기 시작했더니, 차를 타고 갈 때, 다리미질을 할 때, 청소를 할 때, 혹은 기다리는 시간에 그 구절을 복습할 수 있었습니다. 나는 또한 경건의 시간을 시작하기 전에 몇 구절을 복습했습니다. 그것은 1분 정도밖에 걸리지 않았으나, 그 구절들은 하루 종일 나에게 영향을 미쳤습니다.

"우리는 참으로 원하는 것을 위해서는 시간을 낸다"라는 말이 있습니다. 때로 어떤 것을 하기 위해서는 기회뿐만 아니라 열망도 주시도록 기도해야 했습니다. 성경 말씀을 암송하는 것은 인생의 계절에 따라 잘 될 때도 있고 그렇지 못할 때도 있는 말씀 섭취 방법입니다. 나의 경우에는 그러했습니다. 그러나 그것은 당신이 짐작하는 것보다 훨씬 더 가치가 있는 방법입니다.

말씀 묵상

특정한 구절들을 암송하고 복습하면서, 잠언 23:7의 진리를 깨닫게 되었습니다. "대저 그 마음의 생각이 어떠하면 그 위인도 그러한즉."

우리가 깨어 있는 시간의 대부분은 필연적으로 일상적인 것들이 우리 마음을 가득 채우고 있을 것입니다. 우리는 직장 일을 생각해야 하고, 저녁 식사 메뉴를 짜야 하고, 전화를 걸어야 하고, 쇼핑 목록을 작성해야 합니다. 하지만, 우리는 하루 중 몇 십 분을, 어떤 때는 심지어 몇 시간을, "정신적인 표류"를 하면서 날려 버립니다. 이 표류하는 마음에 올바른 방향을 줄 수 있는데, 말씀 묵상을 통해, 기도하는 마음으로 하나님을 곰곰 생각하면 됩니다. 그렇게 하면, 이전에는 알지 못했던 전망 좋은 곳을 향해 생각의 셔터를 올릴 수 있습니다. 그렇게 하는 것은 바울이 골로새서 3:2에서 명령한 바와 같이 "위엣 것을 생각하고 땅엣 것을 생각하지 않도록" 도와줍니다.

당신은 어떤지 모르겠습니다만 나의 생각은 흔히 땅엣 것에 관한 것이고, 폭이 제한되어 있고, 세속적입니다. 성경 말씀을 묵상함으로써 하나님의 생각들을 향해 마음을 열면, 나의 생각이 바뀌고… 나의 인격도 바뀝니다. 나는 묵상이 '예수님을 바라보는' 실제적인 방법이요, 주님께 나의 생각을 집중시키고, 생각이 이곳저곳 분산되지 않게 하고, '축'이 되시는 주님을 의지하는 실제적인 방법이라는 것을 깨달았습니다.

나의 생각은 길들지 않은 송아지와 같이 종잡을 수가 없습니다. (나는 때로 그것이 나이도 먹고, 고랑에서 벗어나지 않게 쟁기질도 잘하는 어른 소로 바뀌었으면 합니다.) 병원에 진찰을 하러 가기로 한 것이나 팔에 통증을 느끼는 것으로부터 시작된 생각은 급기야 나의 임종 장면으로까지 줄달음칩니다. 그러면 혼자서 차를 몰고 병원으로 갈 때, 그런 우울한 생각을 하면서 두 뺨에 눈물을 줄줄 흘리게 될 것입니다. 이 얼마나 쓸데없는 생각이며, 시간 낭비입니까?

나에게 상상하고, 따지고, 생각할 수 있는 두뇌를 주신 분은 하나님이십니다. 하나님을 영화롭게 하는 일에 사용하라고 주신 것입니다. 하지만, 종종 나는 이 선물을 잘 사용하기보다는 오용합니다. 이러한 사실을 알기에, 나는 어느 날 두 시간 동안 혼자서 차를 타고 여행을 하는 기회가 생기자 시편 23편을 체계적으로 묵상하기로 결심했습니다. 나는 그 전에 다섯 단계로 된 묵상법에 대해 들었는데, 그날 아침에 그 방법을 사용해 보았으며, 그 이후에도 자주 사용했습니다.

성경 말씀을 묵상하는 법

첫째, 질문하십시오

시편 23편은 "여호와는 나의 목자시니"로 시작됩니다. 이 구절에 대해 나는 다음과 같이 질문해 보았습니다. 어떤 식으로 그분은 나의 목자가 되시는가? (이 질문 하나에 답하는 데만 15분이 걸렸습니다.) 언제 나는 그분이 나의 목자라는 것을 경험하는가? 나는 그리스도께서 나를 인도하시고 보호해 주시는 것을 통해 그분이 나의 목자가 되신다는 것을 가장 자주 경험합니다.

그날 시편 23:1을 묵상할 때, 그 얼마 전에 하나님께서 나를 인도해 주신 것이 생각났습니다. 우리 집에서 30분 정도 걸리는 곳에 있는 교회의 모임에 딸을 태워다 주고 돌아오려고 할 때 비가 억수같이 쏟아지기 시작했습니다. 집으로 돌아오려고 차에 시동을 걸면서, 나는 올 때 이용했던 고속도로를 다시 이용해야 할지, 아니면 좀더 먼길을 돌아서 가야 할지 보여 달라고 하나님께 기도했습니다. 하나님께서는 고속도로로는 가지 말라고 지시해 주시는 것 같았습니다.

그날 겪은 것은 내가 지금까지 운전을 하면서 겪었던 가장 두려웠던 경험 중의 하나였습니다. 길은 온통 물바다가 되어 있었습니다. 브레이크가 물에 젖어 차를 멈추기가 쉽지 않았고, 끊어진 고압선에서 스파크가 나서 잔디가 불에 타고 있었으며, 지직지직 하는 스파크 소리가 도로를 시끄럽게 했습니다. 시가지에는 대부분 전기가 다 나가 쏟아지는 빗속의 시야를 더 어둡게 했습니다. 나는 결코 백 퍼센트는 믿을 수 없는 이 자동차가 그만 멈추어 서버리면 어떡하나 하고 걱정도 되었습니다.

여기저기 도로들이 완전히 물에 잠겨, 집에까지 오기 위해서는 몇 킬로미터나 더 먼 길을 돌아와야 했습니다. 예정보다 두 시간이 더 늦게 가까스로 집에 도착했는데, 온 몸이 녹초가 되어 있었습니다. 그러나 집에까지 오는 동안 계속 나의 힘을 북돋아 준 말씀이 있었습니다. "네가 물 가운데로 지날 때에 내가 함께할 것이라. 강을 건널 때에 물이 너를 침몰치 못할 것이며"(이사야 43:2).

다음날 신문의 1면에는 한 여인에 관한 기사가 실려 있었습니다. 그 여인은 12살 난 딸과 함께 바로 그 전날 같은 시각에 내가 이용할 뻔했던 그 고속도로로 진입하려고 지하 차도를 통과하다가 6미터나 물에 떠내려갔는데, 지나가던 운전자가 물에 잠긴 차로부터 그들을 구해 냈다는 것이었습니다. 하나님께서는 나의 목자가 되셔서 그 위험한 상황에서 나를 돌보아 주셨던 것입니다.

시편 23편의 다음 구절은 "내가 부족함이 없으리로다"입니다. 이 말의 참된 의미는 무엇인가? 앞으로는 결코 어떤 것도 모자라지 않을 것이라는 말인가? 나는 어떤 영역에서 주님께서 나의 모든 필요를 넉넉히 채워 주시는 분이심을 경험해 왔는가?

당신이 그리스도를 경험할수록 그분 이외의 다른 것은 덜 원하게 됩니다. 이 놀라운 사실에 대해 깊이 생각해 본 적이 있습니까? 그분은 내가 필요로 하는 것은 무엇이나 다 주실 수 있는 분이라고 하셨습니다. 나에게 평안이 필요합니까? 주님은 나의 평안이십니다. 나에게 안전이 필요합니까? 주님이 나의 안전이십니다. 나의 필요가 무엇이든, 주님께서는 그 필요에 대한 해결책이 되십니다.

그때 두려움 가운데 빗속을 달리고 있던 내게 필요한 것이 몇 가지 있었습니다. 계속 운전을 해갈 수 있는 용기가 필요했습니다. 나를 안심하게 해주는 내적 평안이 필요했습니다. 그리고 집에 무사히 닿을 수 있게 해주는 보호와 도움의 손길이 필요했습니다. 하나님께서는 그 모든 필요를 채워 주셨을 뿐만 아니라, 그 차 안에 나와 함께 계신다는 큰 확신을 주셨습니다. 때때로 나는 하나님께서 나와 함께 계신다는 것을 머리로는 알지만 가슴으로 느끼지는 못했습니다. 그날 밤 나는 하나님께서 나와 함께하고 계신다는 것을 느낄 필요가 있었습니다. 그리고 느꼈습니다.

4절의 하반절인 "주의 지팡이와 막대기가 나를 안위(安慰)하시나이다"에 이르렀을 때, 나는 어리둥절해졌습니다. "벌을 주거나 지도하는 데 사용되는 하나님의 지팡이가 어떻게 나를 안위하는 것이 될 수 있지?" 전에는 이에 대해 한 번도 생각해 본 적이 없었습니다. 나는 깊이 생각해 보기 시작했습니다. 안위한다는 말은 위로하여 마음을 평안하게 한다는 말인데, 나에게 있어서, 그 막대기는 위로와 평안을 주는 것이 아니라 두려움을 주는 것으로 보였습니다. 하나님께서 그분의 막대기를 나에게 사용하셔야 한다면, 그때 그것은 나를 징계하기 위해서가 아닐까?

묵상은 일종의 '마음속으로 하는 성경공부'인데, 나는 그 구절의 의미를 알기 위해 그 말씀을 마음속으로 골똘히 묵상했습니다. 기도하면서 하나님의 징계에 대해 생각할 때, 나는 하나님과 씨름을 하다시피했습니다. 마침내 번쩍 떠오르는 것이 있었습니다. 과연 그렇습니다. 사랑으로 하는 징계가 위안이 된다는 것이었습니다. 사랑의 아버지께서 내가 불순종의 절벽으로 굴러 떨어지기 전에 그분의 막대기를 내밀어 나를 막아 주신다는 것을 알 때 얼마나 위로가 되는지요. 하나님께서는 나에게 불순종할 수도 있는 자유 의지를 주셨습니다. 하지만 하나님께서는 그 자유 의지를 꺾지는 않으시면서 내가 계속 바른 길로 갈 수 있도록 완벽하게 인도하여 주십니다. 그것은 참으로 위로와 평안을 주는 진리입니다.

둘째, 각 낱말 하나하나를 강조하십시오
나는 시편 23:1의 각 낱말을 취하여 그 각각을 강조해 봄으로써, 각 낱말이 지니고 있는 중요성에 대해 생각해 보았습니다.
　여호와는 나의 목자시니 - 하나님께서는 만주의 주요, 만왕의 왕이시다.
　여호와는 **나의** 목자시니 - 하나님께서는 나 개인의 목자이시다! 그분은 많은 사람들의 목자가 되시기도 하지만, 나는 그분이 나의 목자시라는 것을 알 필요가 있다.
　여호와는 나의 **목자시니** - 목자이신 하나님께서는 그분의 양인 나를 보살피신다.

셋째, 예화를 생각해 보십시오

시편 23편의 진리를 기억하거나, 그 의미를 깨닫는 데 도움이 되는 예화들을 생각해 보십시오. 그러한 예화들은 성경 말씀에서도 찾을 수 있고, 다른 사람과의 대화 중에도 발견될 수도 있지만, 우리 삶의 경험을 통해서 가장 자주 발견됩니다. '하나님과 더불어 생각할 때,' 하나님께서는 종종 우리가 묵상하고 있는 말씀의 의미를 이해하는 데 도움이 되는 구체적인 사건들이 생각나게 해주십니다.

넷째, 관련되는 말씀들을 찾아보십시오

시편 23편을 묵상할 때, 요한복음 10:11 말씀이 생각났습니다. 그 구절에서 예수님께서는 "나는 선한 목자라. 선한 목자는 양들을 위하여 목숨을 버리거니와"라고 말씀하셨습니다. 예수님께서는 선한 목자이시기 때문에, 나에게 선이 되지 않거나 바람직하지 않은 어떤 것을 행하시거나, 그런 일이 일어나도록 내버려두지 않으실 것입니다. 예수님께서는 또한 자기 양들은 자기의 음성을 듣는다고 말씀하셨습니다(요한복음 10:27). 나의 귀는 흔히 내 생각으로 인해 막혀 있어 주님의 음성이 들리지 않거나 어렴풋하게만 들리기 때문에, 나는 주님의 음성을 잘 들을 수 있도록 잠시 시간을 내어 기도했습니다.

만약 처음으로 성경을 공부하는 사람이라면, 성구 사전을 활용하면 관련되는 말씀을 찾는 데 도움이 될 것입니다.

다섯째, 적용하십시오

이 말씀의 진리를 어떻게 내 삶에 적용할 수 있을까? 하나님께서는 이미 수많은 필요들을 마음속에 떠오르게 해주셨습니다. 하나님께서 내가 맨 먼저 적용하기 원하시는 것이 무엇인지 분별하기만 하면 되었습니다. 나는 다음 시에 나와 있는 양과 같다는 느낌이 들었습니다.

> 주님께서는 아십니다.
> 제가 그 어리석은 양이라는 것을.
> 저는 걱정이 되어 안절부절못합니다.
> 푸른 풀밭
> 시원한 물가
> 밤에 몸을 눌 아늑한 우리를 찾을 수 있을지.
> 저는 찾지 못합니다.
> 곤경에 빠져들며
> 부족함을 느끼며
> 길을 잃기만 할 뿐입니다.
> 저는 자꾸만 주님으로부터 돌아서서
> 주님을 거스르는 길을 가려고만 합니다.
> 곁길로 벗어납니다.
> 다른 목자들을 따르며
> 어리석은 다른 양들을 따르기까지 합니다.
> 그러다가
> 벼랑이 앞을 가로막고
> 뒤에는 사나운 짐승이 도사리고 있는
> 캄캄한 골짜기를 만납니다.
> 목자님, 목자님,

저를 찾아 구해 주소서.
그렇지 않으면 죽겠나이다.
이렇게 외치며 매애 매애 슬피 웁니다.
그러면 주님께서는 저를 구해 주십니다.
　　　(조지프 베이리, '내 삶의 시편'에서)

　이 시에서 특히 마음에 와 닿은 말은 "안절부절못합니다"라는 말이었습니다. 사소한 일에도 걱정으로 안절부절못하는 사람을 본 적이 있습니까? 어떤 때는 내가 바로 그런 사람처럼 느껴집니다! 시편 23편을 내 삶에 적용하기 위해 생각할 때 깨달은 것이 있습니다. 그 시편은 위대한 목자께서 나를 돌보시며 나를 품고 계신다고 약속하고 있다는 것이었습니다. 하나님께서 나를 지켜보고 계시는데 염려할 필요가 있겠습니까?
　그때 차 안에서 묵상하면서 보낸 두 시간은 참으로 기쁨을 안겨 주었습니다. 그때부터는 내 생각이 나를 지배하도록 하기보다는 내가 내 생각을 지배하려고 했으며, 이를 위해 내가 해야 할 부분에 노력을 집중하게 되었습니다. 바울은 "모든 생각을 사로잡아 그리스도에게 복종케 한다"(고린도후서 10:5)라고 했는데, 성경 말씀을 묵상하는 것은 내가 그렇게 하는 데 도움이 되었습니다.
　얼마 되지 않은 때의 일입니다. 어느 아침, 나는 하나님과 더불어 시간을 보내기 위해 자리에 앉으면서 뜨거운 김이 모락모락 나는 코코아 차를 음미했습니다. 그때 나는 내 육신이 이 맛있는 음료를 마시듯, 내 영혼은 하나님의 말씀을 마셔야 한다는 생각이 떠올랐습니다. 하나님의 말씀은 내 속사람 깊숙이 흡수되며, 나의 일부가 되며, 나의 영적 건강을 도모해야 합니다. 당신도 하나님의 말씀을 날마다 더 깊이 음미하고 흡수하기를 기도합니다.

성경의 진리를 당신의 것으로

단지 한 구절에 대해 공부하는 것이 아니라 제법 큰 덩어리를 살펴보는 공부를 해봅시다. 베드로후서 1:3-8은 하나님의 약속들과 그 약속들을 사용할 수 있는 방법과 관련하여 몇 가지 중요한 원리를 보여 주는 말씀인데, 다음에 소개하는 방법으로 이 구절을 공부해 보십시오.

장별 성경공부를 하는 법

장별(혹은 단락별) 성경공부의 요소는 **구절별 성경공부의 요소**와 같으나, 몇 가지 추가할 것이 있습니다. 먼저, 장 전체를 천천히 읽으십시오. 그리고 나서, 다음 질문들에 답하십시오.

이 구절은 무엇을 말하는가?

공부하고자 하는 성경 본문이 길 때는 그것을 풀어쓰는 것보다는 개요를 작성해 보는 것이 좋습니다. 개요를 작성하는 것이 풀어쓰기보다 더 쉽고 그 대목이 말하고 있는 바를 더 분명하게 알 수 있게 해줍니다.

이 구절에서 내가 이해하지 못하고 있는 것은 무엇인가?
"'세상에서 썩어질 것'이란 무엇인가?"와 같은 구체적인 질문들뿐만 아니라 깊은 생각을 요하는 다음과 같은 질문들도 던져 보십시오. "이 말씀은 내가 거듭나는 순간, 경건한 삶을 살기 위해 필요한 모든 것을 갖게 되었다는 말인가? 어떻게 이것이 가능한가?" (다른 참고 자료들을 읽어 볼 수도 있습니다. 예를 들면, 베드로후서에 대한 좋은 주석이 있다면, 그 장에 관한 부분을 읽어 보십시오.) 질문 던지는 것에 익숙해지면, 모든 구절에 대해 질문을 기록하지 않을 수 없게 될 것입니다.

다른 구절에서는 어떻게 말하고 있는가?
고린도후서 7:1과 같이 당신의 이해를 증진시켜 주는 다른 성경 말씀들을 찾아보십시오. 각 구절에 대해 참조 구절을 찾아 보도록 하십시오.

이 구절은 나에게 무엇을 말하는가?
하나님께서는 이러한 구절들로부터 당신의 삶에 어떤 적용을 하기 원하십니까?

당신이 하나님의 말씀에서 더 많은 것을 섭취할 수 있도록 하기 위해 몇 가지 훈련 과제를 더 제안합니다.

- 마태복음 7:24-27에 대해 동일한 질문들을 하고 답을 해보십시오. 재미있게 하기 위해, 반석 위에 집을 짓는 것에 대해, 예화나 비유를 들어 보십시오.

- 에베소서 6:17과 히브리서 4:12을 비교해 보고, 말씀과 검의 비슷한 점을 기록해 보십시오. 당신은 어떻게 검을 사용해야 합니까? (예: 능란하게, 훈련을 통해 등.) 무엇을 위해 검을 사용합니까? (예: 보호를 위해, 전투를 위해 등.) 성경 말씀을 검으로 사용할 수 있는 방법들 가운데 사용하지 않고 있는 것은 어떤 것이며, 그것에 대해 어떻게 하겠습니까?

- 마지막으로, 만약 당신이 성경 말씀을 암송한 적이 한 번도 없다면, 지금이 이를 시작할 때입니다. 만약 암송을 하다가 중단을 했다면, 다시 시작하십시오. 매주 두 구절씩 암송하되, 그 구절들을 카드에 기록해서 암송하도록 하십시오. 그리고 매일 그중 몇 구절씩을 복습하도록 하십시오.

제 5 장

주님과 함께 보내는 시간(2)
기도의 삶

세 살 때의 일입니다. 어머니는 내가 거리를 걸어가면서 보이지 않는 누구에게 중얼거리기도 하고 몸짓도 하는 것을 보았습니다. 무엇을 하느냐는 어머니의 질문에 나는 "응, 나하고 하나님하고 이야기하고 있는 중이야" 하고 대답했다고 합니다.

어머니는 그것이 기도에 대한 멋진 정의라고 생각했습니다. 나도 그렇게 생각합니다.

그러나 나이가 들어 감에 따라, 나는 어린아이와 같은 믿음을 잃어버렸고, 하나님과 늘 대화를 나누는 습관도 사라졌습니다. 20대 말에 가서 기도 학교에 입학하여 본격적으로 기도를 배워야 했습니다. 나는 배워야 할 교훈들이 너무도 많았습니다.

교훈 1: 기도하기에 너무 사소한 것은 없다

내가 처음으로 하나님께서 얼마나 우리 삶의 세세한 것에 대해서도 관심을 가지고 계시는지를 어렴풋이 알게 된 것은 오리건 주의 포틀랜드로 이사간 지 몇 주 정도 되었을 때였습니다. 나는 의사를 만나기 위해 버스를 타고 가야 했는데, 길모퉁이를 돌아섰을 때, 버스는 이미 길 저 아래로 사라지고 있었습니다.

나는 낭패감을 느끼며, 멀어져 가고 있는 버스의 꽁무니를 바라보며 하릴없이 서 있었습니다. 아기 봐 주는 사람이 늦게 온 것이 화가 났고, 두 번이나 차를 갈아타고 가야 하는데도 약속 시간에 늦으면 기다려 주지도 않고 치료비를 받는 의사가 원망스러웠으며, 정확히 제 시간에 버스를 출발시킨 운전기사가 괜스레 못마땅했습니다.

그때 이런 생각이 떠올랐습니다. '잠깐! 혹시 하나님께서 내가 제 시간에 의사를 만나는 것에 관심을 가지고 계시지 않을까? 이런 것을 위해서도 기도할 수 있는 것이 아닐까? 그래, 기도해 보는 게 좋겠다.'

당시에 나는 하나님께서 내 삶의 '일상적인 것들'에 함께하기를 원하시며, 나의 모든 환경과 모든 세세한 일에까지 관심을 가지고 계시다는 사실에 막 눈이 떠가고 있었습니다. 그렇지만 아직도 그 사실을 완전히는 확신하지 못하고 있었습니다. '많고 많은 사람들이 다들 제각기 산더미 같은 필요들을 가지고 있을 터인데, 내가 매일 세상을 살아가면서 부닥치는 조그만 문제들까지 어떻게 일일이 하나님께 가지고 나아가 도움을 요청할 수 있겠는가?' 하는 생각이 들었습니다. 나의 필요들은 너무나 하찮은 것처럼 보였습니다. 하나님께서는 응답해 주어야 할 기도들의 우선 순위 목록을 가지고 계실 것이고, 내가 요청한 것들은 틀림없이 맨 꼴찌를 차지하고 있을 것이라고 생각했습니다.

그러나 시편 139편을 공부한 것이 기도에 대한 나의 관점을 확 바꾸어 놓았습니다. 나는 하나님께서는 내가 하고 있는 모든 생각들을 다 아신다는 것을 깨달았습니다. 그분은 심지어 내가 언제 앉고 언제 일어서는지도 알고 계십니다! 하나님께서는 나의 코와 입과 팔과 다리가 어떻게 생겼는지를 아시되, 심지어 내가 잉태되기 전부터 알고 계셨습니다. 나는 하나님께 기도하기에 너무 작은 것도 없고, 너무 큰 것도 없다는 것을 깨달았습니다. 하나님께서는 단지 내가 구하기를 기다리고 계셨습니다.

그래서 나는 그 길모퉁이에서 고개를 숙이고(이때까지만 해도 나는 눈을 뜨고 기도를 할 수 있다고는 생각하지 않았습니다), 제 시간에 그 의사를 만날 수 있게 해달라고 기도했습니다. 하나님께서 어떻게 나의 기도를 들어주실 것으로 기대했는지는 기억이 확실치 않습니다. 아마도 하나님께서 20분 후에 오기로 되어 있는 다음 버스를 서둘러 보내 주셔서 제 시간에 갈 수 있게 해주실 것으로 기대했던 것 같습니다.

그런데, 내가 눈을 떴을 때, 차 한 대가 멈추더니, 어떤 여자 목소리가 들려 왔습니다. "안녕하세요? 어디 가시는 길이에요?" 그 여자는 내가 포틀랜드 전역에서 알고 있는 몇 안 되는 사람 가운데 하나였습니다. 내가 행선지를 알려 주었더니, 그녀는 "내가 가는 곳도 그 부근이에요. 함께 타고 가시지요"라고 하는 것이었습니다.

나는 이것이 단순한 우연의 일치가 아닐까 하는 생각이 들었습니다. 그래서 "늘 이 길을 이용하시나 봐요?" 하고 물어보았습니다.

그녀는 "아니에요. 이 길로는 일년에 한 번쯤 지나다닐까 말까 해요. 일년 만에 처음인 걸요"라고 대답하는 것이었습니다.

의심의 둑에 커다란 균열이 생기기 시작했습니다. 처음에는 몇 방울씩 똑똑 듣던 물방울과 같았던 나의 믿음은 점차 세찬 물줄기가 되어 흐르기 시작했습니다. 우주의 대주재이신 하나님께서 나의 삶에 있는 지극히 조그만 일에도 개인적으로 관심을 기울이고 계셨습니다.

그 후 몇 주간에 걸쳐, 나는 하나님께서 왜 "구해라… 구해라… 구해라… 나는 네가 구하기를 원한다. 구하기를 부탁한다. 제발 좀 구해라"라고 하시는 이유에 대해 곰곰이 생각해 보았습니다. 하나님께서는 우리가 구하지도 않는 것을 억지로 안겨 주심으로써 우리의 자유 의지를 꺾지는 않으시기 때문에 우리가 구하기를 원하시는 것입니다.

그 해에 나는 짐이라는 사람이 말씀을 전하는 것을 들은 적이 있는데, 그는 오랫동안 하나님과 동행해 온 사람이었습니다. 그는 꿈 이야기를 해주었습니다. 꿈에 하나님께서는 그를 천국에 있는 커다란 창고로 데려가셨는데, 거기에는 포장된 소포 꾸러미들로 가득 차 있었습니다. 하나님과 함께 그 창고를 둘러보고 있었는데, 조그만 꾸러미 하나에 자기 이름이 몇 년 전의 날짜와 함께 기록되어 있는 것을 발견했습니다.

"이건 무엇입니까?"라고 짐이 물었습니다.

하나님께서는 "아, 그건 유아식이지. 내가 그것을 보내려고 포장을 다 해두었는데… 네가 구하질 않더구나"라고 말씀하시는 것이었습니다. 그러자 짐은 몇 년 전의 그날 자기 부부가 아기를 먹일 유아식이 꼭 필요했는데 살 돈이 없었던 것이 기억이 났습니다.

통로를 따라 가다 보니, 이번에는 자기 이름과 날짜가 적힌 커다란 꾸러미가 있는 것이 보였습니다.

"저건 또 무엇입니까?" 하고 짐이 물었습니다.

"그건 접는 의자구나. 내가 그것을 보내려고 포장까지 다 해두었는데, 네가 나한테 구하지를 않더구나." 그러자 짐은 매주 군인들이 자기 집을 방문했는데, 접는 의자가 없어서 그들을 마루 바닥에 앉혀야 했던 때가 생각이 났습니다.

짐의 꿈 이야기는 무척 도전을 주었습니다. 포장이 잘 된 채 발송을 기다리고 있는데 내가 **구하지 않아서** 천국 창고에 쌓여 있는 꾸러미들이 얼마나 많을까 하는 생각이 들었습니다. 나는 구하기로 결심했습니다. 내 삶의 사소한 것들을 위해 하나님께 말씀드리기 시작했을 때, 나의 삶에는 새로운 차원이 추가되었고, 새로운 흥분을 맛보기 시작했습니다. 구체적인 것들을 구하고, 하나님께서 구체적으로 응답해 주시는 것을 경험하는 것은 참으로 스릴 넘치는 일이었습니다. 하나님께서 아버지로서 가지고 계신 마음과 그리고 그분이 어떻게 나를 돌보고 계시는지에 대해 더 많이 배웠기 때문입니다.

우리가 구해야 하는 또 다른 이유는, 하나님께서 구하라고 명령하셨기 때문입니다. 우리는 단지 하나님께서 구하라고 하셨기 때문에 구합니다. 상상을 초월할 정도로 우리를 사랑하시는 하나님 아버지께서는 모든 일에 우리와 함께하기를 원하시며, 우리 삶의 모든 구석까지 차고 넘치게 해주시기를 간절히 원하십니다. ("차고 넘친다"라는 의미의 단어들이 성경에 많이 사용되고 있습니다. 한번 찾아보십시오.)

교훈 2: 하나님께서는 언제나 기도에 응답하신다

일년 후 우리 부부는 뜻하지 않은 방법으로 우리의 믿음을 키우고 그 근육을 단련할 수 있는 기회를 맞이하게 되었습니다. 비록 우리가 의도적으로 그런 기회를 가진 것은 아니었지만, 그 기회를 통해 하나님의 직접적인 공급을 구체적으로 경험할 수 있었던 것입니다.

그 당시 남편도 나도 돈에 대해서는 별로 계산 없이 살았습니다. 돈이 있으면 썼고, 때로는 돈이 없을 때도 돈을 썼습니다. 우리는 임대한 가구들이 들어 있던 세 칸짜리 조그만 아파트로부터 크고 오래된 집으로 이사를 했습니다. 그래서 가구들을 외상으로 들여왔습니다. 거의 같은 시기에 우리 차가 낡아 새 차로 바꾸어야 했으며, 그래서 그것도 월부로 샀습니다. 그러다 어느 날 우리는 우리 월급이 매달 갚아야 할 외상값을 갚기에도 부족하다는 사실을 깨닫게 되었습니다. 그래서 하나라도 제대로 갚기 위해 다른 한 가지 외상값 지불을 미루기 시작했지만, 그나마 남은 것도 매달 가까스로 갚을 수 있을 정도였습니다.

우리는 "아무에게든지 아무 빚도 지지 말라"(로마서 13:8)

라는 말씀을 어기고 있었습니다. 하나님께서는 우리의 생활 방식은 그분을 영화롭게 하지 않는다는 것을 보여 주기 시작하셨습니다. 우리가 빠지게 된 궁지는 우리 스스로 빠져든 것이었습니다. (다른 사람을 탓할 수도 없을 때 더 끔찍하지 않습니까?) 그래서 우리는 하나님께 용서를 구했고, 이 잘못으로부터 배우며, 하나님께서 원하시는 것이라면 어떤 것이라도 하기를 진정으로 원한다고 말씀드렸습니다. 우리는 우리 손으로 그 문제를 해결하기 위해 뛰어들기보다는 우리가 무엇을 해야 할지 하나님께 묻고 그분의 응답을 기다릴 필요가 있다는 것을 깨달아 가기 시작했습니다.

기도하면서, 우리 부부는 몇 가지 대안에 대해 대화를 나누었습니다. 이것저것 팔아 볼까도 생각해 보았지만, 그래 보아야 약간의 도움만 될 뿐 빚을 지는 것은 마찬가지였습니다. 외상을 다 갚을 때까지 내가 직장을 구해 일을 해보면 어떨까 하여 기도를 해보았습니다. 린은 두 돌이 지났기 때문에, 보육원에 데려다 맡길 수도 있었습니다. 그러나 우리가 하나님의 말씀을 살펴볼 때, 하나님께서는 그때 내가 해야 할 일이 "집안일"(디도서 2:5)임을 확실히 보여 주셨습니다. 그래서 어찌해야 할지 알 수가 없었습니다.

우리가 하나님의 뜻을 찾고 있을 때, 하나님께서는 갚아야 할 돈은 매달 초에 다 갚으라고 가르쳐 주셨습니다. (우리 부부는 각기 그러한 확신을 얻었기 때문에 그것이 하나님의 뜻임을 확신할 수 있었습니다.) 월부금은 가능한 한, 매월 갚아야 할 금액보다 많이 갚아 나갔으며, 따라서 한 달의 나머지 기간 동안은 모든 필요들에 대해 주님께 의뢰해야 했습니다.

월급은 매월 한 번 초하룻날에 받았기 때문에, 5일 정도가 되면 우리가 가진 돈이 바닥이 나는 경우가 흔했습니다.

이것은 나를 두렵게 했습니다. 나는 "나의 하나님이 그리스도 예수 안에서 영광 가운데 그 풍성한 대로 너희 모든 쓸 것을 채우시리라"(빌립보서 4:19)와 같은 말씀들을 알고 있었고, 우리가 먹을 양식은 분명히 그 "쓸 것"에 해당되었습니다. 그러나 나는 하나님께서 공급해 주시지 않으면 어떡하나 두려웠습니다. 그리고 그분이 공급해 주시지 않으시면, 어떤 주어진 상황에서 우리를 향한 그분의 뜻을 분별할 수 있다는 믿음도, 그분의 약속들에 대한 믿음도 허물어질 수 있었습니다. 그리고 우리가 가르치고 있는 것도, 선교 사역을 하는 것도, 우리가 가지고 있는 삶의 목표도 쓸모없는 것이요 공허한 것이 되고 말 것입니다.

A. W. 토저는 다음과 같이 말했습니다.

> 우리는 자신을 드리는 헌신에 의해서 우리의 믿음을 입증할 수 있습니다. 달리 입증할 수 있는 방법은 없습니다. …거짓된 믿음은 언제나 하나님께서 이루어 주시지 않을 경우를 대비해서 빠져나갈 구멍을 마련해 놓습니다. …참믿음의 결과는 하나님이든지 아니면 완전한 파탄이든지 둘 중 하나입니다. …거짓 믿음을 가진 사람은 자신이 믿는다는 어떤 신조를 위해 변론할 수는 있겠지만, 자신의 장래가 그 신조의 진실성에 좌우되는 상황에 들어가는 것은 딱 잘라 거부합니다.

"거짓 믿음은 언제나 빠져나갈 구멍을 마련해 놓는다." 나는 하나님과의 관계를 위태롭게 할 수 있는 상황으로 들어갈 만한 믿음이 있는지 의문이었습니다. 우리가 하나님께서 말씀해 주셨다고 믿고 있는 바를 과연 그분은 행하실 것인가? 거기에 많은 것이 좌우되는 상황이었습니다. 그런 상황으로 들어가는 것은 모험이었습니다. 우리는 위험 속으로 들어갔으며, 그 위험으로부터 우리를 지켜 주시도록 하나님을 의뢰했습니다. 그 위험이 어떤 것일지라도! 하나님을 의뢰한다는 것은 우리가 하나님의 의중을 모르며, 그래서 그 결과가 무엇일지 이생에서는 예측하지 못한다는 것을 알면서도 그분께 순종하며 그분의 인도를 따르는 것을 의미합니다.

오해하지 마십시오. 하나님께서 어떤 것을 말씀해 주고 계신다고 생각했는데, 내가 완전히 잘못 알아들은 것인 경우도 몇 번 있었습니다. 한때 나는 하나님께서 또 다른 자녀를 주기로 약속하고 계신다고 생각했는데, 그때 예기치 않게 한 아이를 입양하도록 제안을 받았습니다. 그러나 하나님께서 그 입양 문제를 더 진척시키는 것에 대해 평안을 주지 않으셨고, 그래서 나는 도대체 일이 어떻게 되어 가는지 영문을 알 수 없어 참으로 난감했습니다.

하나님의 길과 우리의 길은 다릅니다. 이에 대해 우리는 확신할 수 있습니다. 그러나 거듭거듭 남편과 나는 확실치 않은 상황에서 하나님께서 구체적인 방향을 주시는 것을 경험해 왔습니다. 그리고 우리는 종종 "내가 너의 갈 길을 가르쳐 보이고, 너를 주목하여 훈계하리로다"라는 시편 32:8 말씀을 주장했습니다. 하나님께서 우리를 지도하지 않으시는 것 같은 경우가 간혹 있었지만, 나는 그분의 말씀을 의심할 수가 없었습니다. 다른 수많은 경우에 그분이 분명히 우리를 지도하고 이끄신다는 것을 보여 주셨기 때문입니다. 나는 빵 만드는 법을 따라 맛있는 빵을 백 번이나 만들었는데, 딱 한 번 빵이 제대로 만들어지지 않았다고 그 방법이 틀렸다고 결론을 내리지는 않을 것입니다. 그 제조법을 탓하지 않을 것입니다. 아마 내가 그 재료들을 잘못 혼합하여 엉망을 만들었을 것입니다. 하나님께서는 결코 실패하지 않으십니다. 마치 그분이 실패한 것처럼 보일 때마저도. 그러나 흔들리는 믿음과 연약한 무릎으로 사는 이땅의 삶에서, 하나님께서는 그분의 성실하심을 보여 주는 놀라운 증거들이 우리에게 필요함을 알고 계실 것입니다. 나는 그렇게 생각합니다.

　우리는 기도했습니다. 그리고 우리 사정을 아무에게도 알리지 않기로 하나님께 약속했습니다. 전화 한 통만 하면 부모님들이 우리를 도와주었을 것입니다. 슬쩍 귀띔만 해줘도 친구들이 우리에게 돈을 보내 주었을 것입니다. 6개월 동안 우리는 다음 끼니를 마련할 돈이 있는지조차 알지 못하는 가운데 살았습니다. 그러나 우리는 늘 먹을 양식이 있었습니다. 매 끼니마다.

　믿어지지 않는 일들이 일어났습니다. 이전에는 한 번도 소식을 준 적이 없던 숙모님이 발렌타인데이 카드와 함께 5달러를 동봉해 보내 주셨습니다. 남편은 60달러가 든 지갑을 주워 주인을 찾아 주었더니, 10달러를 사례금으로 받았습니다. (지갑 주인은 그 돈이 고스란히 그대로 남아 있다는 사실에 대해 무척 놀랐던 것입니다.) 어떤 날은 우리 집 뒷문 안에 식료품

이 들어 있는 보따리가 놓여 있기도 했습니다.

그 기간에, 남편은 급성 맹장염에 걸려 수술을 받아야 했습니다. 우리에게는 의료 보험이 없었습니다. 수술비를 치러야 하는 바로 그날, 우리는 소득세를 환불받아 이를 다 치를 수 있었습니다. 나머지 병원비를 치러야 하는 날은, 우리 사정을 전혀 알지 못하는 교인 세 명이 따로따로 돈을 보내 주어 그 병원비를 충당하기에 딱 맞았습니다.

우리는 그 기간 동안 몇 가지 확신을 키웠습니다. 그중 한 가지는, 만약 하나님께서 당일을 위해 음식을 공급해 주시면, 우리는 그것을 사흘 뒤까지 먹으려고 할 필요가 없다는 것이었습니다. 우리는 광야에서 하나님께서 내리시는 만나는 하루 분량으로만 충분했다는 것을 기억했습니다. 그래서 우리는 그날그날 공급해 주시는 음식을 먹었고, 다음날의 공급을 위해 기도했습니다.

어떤 주간에는 며칠 동안 계속 팬케이크만 먹어야 했기에 어려운 적도 있었습니다. 우리에게 있는 것은 배달되어 온 우유와 덩그렇게 큰 팬케이크뿐이었습니다. 그때 외에는, 여느 때와 다름없이 식사를 할 수 있었으며, 종종 한 그룹의 청소년들을 우리 집에 초대하기도 했습니다. 때때로 우리는 엘리야를 먹였던 과부와 같은 심정이었습니다(열왕기상 17:10-15). "병의 기름"이 남아 있을까 생각도 했지만, 그들을 먹일 양식이 떨어진 적은 한 번도 없었습니다.

매월 우리의 믿음은 조금씩 더 강해져 갔습니다. 하나님께서는 공급해 주셨습니다.

교훈 3: 응답에 대한 믿음은 응답들을 기록해 나갈 때 자라난다

하나님께서는 언제나 기도에 응답하십니다. 때때로 그 응답은 "안 돼"이며, 그것에 대해 아주 확고하십니다. 다른 때는 "잠시 기다려라. 적절한 때가 아니다"라고 말씀하십니다. 그분의 응답이 어떤 것이든, 그분의 성실하심으로 말미암아 우리 믿음은 강화될 수 있습니다.

여러분들 가운데는 나처럼 자신의 기도 생활과 관련하여 문제를 느끼고 있는 사람이 있을 것입니다. 지난날, 사람들이 어떤 것에 대해 기도해 달라고 요청하면 나는 "네, 기도해 드릴게요"라고 대답한 적이 흔히 있었습니다. 나중에, 그들이 기도해 줘서 감사하다고 하면, 나는 기도해 주기를 잊었을 뿐 아니라, 그들이 무엇을 위해 기도해 달라고 했는지조차 생각이 나지 않았습니다. 그것은 단지 당황스러운 것 정도가 아니었습니다. 나는 기도하겠다고 말할 때 거짓말을 한 것임을 깨달았습니다. 나에게 제자 훈련을 시켜 준 마리온 자매로부터 내게 중요한 사람들이나 상황들에 대해 기도하는 법에 대해 몇 가지 조언을 들었는데, 이에 대해 감사를 느낍니다.

나는 기도 노트를 사용하기 시작했습니다. 먼저, 기도할 필요를 느끼는 모든 것을 기록했습니다. 현재의 개인적인 필요, 내가 기도해 주겠다고 약속한 친구들의 필요, 우리 교회, 우리 나라의 필요 등. 엄청나게 많은 기도 제목들이 있었습니다. 다음 단계가 있다는 것이 참으로 다행스럽게 느껴졌습니다.

이제, 그 기도 제목들을 두 가지로 분류했습니다. 한 가지는 현재의 당면한 필요("단기 기도 제목")를 위한 곳이며, 그 기도 제목은 일정 기간 내에 구체적인 응답을 필요로 하는 것들이었습니다. 예를 들면, 병을 앓고 있는 사람들, 경제적인 문제, 곧 내려야 할 중요한 결정을 위한 지혜 등입니다. 나는 이러한 기도 제목들을 날짜와 함께 노트의 한 면의 왼쪽에 기록하고, 중간에 세로 줄을 그었습니다. 오른쪽의 윗부분에는 "응답"이라고 적었습니다. (그 페이지가 어떻게 생겼는지 이 장에 끝부분에 있는 공부 부분에서 보여 드리겠습니다.)

처음 시작할 때는 조금 의심도 있었습니다. 그러나 정작 기도 응답들이 노트를 채우기 시작하자 나의 의심은 금방 사라져 갔습니다. 나는 하나님의 "그래"뿐 아니라 "안 돼"와 "기다려라"라는 응답도 기록했습니다. 과거를 돌아보면, 하나님께서 "그래" 하고 응답하시지 않고 "안 돼" 하고 거절하신 것에 대해 더 감사한 적이 더러 있었습니다. 나는 반드시 들어주셔야 한다고 생각했던 것이 하나님의 지혜로 볼 때는 그렇지 않았다는 것을 나중에야 깨달았기 때문입니다. 그런 기도 요청은 들어주시지 않은 것이 나를 위해 더 잘된 것이었습니다.

때때로 나에게 특히 중요하다고 생각되는 어떤 기도의 응답이 오지 않아 오랫동안 기다리게 되면, 나는 '하나님께서는 이젠 내 기도에 응답하지 않으시는 것 같애'라고 생각하는 경향이 있었습니다. 그럴 때는 '하나님께서 도대체 내 기도에 응답해 주신 적이 있기나 한가?' 하는 생각까지 들었습니다. (때때로 나의 기억력은 형편없습니다.) 하지만, 내 앞에 있는 그 기도 제목들과 응답 기록들을 살펴보면, 비록 "기다려라"와 "안 돼"라는 응답이 군데군데 눈에 띄기는 하지만 하나님께서 놀라운 방법으로 나의 필요들을 채워 주고 계신다는 것을 의심할 수가 없었습니다. 페이지가 다 찼는데 아직도 응답을 기다리고 있는 것이 있으면, 그 응답란에 "옮김"이라고 적고 새로운 페이지에 옮겨 적었습니다.

　기도 내용과 하나님의 응답을 기록하는 것의 가치를 확신하는 데는 몇 달 걸리지 않았습니다. 대적 마귀가 어떤 것이 단지 우연의 일치라고 생각하도록 유혹하면, 페이지를 하나하나 넘겨 가면서 구체적인 응답을 살펴보았고, 그러면 마귀는 입을 다물 수밖에 없었습니다.

　두 번째 페이지는 내가 정기적으로 기도해 주고 싶으나 긴급하거나 구체적인 기도 제목은 잘 모르는 사람들을 위한 것입니다. 예를 들면, 친척들, 친구들, 교회 사람들, 선교사들, 국가 지도자들입니다. 나는 이러한 "장기 기도 제목"은 그 주의 엿새 동안 날마다 동일한 개수를 할당했고, 일요일은 비워 두었습니다. 나중에, 나는 특별히 남편을 위한 기도 제목을 기록하는 페이지와 딸을 위한 기도 제목을 기록하는 페이지를 첨가했습니다.

　만약 당신이 기도 노트를 기록하기 시작한다면, 매년 정초에 노트를 한번 죽 살펴보십시오. 하나님의 성실하심을 돌아보는 것은 새로운 한 해를 시작하는 멋진 방법이 될 것입니다.

교훈 4 : 우리는 무엇을 기도해야 할지 가르쳐 달라고 하나님께 기도해야 한다

어느 날 나는 남편을 위해 빨래를 하고, 다리미질하고, 음식을 만드는 데 들이는 시간의 극히 일부분이라도 떼어 그를 위해 기도하는 데 들인다면 그 투자는 굉장한 이익 배당을 가져올 것이라는 생각이 들었습니다. 나는 그 주에 남편을 위해 기도하는 데 매일 10분씩 들이기로 적용했습니다. 10분쯤 들인다고 그날 일에 지장이 있을 것 같지는 않았습니다.

기도를 시작하면서 시계를 보았습니다. 한참 기도하고 나서 다시 시계를 보았을 때, 겨우 1분밖에 지나지 않았다는 것을 알았습니다! 나는 다시 기도하기 시작했고, 남편이 만나고 있는 사람들, 그가 하고 있는 일, 그리고 기타 여러 가지를 위해 기도했습니다. 그러나 나는 남편을 위해 기도하기로 했던 것이었지, 그이와 관련된 것들을 위해 기도하기로 했던 것이 아니었습니다.

그날 나는 무엇에 대해 기도해야 할지를 배우기 위해 기도해야 했습니다. 옛날의 주님의 제자들처럼, 나는 "하나님 아버지, 기도를 가르쳐 주소서. 나는 기도에 대해 뭔가를 알고 있다고 생각했지만, 남편을 위해 2분 정도도 기도할 수가 없는 것 같습니다. 제발 도와주소서"라고 기도했습니다.

나는 다시 기도하기 시작했습니다…. 그리고 나는 자신이 기도하기는커녕 생각해 본 적조차 없는 것을 위해 기도하고 있는 것을 알았습니다. 나는 골로새서 1:9-12과 같은 구절을 가지고 남편을 위해 기도하기 시작했습니다. 나는 그 구절에 따라, 남편이 "모든 신령한 지혜와 총명으로 말미암아" 하나님의 뜻을 아는 지식으로 충만해지고, 하나님께 합당히 행하여 모든 일에서 하나님을 기쁘시게 하며, "모든 선한 일에 열매를 맺게 되고, 하나님을 아는 것에 자라게 되며," 그리고 "하나님의 영광의 힘을 좇아 모든 능력으로 능하게 되어" 모든 견딤과 오래 참음에 이르게 되고, 하나님께 기쁨으로 감사하게 되도록 기도했습니다. (이것은 우리가 사랑하는 사람들을 위해 기도할 만한 기도 제목입니다. 그렇죠?) 하나님께서 남편을 위해 기도할 내용을 생각나게 해주시면, 나는 그것을 남편을 위해 할애해 둔 페이지에 기록했습니다. 남편에게 그를 위해 기도하고 있다고 하지도 않았지만, 그는 과거에는 한 번도 언급한 적이 없는 것들을 위해 기도해 달라고 나에게 요청하기 시작했습니다.

우리는 대개 남편이나 사랑하는 이들에게 해주고 싶은 충고를 생각하느라 상당한 시간을 들이고 있습니다. 그런 충고를 해주는 사람도 있습니다. 우리가 최소한 그와 동일한 시간을 그들을 위해 기도하는 데 들인다면 그들의 삶에 얼마나 놀라운 일이 일어날지 모릅니다.

교훈 5: 하나님께서는 우리를 기쁘게 하기를 기뻐하신다

그분의 자녀들을 기쁘게 하는 것이 하나님께 기쁨이 된다는 것을 알고 있었습니까? 하나님께서는 우리 필요를 채워 주기로 약속하셨을 뿐 아니라 우리를 기쁘게 해주시기로 약속하셨습니다. 이 사실을 알게 되었을 때, 나는 깜짝 놀랐습니다. 다윗은 "그 종의 형통을 기뻐하시는 여호와는 광대하시다"라고 말했습니다(시편 35:27). 하나님께서는 나를 기쁘게 하기를 기뻐하십니다.

나는 어딘가에서 "기도는 사랑하는 두 사람 사이의 대화다"라는 말을 들었는데, 그 말은 사실입니다. 우리는 깊이 사랑하는 사람과는 자신의 생각, 희망, 소원, 꿈, 상처, 그리고 기쁨까지, 자신이 보았던 그랜드캐년의 장엄한 광경으로부터 물망초의 아름다운 자주 빛깔까지 온갖 것을 다 나누기 원할 것입니다. 친밀한 관계에서는, 서로 나누고, 마음을 투명하게 드러내고, 상대방에게 마음과 생각을 활짝 여는 것은 필수적입니다. 바로 그런 것을 하나님께서는 우리와의 관계에서 원하십니다. 만약 우리 자신의 필요에 대해서만 하나님께 말씀드린다면, 삶의 나머지 광범위한 영역에서는 그분을 따돌리는 셈이 됩니다. 성경을 통해 우리는 하나님께서 모든 선한 것을 공급해 주시는 분임을 압니다. 그러나 구하지 않는다면, 하나님께서 모든 좋은 것을 사랑으로 부어 주신다는 것을 어떻게 알 수 있겠습니까?

하나님께서 나를 기쁘게 하기를 기뻐하시고 내 삶에 친밀하게 함께하기를 기뻐하신다는 것을 깨달음으로써, 나의 기도 노트에는 두 가지 다른 목록이 첨가되었습니다. 바로 '축복 목록'과 '보너스 목록'입니다.

축복 목록

만약 하나님께서 날마다 우리에게 필요한 모든 것을 공급해 주신다는 것을 깨닫게 되면, 감사가 넘치게 될 것입니다. 그러나, 우리는 하나님께서 주신 선물들, 예를 들어 숨을 쉴 수 있는 신선한 공기, 잘 걸어갈 수 있는 건강한 두 다리, 식탁에 놓여 있는 충분한 음식… 등에 대해 감사를 느끼기는커녕 그것이 하나님께로부터 온 것인지에 대해 생각조차 하지 않고 삽니다. 우리는 하나님의 축복들을 당연한 것으로 여깁니다. 뿐만 아니라, 하루를 살아가면서 작은 필요들에 대하여 간단히 기도할 때가 있는데, 하나님께서 바로 응답해 주셔도 "감사합니다"라는 간단한 감사 표현도 없이 그냥 지나가는 때가 수없이 많이 있습니다.

하나님께서는 그 문제에 나의 관심을 끌기 시작하셨습니다. 나는 하루를 살아가면서, "남편의 일과에서 잠시 짬을 내어 담소를 즐길 수 있는 시간을 가질 수 있게 해주세요," "고속도로를 달릴 때 안전을 지켜 주세요," "우체국에 갔을 때 가까운 곳에 주차할 수 있는 장소를 얻게 해주세요," "고약한 전화가 걸려 왔을 때 대처할 수 있는 지혜를 주세요," "분실했던 것을 찾게 해주십시오" 등, 사소하고 일상적인 필요들을 위해 기도합니다. 하나님께서는 흔히 이러한 기도들에 응답해 주십니다. 그러나 나는 "감사합니다"라고 말씀드리지도 않을 뿐만 아니라, 그 다음날이 되면 그 응답들에 대해 까맣게 잊어버립니다. 그래서 나는 하루가 끝나 갈 때마다 그러한 축복들을 간단한 일기 형식으로 기록해 나가기 시작하여, 주말에 그것을 다시 한 번 죽 살펴보았는데, 참으로 신나는 일이었습니다. 기록되어 있는 축복들을 보고 놀라움을 금할 수 없었습니다. 이것들 가운데 대부분은 기도 목록에 올리는 것과 같은 중요한 '필요'는 아니었습니다. 단지 하루를 살아가면서 필요해서 하는 조그만 기도들이었습니다. 어떤 주에는 축복 목록에 무려 121가지가 기록되어 있기도 했습니다!

보너스 기도 목록

그러나 그 이상이 있습니다. 나는 또한 단지 '있었으면 좋겠다'고 생각되어 하나님께 아뢴 것들의 목록을 기록해 가기 시작했습니다. 야고보는 "너희가 얻지 못함은 구하지 아니함이요"(야고보서 4:2)라고 했습니다. 그리고 그는 계속해서 "구하여도 받지 못함은 정욕으로 쓰려고 잘못 구함이니라"(야고보서 4:3)라고 말했습니다. 하나님께서는, 나를 이기적이 되게 하고 죄가 될 것이 어떤 것인지를 나보다 훨씬 더 잘 아십니다. 그래서 나는 보너스 기도 목록에 항목들을 기록하면서, 조심스럽게 이렇게 기도합니다. "주님, 이것을 갖는 것이 제게 유익하지 않다면, 갖지 않기를 원합니다. 그러나, 이것을 주심으로서 제 마음에 기쁨을 주시는 것이 주님께 기쁨이 된다면, 허락해 주시면 감사하겠습니다."

지난날들의 나의 보너스 기도 목록에는 크고 작은, 때로는 어리석게도 보이고 우스꽝스럽게도 보이는 별별 기도 제목들이 다 기록되어 있습니다. 우리 딸 린이 10살이었던 해 여름, 우리는 미국 서부 해안을 여행하고 나서, 캐나다로 갔으며, 밴프에서 재스퍼 국립 공원까지 세상에서 가장 아름다운 경치를 구경하면서 100km를 달렸습니다. 우리 세 식구는 장엄한 광경을 만끽했습니다. 그런데 린과 나는 특히 야생 동물들을 좀 보고 싶었습니다. 우리가 반드시 야생 동물들을 보아야 할 필요가 있었던 것은 아니었습니다. 단지 그것들을 좀 보기를 원했을 뿐입니다. 그래서 우리는 이 소원에 대해 하나님께 말씀드리기로 했습니다.

우리가 봤던 야생 동물들에 대해 이야기하면 아마 믿지 않으려 할지도 모르겠습니다. 그 100km를 달리는 데 거의 하루 종일이 걸렸습니다. 길이 꼬부라지는 곳마다 차를 멈추고 밖으로 나와 사진을 찍었기 때문입니다. 우리는 곰, 사슴, 영양, 산양들을 볼 수 있었습니다. 심지어 재스퍼 시가에서는 사슴이 새끼를 데리고 큰 도로를 따라 걷고 있는 것도 볼 수 있었습니다.

다음날 돌아오는 길에 나는 이렇게 생각했습니다. '여름에 여기서는 으레 많은 야생 동물을 볼 수 있는 것이 아닐까? 정말 기도를 했기 때문에 볼 수 있었던 것일까?'(여전히 나의 믿음은 더 자라야 했나 봅니다.) 그래서 돌아오는 길에는 야생 동물들을 보게 해달라고 기도하지 않았습니다. 그랬더니 한 마리도 눈에 띄지 않았습니다.

나는 해외 여행과 같이 큰 것을 위해서도 기도했습니다. 그것을 보너스 기도 목록에 넣어 기도한 지 2년 후에 우리는 세계 여행을 하게 되었습니다. 그 여행을 통해 나는 시야를 넓힐 수 있었고, 선교사와 다른 민족들에 대한 관심을 깊게 할 수 있었습니다. 여행에 들었던 경비는 자기 자녀들에게 주기를 기뻐하시는 하나님께서 마련해 주셨던 것은 물론입니다.

나는 우리 집 조경(造景)과 구두와 새로운 코트를 위해서도 기도했습니다. 오래 전의 어느 겨울, 내가 입고 있던 코트는 실밥이 터져 나오고 있었는데, 그래도 수선하면 입을 만했습니다. 나는 그 코트가 마음에 들지는 않았지만, 그렇다고 새 코트가 필요하다고 확신 있게 말할 수도 없었습니다. 그래서 나는 기도 노트에 있는 보너스 기도 목록에 새 코트를 적어 넣고, 그것이 하나님께 기쁨이 된다면 새 코트를 하나 갖고 싶다고 기도했습니다. 그랬더니 나흘이 되기도 전에 코트가 세 벌이나 생겼습니다! 나는 두 벌은 나보다 더 코트를 필요로 하는 친구들에게 선물을 하는 기쁨도 누렸습니다. 그것은 보너스 위에 보너스였습니다.

하나님께서 얼마나 후하게 "내 마음의 소원들"을 채워 주시는지를 알게 되면서 그분을 향한 나의 사랑도 자라 갔습니다. 하나님께서는 인색하게 주시는 분이 아닙니다. 하나님께서는 자신의 선하심으로 내 마음을 기쁘게 해주기 원하십니다.

교훈 6: 하나님께 귀를 기울이는 것은 기도의 한 부분이며 중요하다

하나님께서 나에게 말씀해 주실 때 아마 98%는 성경 말씀을 통해 말씀해 주실 것입니다(나는 통계치를 지어내는 경향이 있습니다!). 그러나 기도하고 있을 때 나의 마음에 분명하게 말씀해 주시는 때도 있었습니다. 우리가 하나님께서 말씀해 주시도록 잠잠히 기다리기만 한다면, 하나님께서는 말씀해 주실 것입니다.

하나님께서 내 마음에 직접 말씀하시기도 한다는 것에 대해 처음으로 어렴풋이 알게 된 것은 위기 상황 가운데 있을 때였습니다. 역경은 여러 달 계속되어 왔습니다. 나의 세계는 와르르 무너져 내렸고, 나는 널려진 파편들 위를 뒹굴 수밖에 없었습니다. 내가 매우 소중히 여기는 두 친구가 정신 질환으로 병원에 입원했습니다. 한 친구는 우리 집에 와서 정신이 없는 행동을 하고 자포 자기한 모습을 보여 그날 당장 입원을 시켜야 했습니다. 물난리가 나서 우리 집 일층(거기에 우리 침실이 있음)이 물에 잠기는 바람에 다시 손을 보고 정리해야 할 수많은 일거리들이 곳곳에 산적해 있었습니다. 온 집안이 이런 엉망인 상태에서 두 달 동안이나 어수선한 가운데서 지내야 했습니다.

그러던 어느 날 오후 남편은 정서적으로 불안한 한 젊은이가 집으로 오기로 되어 있는데, 그가 오면 거실에서 이야기를 나눌 테니 집안에서 시끄러운 소리가 들리지 않게 해주었으면 좋겠다고 했습니다. 그 말은 내가 전화기 옆에 붙어 있다가 벨이 울리면 즉시 전화를 받아 달라는 말이었습니다.

나는 맨바닥이 드러나 지저분한 침실로 내려가 침대 곁에 있는 전화 바로 옆의 시멘트 바닥에 웅크리고 앉아 두 손으로 얼굴을 감쌌습니다. 거기서 나는 흐느끼며 기도했습니다. 몇 년 전에 암송했던 시편 62:8 말씀이 생각났습니다. "백성들아, 시시로 저를 의지하고, 그 앞에 마음을 토하라. 하나님은 우리의 피난처시로다"라는 말씀이었습니다. 깊은 근심과 실망에 싸일 때 나는 하나님 앞에 나아가 모든 세세한 것, 불평, 고민 등을 다 아뢰곤 했습니다. 그야말로 "그 앞에 마음을 토했던" 것입니다. 동정심을 가지고 귀기울여 주시는 하나님께, 단지 동정심만 느끼시는 것이 아니라 그 문제를 해결하실 수 있는 하나님께, 모든 문제가 다 가지고 나아갈 수 있다는 것이 얼마나 마음 든든한 일인지 모릅니다.

그날 나는 하나님께 모든 문제들을 세세하게 죄다 털어놓았습니다. 그리고 이렇게 말씀드렸습니다. "하나님, 이젠 지쳤습니다. 지금까지는 어떻게 견뎌 왔지만, 이제는 더 이상 견딜 수가 없습니다. 도망치며, 어딘가에 숨어 버리고 싶습니다."

나는 말을 마치고 여전히 무릎을 꿇고 하나님 앞에 조용히 있었습니다. 내가 기다렸던 게 기쁩니다.

나는 하나님께서 "범사에 감사해야 한다"라고 내 마음에 말씀해 주실 것으로 생각했습니다. 그러나 그렇게 하지 않으셨습니다. 그게 아니라면, 그 동안 받았던 축복들을 헤아려 보라고 하실 줄 알았습니다. 왜냐하면, 비록 그 순간에는 잊어버리고 있었지만, 나는 진정으로 수많은 축복들을 하나님으로부터 받았기 때문이었습니다. 그러나 하나님께서는 그렇게 말씀하시지도 않았습니다. 그 대신, 매우 조용한 음성으로 그리고 분명하게, 이렇게 말씀하셨습니다. "그래, 그렇게 하렴."

나도 모르게 소리가 입 밖으로 나왔습니다. "뭐라고요? 하나님!" 나는 기도하면서 하나님의 음성을 듣는 것에 대해 알게 된 지가 얼마 되지 않았고, 그래서 나는 '내 생각을 나 자신에게 말한 것이겠지'라고 생각했습니다. 너무나 그 말이 이치에 닿지 않는 것 같았기 때문입니다. 그러나 다시 한 번, 분명한 지시가 왔습니다. "그래, 숨어라. 숨도록 해라… 내 안에 말이다."

문득 시편 기자가 자기를 "숨겨 달라고" 하나님께 요청했던 구절들이 생각났습니다. 나는 하나님께 숨는다는 것이 무슨 의미인지 생각해 본 적이 없었습니다. 재빨리 나는 성구 사전을 가져 와서 하나님을 우리가 숨을 "은신처"로 묘사하고 있는 구절을 찾아보기 시작했습니다. 얼마나 기뻤는지 모릅니다! 하나님께서 자기 연민의 늪에서 나를 건져 주시고 만세 반석 되신 분 안에 나를 숨겨 주실 때 내 모든 근심 걱정은 말끔히 사라지기 시작했습니다.

그 다음주에도 집은 여전히 다 정리되지 않았습니다. 그리고 내가 걱정하고 있던 그 사람들의 병이 갑자기 나은 것도 아니었습니다. 사실, 지금껏 문제가 되었던 모든 것이 여전히 그대로 있었습니다. 그러나 그 주 내내 나는 하나님께 숨어 있었습니다. 나는 문제들을 생각하면서, '너희들은 나를 건드릴 수는 없어. 나는 이번주에 하나님께 숨어 있거든'이라고 생각했습니다. 사실이었습니다. 마치 보호벽이 감정적인 면에서 나를 둘러싸고 있는 듯하였고, 아무것도 한 주간 내내 '나의 속사람'을 건드리지 못했습니다. 나는 하나님께서 나의 지친 마음과 영혼을 위해 문자 그대로 피난처요, 은신처요, 피할 바위가 되신다는 것이 무슨 의미인지 얼마간 배웠습니다.

그 다음주에 하나님께서는 "자, 캐롤, 너는 숨어 있을 만큼 숨어 있었다. 너의 감정적 피로를 다 풀었다. 이제는 내가 싸울 때다"라고 말씀하시는 것 같았습니다. 실제는 나는 다시 싸울 수 있을 만큼 힘과 기운이 회복되어 있었습니다.

대화는 2차선으로 이루어지며, 그렇지 않으면 대화가 아닙니다. 대화는 말하는 것과 듣는 것으로 이루어집니다. 그렇다면, 어떻게 하나님께 귀를 기울일 수 있습니까?

어떤 사람은 귀를 기울이는 것은 단지 입을 굳게 다물고 있으면 된다고 했습니다. 그러므로 하나님께 기도하다가 중간 중간 말을 않고 침묵하는 시간을 가지며, 당신이 기도하고 있는 내용에 마음을 집중하기 위해 노력하면서 한편으로는 하나님의 생각에 마음을 열어 두도록 하십시오. 마음에 강하게 와 닿는 어떤 생각이 있으면 메모해 두십시오. 때때로 그 생각은 당신 자신의 생각과는 너무나 달라서, 그것이 하나님으로부터 왔다는 것이 의심의 여지가 없을 것입니다. 그러나 어떤 때는 그처럼 확실하지는 않을 것입니다. 이에 대해 염려하지 마십시오. 하나님의 속삭임은 언제나 성경 말씀과 일치할 것입니다. 하나님께서는 성경에 있는 자신의 말씀과 어긋나는 말씀을 하지 않으십니다. 주님께서는 어제나 오늘이나 영원토록 동일하신 분이기 때문입니다(히브리서 13:8). 그러므로 어떤 생각이 사탄으로부터 온 것이 아닌가 염려할 필요가 없습니다.

흔히 하나님께서는 위로와 확신을 주는 말씀을 하실 것입니다. 그러나 무슨 명령이나 예사롭지 않은 지시를 하시면, 이를 확증하기 위해 성경 말씀을 주시도록 기도할 수 있습니다. 매우 중요한 일에 대해서는, 나는 하나님께서 말씀해 주셨다고 느껴지는 것과 동일한 것을 말해 주는 두세 개의 성경 말씀을 주시도록 기도했습니다. 내가 완전하게 확신할 수 있기 위해서입니다. 사사기에 나오는 기드온은 하나님께서 하신 말씀에 대해 확신을 얻기 위해 두 가지의 서로 반대되는 표적을 구했던 것을 기억합니까? 하나님께서는 기드온이 그런 식으로 확신을 구한다고 화를 내지 않으셨습니다. 하나님께서는 기드온의 인간적인 의심들을 잘 이해해 주셨습니다.

기도 학교에서 계속 배움

당신과 나는 기도 학교를 수료할 수는 있으나, 결코 배우는 일이 끝나지는 않습니다. 언제나 새롭게 배울 교훈들이 있습니다. 그것들을 잘 배울 수 있도록 기도합시다.

예레미야는 "여호와의 자비와 긍휼이 무궁하시므로 우리가 진멸되지 아니함이니이다. 이것이 아침마다 새로우니 주의 성실이 크도소이다"(예레미야애가 3:22-23)라고 말했습니다. 하나님의 성실은 아침마다 새롭습니다. 오늘 하나님께서 당신을 위해 행하실 새 일은 무엇입니까? 또 나를 위해 행하실 새로운 일은? 흔히 우리는 구하지 않기 때문에 삶에서 하나님을 별로 경험하지 못합니다.

예수님께서도 구하라고 말씀하셨습니다. "구하라. 그리하면 받으리니, 너희 기쁨이 충만하리라"(요한복음 16:24).

성경의 진리를 당신의 것으로

내가 말해 온 바와 같이, 기도는 사랑하는 둘 사이의 대화입니다. 기도는 하나님과의 사랑의 관계를 위해 필수적인 요소입니다.

'기도'에 대한 구절별 성경공부를 몇 가지 해봅시다.

- 하나님의 약속: 요한복음 14:13-14
- 하나님의 보증: 요한복음 15:7
- 하나님의 명령: 요한복음 16:24
- 하나님의 조건: 요한일서 3:21-23

인물별 성경공부를 하는 법

자, 또 다른 형태의 성경공부를 하는 법을 배워 봅시다. 이번에는 성경에 나오는 인물을 공부하는 것입니다. 성경에 나오는 어떤 인물들의 경우에는, 예를 들면 다윗이나 베드로 같은 경우에는 다룰 수 있는 소재들이 많고, 그래서 몇 가지로 나누어서 공부할 수도 있습니다. 예를 들면, 하나님을 향한 다윗의 마음, 예수님의 부활 전후의 베드로의 성품 비교 등입니다. 그러나 일반적으로는, 인물별 성경공부를 위해 선택된 인물에 대해서는 기록이 그렇게 많지 않습니다. 그는 공부하고자 하는 주제에서 본이 됩니다.

우리는 기도에 대한 공부를 하고 있으므로, 구약성경에 나오는 한나라는 여성을 살펴보도록 하겠습니다. 한나는 자신의 삶에 있는 매우 절실한 필요를 위해 하나님께 간절히 기도했습니다. 인물별 성경공부를 어떻게 하는지 소개합니다.

1. 그 사람에 대해 언급하고 있는 성경의 단락들을 읽으라. 그렇게 하면서 메모를 해가십시오. 오늘의 경우에는 사무엘상 1장부터 2:10까지 읽으십시오.

2. 그 사람에 대한 사실들을 **간략하게 요약하라.** 이것들은 "사실들"의 나열이 될 수도 있고(예를 들면, 한나는 엘가나의 두 아내 중 하나였고, 자녀가 없었다 등), 아니면 그 사실들에 대한 당신의 해석일 수도 있습니다(예를 들면, 당시에는 여자가 아기를 낳지 못하는 것은 참으로 수치스런 일이었고, 한나는 분명 참담함을 느꼈을 것이다).

3. 어떤 단락에서, 그 인물의 삶에서 **두드러진 자질**이라고 여겨지는 것은 무엇이며 그 이유는 무엇인지를 기록하라. (예, 한나는 해마다 기도를 계속하기로 굳게 결심했다. 혹은, 내가 보기에, 한나의 삶에서 두드러진 자질은 사무엘이 태어난 후

자신의 약속을 지킨 성실함이었다.)

  4. 마음에 떠오르는 질문들을 기록하라.

  5. 기도하고, 그리고 개인적인 적용을 기록하라(42쪽 참조). 한나에 대해 공부할 때, 하나님께서는 내가 꾸준하고 간절하게 기도해야 할 필요성에 대해 말씀해 주셨습니다. 나는 한 달 동안 한 주에 세 번씩 아침에 소리내어 기도하기로 적용했습니다.

기도 노트 사용법

이제 내가 이 장에서 설명한 기도 노트를 사용하기 시작할 시간입니다. 페이지를 마음대로 넣었다 뺐다 할 수 있도록 바인더 같은 것을 사용하십시오. 당신의 기도 노트에 다음과 같은 페이지를 포함시킬 수 있습니다.

단기 기도 제목

기도 내용	응 답
1. 앤의 수술: 잘 회복되도록 (1월)	2월: 잘 회복됨.
2. 남편의 여행에 함께할 것인지?(1월)	2월: 하나님께서 막으심.
3. 프레드의 집이 잘 나가도록 (8월)	아직 기다리고 있음.
4.	

장기 기도 제목

월요일: _____
친척들(기도 내용들은 주기적으로 바뀔 것임)

화요일: _____
교회의 필요들

수요일: _____
선교사들(이름, 선교지, 필요)

목요일: _____
친구들

금요일: _____
친구들

토요일: _____
나라, 국가 지도자들 등

축복 목록

톰이 토요일의 차 사고 때 부상당하지 않음
주일의 멋진 예배
라일락꽃을 볼 수 있고 향기를 맡을 수 있게 하심
가족들과 함께 기뻐하며 웃음을 나누는 특별한 시간

보너스 기도 목록
　기구(氣球) 타기
　오르간 배우기
　벌새를 키울 사육자를 발견하도록
　이틀간 휴가를 보낼 때 좋은 날씨를 주시도록

제 6 장

"나의 계명을 가지고 지키는 자라야"

순종의 중요성

600명 남짓 되는 여성들이 강당을 꽉 채우고 있었습니다. 그들은 그리스도인 연사로 유명한 한 여성의 연설을 듣기 위해 귀를 기울이고 있었고, 나도 그들 중에 있었습니다.

그 연사의 연설은 이해하기 쉬웠고, 애정이 어려 있었으며, 힘이 있었습니다. 그는 "앞으로 50년 후에 여러분들은 어떤 것 때문에 기억되기를 원하세요?"라고 도전했습니다. 거기 있는 사람들 대부분이 다 그랬겠지만, 나는 '솔직히 말해, 기억될 만한 것은 하나도 없을 겁니다'라고 마음속으로 대답했습니다.

그 연사가 말하고자 했던 요지는, 지금 우리가 믿음으로 조그만 일을 하면 그 일은 계속 발전하게 되고, 마침내 우리가 죽은 후에 기억될 만한 훌륭한 일이 될 수 있다는 것이었습니다. 연사는 헨리에타 미어즈 여사의 경우를 예를 들었습니다. 미어즈 여사는 주일학교용 계단 공과의 필요성을 느꼈습니다.

그녀는 계단 공과를 만들라는 하나님의 음성에 순종하여 주일학교 공과들을 썼습니다. 그리하여 그 공과들을 출판하기 위해 한 출판업자를 만났으나 그는 관심을 보이지 않았습니다. 그래서 자신이 그 공과들을 출판하게 되었는데, 이 일을 시작으로 한 유명한 기독교 출판사가 설립되었다는 것입니다.

나는 다음과 같은 생각이 들면서 기분이 언짢았습니다. '하지만 여기 앉아 있는 우리는 평범한 여성들이다. 우리 중에 헨리에타 미어즈 같은 사람은 그리 많지 않을 것이다. 우리 같은 평범한 사람들은 어떡하란 말인가?'

그 연사의 질문을 깊이 생각할 때, 기분이 우울해졌습니다. 그러나 갑자기 다음과 같은 생각이 들자 내 마음은 밝아졌습니다. '잠깐! 그는 잘못된 질문을 던지고 있구나! 앞으로 50년 후에 누가 어떤 것 때문에 나를 기억하는 게 참으로 중요한가? 기억이 된다는 것은 좋은 일이지만, 꼭 필요한 것은 아니야. 참으로 중요한 것은 오늘, 바로 이 순간에 내가 전심으로 그리고 철저하게 하나님께 100% 순종하는 것이다.'

우리가 하나님 앞에 서게 될 때, 하나님께서는 "너는 사람들이 기억할 만한 어떤 일을 했느냐?"고 물으시는 것이 아니라 "너는 내 아들과 함께 어떤 일을 했느냐?"고 물으실 것입니다. 삶에서 중요한 것은 사람들을 기쁘게 하는 것이 아니라, 하나님을 기쁘시게 하는 것입니다. 그리고 하나님을 가장 기쁘시게 하는 것이 무엇입니까? 진정한 순종입니다. (나는 '단순한 순종'이라는 말을 쓰기 시작하다가 순종에 관한 한 그 어떤 것도 단순하지 않다는 것을 깨달았습니다!)

자녀들이 있다면, 당신은 아이들에게 순종을 훈련시키는 것이 얼마나 어려운지 알고 있을 것입니다. 그러나 그것이 얼마나 중요한지도 알고 있을 것입니다. 이런 이야기를 들은 적이 있습니다. 한 어머니가 어린 아들과 함께 걸어서 사막을 통과하고 있었습니다. 아들은 몇 걸음 앞서 가고 있었는데, 갑자기 어머니가 "움직이지 마!"라고 외쳤습니다. 그 소년이 바로 그 자리에 멈춰 섰을 때 방울뱀 한 마리가 사리를 풀면서 미끄러지듯 사라지는 것이 보였습니다. 그럴 때 엄마 말에 별로 주의하지 않고 그냥 걸어가는 아이들이 많을 것입니다. 아니면 엄마를 쳐다보며 "왜 움직이면 안 돼요?" 하고 따지듯 묻는 아이들도 있을 것입니다. 이 소년은 **순종**했기 때문에 목숨을 건졌습니다.

하나님께서는 순종에 엄청나게 큰 가치를 부여하십니다. 하나님께는 순종이 우리가 드리는 어떤 제사보다 더 낫습니다(사무엘상 15:22). 성경에는 하나님께서 순종하는 자를 축복하시고 불순종하는 자를 벌하신다는 것을 보여 주는 예들이 많이 있습니다. 그러나 오늘날 우리는 순종보다는 하나님의 사랑에 대한 설교를 더 많이 듣고 있습니다. 모든 것이 용납되고 권위가 도전받는 세대인지라, 우리 가운데 많은 사람이 순종에 대한 생각을 바꿀 필요가 있을 것입니다. 그러므로 하나님께 순종하는 것이 얼마나 중요한지, 그리고 순종이 당신과 나의 삶에서 의미하는 바가 무엇인지 이야기를 나누어 봅시다.

"네가 가진 것을 다 팔고, 그리고 나를 따르라"

한 젊은 여성이 생각납니다. 모임에서 하나님께 순종하는 삶에 대해 말씀을 전한 후였는데, 그녀는 나와 잠시 대화를 나누고 싶다고 했습니다. 그녀는 젊고 아름다웠으며, 대학에서 만난 법률학도와 결혼한 지 6개월이 된 사람이었습니다. 그녀와 남편 모두 대학 시절에 예수님을 믿게 되었고, 결혼 전에 결혼 생활에 관한 조언을 많이 들었습니다. 하지만, 그녀의 남편은 지금 대학원 공부와 직장 일로 바빠 함께 대화를 하거나 즐거운 시간을 많이 갖지 못하고 있었습니다.

그때 그녀는 나에게 함께 일하는 직장 동료에 대해 이야기를 했는데, 그 사람은 잘 생기고, 사려 깊고, 그녀에게 매력을 느꼈습니다. 그들은 함께 이야기하고, 같이 웃고, 함께 일하는 것을 즐거워했으며, 많은 것을 함께했습니다. 그녀는 남편보다 이 사람과 함께 있는 것이 더 즐겁다는 것을 알게 되었습니다. 무슨 육체적인 관계가 있었던 것은 아니고, 단지 함께 있는 것을 즐기는 정도였습니다. 그러나 이것이 어떤 결과를 가져올지 약간 염려를 하고 있었습니다. 그녀는 어떻게 해야 합니까?

그 상황에 대해 좀더 자세히 알아본 후, 나는 "그 직장을 나와야 하겠습니다"라고 말했습니다. 그녀는 깜짝 놀라는 듯한 표정을 짓더니, 숨을 몰아쉬며 "직장을 그만두라고요?"라고 했습니다. "하지만 거기는 좋은 직장이에요. 나는 그 직장이 마음에 들어요. 요즘 같은 불경기에, 그만한 직장을 절대로 구하지 못할 거예요." 그녀는 화장지를 돌돌 말아 조그만 공처럼 만들면서 눈살을 찌푸렸습니다.

나는 계속 말을 이었습니다. "성경에는 우리가 돌아서서 도망을 쳐야 하는 것들이 있다고 말하고 있어요. 피해야 한다는 말이지요. 그런 것들과는 싸우거나 시시덕거리거나 장난치지 말고 얼른 피하고 도망을 쳐야 합니다. 그런 것들로는 성적인 부도덕(고린도전서 6:18), 우상 숭배(고린도전서 10:14), 돈을 사랑하는 것(디모데전서 6:10), 청년의 정욕(디모데후서 2:22) 등이 있어요. 피하는 것이 쉽지 않다는 것은 알아요. 하지만 때때로 하나님께서는 어려운 결단을 하도록 요구하십니다. 이것이 당신에게는 그런 일 중에 하나일 겁니다."

내 방을 나서면서 고개를 내젓는 그녀를 보자, 성경에 나오는 부자 청년이 생각났습니다. 그는 예수님께서 "가서 네 있는 것을 다 팔아 가난한 자들을 주라. …그리고 와서 나를 좇으라"(마가복음 10:21)고 하시자 슬픈 기색을 띠고 근심하며 떠나갔습니다. 나는 순종을 하기 위해서는 어떤 일도 해야 한다고 생각했습니다.

부분적인 순종은 불순종과 같다

하나님께서는 순종을 강조하십니다. 하나님께서는 순종에 대해 적당히 말씀하시지 않습니다. 주님께서는 십자가에 못박히시기 전에 마지막으로 제자들에게 교훈하실 때, 거듭해서 사랑과 순종의 연관성에 대해 가르치셨습니다. "너희가 나를 사랑하면 나의 계명을 지키리라"(요한복음 14:15), "나의 계명을 가지고 지키는 자라야 나를 사랑하는 자니"(요한복음 14:21), "너희가 나의 명하는 대로 행하면 곧 나의 친구라"(요한복음 15:14).

한나 횟톨 스미스는 저서에서 이에 관한 예화를 들려주고 있습니다.

한번은 큰 병원을 책임맡고 있는 어떤 외과 의사에게 헌신과 온전한 순종의 필요성과 의미를 설명해 주려고 했는데, 그는 이해를 하지 못하는 것 같았습니다. 마침내 나는 그에게 이렇게 말했습니다. "가령 선생님께서 회진하다가 만난 한 환자는 자기 병을 잘 진료하여 꼭 낫게 해달라고 선생님께 간청하더니, 자신의 증상에 대해 말해 주기도 거부하고, 선생님께서 처방해 준 모든 약을 복용하기를 거부하고, '나는 어떤 것에 대해서는 선생님의 지시를 기꺼이 따르겠어요. 그것은 내 마음에 들기 때문입니다. 그러나 어떤 문제들에 대해서는 나 스스로 판단하고, 내 방식을 따르도록 하겠어요'라고 말한다면, 선생님께서는 어떻게 하시겠습니까?"

그는 분개하면서 "말도 안 됩니다!"라고 대답했습니다. 그리고 이렇게 덧붙였습니다. "나는 그런 사람은 자신이 알아서 치료하라고 하겠습니다. 그가 자기 병 치료를 완전히 내 손에 일임하며, 절대적으로 내 지시를 따르지 않는다면, 나는 그를 위해 아무것도 할 수 없다는 것이 분명하기 때문입니다."

"그렇다면, 의사들이 치료를 하려면 환자들이 지시에 따르는 것이 필요하다는 말인가요?" 하고 내가 물었습니다.

"절대적으로 따라야 합니다"라고 그는 힘주어 말했습니다.

"그런 것이 바로 헌신입니다. 우리는 조금도 남김

없이 모든 것을 하나님의 손에 일임해야 하며, 그분의 지시를 절대적으로 따라야 합니다."

"무슨 말씀인지 알았습니다. 알았습니다! 그렇게 하겠습니다. 지금부터는 하나님께 저의 모든 것을 일임하겠습니다."

지혜로운 이 신사와는 달리, 우리 중에는 하나님께서 심각하게 여기시는 것을 가볍게 여기는 사람들이 많습니다. 하나님의 명령들을 다이너마이트가 아니라 무슨 장난감처럼 가볍게 여깁니다. 그 명령에 불순종하면 너무나 파괴적인 결과를 가져오며, 우리의 영적 삶을 산산조각으로 만든다는 것을 깨닫지 못하고 있는 것입니다. 우리는 대개 부분적 순종만 하며, 마음에 드는 것만 순종합니다. 우리도 모르는 사이에 세상의 사고 방식에 물들었기 때문일 것입니다.

우리는 지금까지 속았다

비유 하나가 도움이 될 것 같습니다.

나는 손을 오므려 봄의 첫 햇살을 손에 담았습니다. 나는, 가운데는 진한 노랑색을 띠고, 그 둘레를 밝은 노랑색의 수많은 꽃잎들이 예쁘게 둘러싸고 있는 민들레를 보면서, '사람들은 왜 이 민들레를 잡초라고 부르지?' 하고 생각했습니다.

한 주가 지나자 뜰은 노란색 양탄자를 깐 것 같았습니다. 노란 빛깔로 뒤덮인 뜰의 풍경을 감상하면서, '정말로 귀여운 꽃들이야. 잡초가 아니고 말고!' 하고 다시 생각했습니다.

그러나 며칠이 더 지나자, 그 노란 빛깔은 하얀색으로 바뀌었고, 수천 수만의 씨앗들이 바람에 날려 마치 구름 같았습니다. 또 한 주가 지나자, 가장자리가 꺼칠꺼칠한 민들레 잎사귀가 뜰을 볼품없는 고슴도치 등처럼 바꾸어 놓았습니다. 이제는 베어 낼 수밖에 없었습니다. 그러나 민들레의 잎사귀들은 잔디보다 더 빨리 자랐고, 민들레를 베어 낸 지 하루도 안 되어 잔디밭은 원래와 별반 다름없이 흉측하게만 보였습니다.

잔디를 돌보지 않고 내버려두자, 민들레들은 잔디밭을 온통 민들레 밭으로 만들었으며, 잔디를 몰아내어 잔디는 겨우 민들레 잎사귀들의 숲 사이에 군데군데 보일락말락할 정도가 되었습니다. 잔디밭에서 민들레를 없애려고 해보았을 때, 민들레는 끈질긴 목숨을 가진 골치 아픈 잡초라는 것을 알게 되었습니다! 땅 위에 있는 부분을 베어 내는 것만으로는 효과가 없었습니다. 뿌리는 깊고 질겼습니다. 그 귀찮은 녀석들을 제거하기 위해서는 꽃삽이나 제초제까지 동원하는 것이 필요했습니다.

이제 민들레를 잡초라고 부르는 것이 조금도 이상한 일이 아닙니다.

우리 사회에는 우리 삶을 재빨리 잠식하는 민들레가 널려 있습니다. 많은 그리스도인들이 그 민들레들이 삶을 점령하지 못하도록 싸우지 않으며, 그 영적인 민들레들이 우리 삶에 뿌리를 내리게 내버려 두었습니다. 우리 사회는 추악한 잡초들이 자연스러운 것이요, 정상적이고, 용납될 만한 것으로 생각합니다. 사람들은 심지어 그 잡초들의 이름까지 바꾸었습니다. 성적으로 난잡한 사람을 "성적 활력이 넘치는 사람"으로,

매춘부를 "밤의 여인"으로, 동성애자를 "다른 생활 방식을 가진 사람"으로 부르고 있습니다. 낙태를 하거나 태아를 죽인 것이 아니라 "낙태 찬성쪽 선택을 한 것"이며, 자신의 몸을 관리하기 위해 "사소한 태아 문제를 제거한 것"입니다. 세상에서는, 동성애가 죄가 아니라, 그것을 용인하지 않는 것이 죄입니다. 간음이 문제가 아니라, 이해심 없는 사람들의 편협된 신념이 문제라고 합니다. 아무리 도의에 어긋나고 혐오할 만한 행동일지라도 다른 사람의 행동을 판단하는 것 자체를 가장 나쁜 악으로 여깁니다.

우리 그리스도인들은 우리 문화를 하나님의 말씀을 통해 걸러 내는 것이 아니라, 우리 문화라는 안경을 통해 하나님의 말씀을 걸러 내기 시작한 것 같습니다. 우리는 하나님이 아니라 사람들이 죄와 악과 심판에 대해 정의를 내리도록 했습니다. 나도 서서히 세뇌를 받아 왔습니다. TV에서 흘러나오는 말 가운데는 5년 전에는 나에게 충격적으로 들렸으나 오늘날은 덤덤하게 들리는 것도 있습니다. 영화에 에로틱한 장면이 한두 장면만 나오고, 욕설이 몇 마디만 나오고, 살인 장면이 두 번 정도밖에 나오지 않으면, 나는 그런 대로 깨끗한 영화로 기억할 것만 같습니다. 서서히, 나도 모르는 사이에, 그러나 확실히, 나는 용납할 수 없는 것을 용납하는 위험에 처하게 되었습니다. 나는 변명 거리를 생각해 냅니다. "나는 세상에서 살아야 하고, 세상에서 무슨 일이 일어나고 있는지 알아야 하며, 또 거기에 맞추기도 해야 해요." 옳은 얘기입니다. 그러나 세상에는 쓰레기가 있다는 것을 알아야 합니다. 만약 주의하지 않으면, 나는 그것을 먹기 시작할 뿐 아니라, 너무

익숙해져서 내가 먹고 있는 것이 쓰레기라는 것조차 모를 것입니다.

때때로 나 자신이 죄에 무감각해지고 있지 않은지 점검해 볼 필요가 있습니다. 지난 몇 달 동안 들은 이야기 가운데도 차마 여기에 소개할 수도 없는 문란한 것들이 있습니다. 그리스도인이라고 하면서도 뻔뻔스럽게 외도를 한 사람도 있고, 기혼인 한 선교사는 사귄 여성을 선교지로 데리고 갔습니다. 남편과는 사별하고, 재혼했다가 이혼을 한 어떤 여성은 눈물을 흘리며 성적 유혹으로부터 벗어날 수가 없다고 하소연을 한 적도 있었습니다.

이 사람들은 모두 그리스도인으로 자처했지만, 죄라는 민들레가 그들의 삶에 뿌리를 내리도록 허용했습니다. 아, 우리는 어떤 대가를 치르더라도 그 잡초들의 뿌리를 뽑기 위한 결단을 내려야 할 것입니다!

오해하지 마십시오. 하나님께서는 죄를 혐오하십니다. 죄악된 행동을 다른 말로 부른다고 해서 그것이 죄라는 사실이 변하지는 않습니다. 하나님께서는 그분의 종 모세가 단 한 번의 잘못 때문에 약속의 땅으로 들어가지 못하게 하셨습니다. 하나님의 법을 무시하는 모든 것이 죄입니다. 죄에 대한 하나님의 말씀은 단호하고 분명합니다. "너희는 모든 악독과 노함과 분냄과 떠드는 것과 훼방하는 것을 모든 악의와 함께 버리고"(에베소서 4:31). 다른 말로 하면, 모든 죄를 버리라는 말씀입니다. 하나님과 그분의 말씀은 영원히 동일합니다.

순종의 아름다움

내 말을 귀담아듣도록 하십시오. 사탄은 당신과 나를 무너뜨리기 위해 혈안이 되어 있습니다. 사탄은 우리를 꾀어 죄를 짓게 하고, 서서히 그리고 교묘하게, 우리를 점점 삼켜 마침내 생명을 위협하는 수렁에서 목만 내놓고 버둥대게 합니다.

직장에서 우리는 덕이 되지 않는 말, 추잡한 농담, 속임수, 거짓말, 그리고 직장 내의 이성 문제 등에 둔감해집니다. 매력적인 남성과 함께 일하면, 우리는 엉뚱한 상상을 하고 불장난을 시작하기 쉬우며, "직업상의 관계"니 "정신적인 관계"니 하는 상표를 붙여 친구 관계를 시작하기 쉽습니다. 자신의 마음과 삶을 보호해 주는, 필요한 안전 장치를 설치해야 합니다. "저는 원래 그런 일이 일어나기를 원했던 게 아니었어요!"라는 말을 나는 수도 없이 들었습니다. 다 얘기할 수가 없을 정도입니다.

바쁘고 스트레스로 가득 찬 삶을 살다 보면 하나님과 친교 시간을 갖지 못하기가 쉽습니다. 그렇게 되면, 세미하게 들려오는 하나님의 경고 음성을 잘 듣지 못할 뿐 아니라 그분께 순종하고자 하는 열망까지도 잃게 됩니다. 당신 삶에서 날마다 죄와의 전투가 더 맹렬해지는 것 같지 않습니까? 우리는 어떤 대가를 치르고서라도 하나님을 따르겠다는 결심, 점점 더 굳은 결심을 하는 것이 얼마나 필요한지 모릅니다!

내가 만난 한 여성은 이전에 깊이 사귀다가 헤어진 남자 친구와 순전히 정신적인 관계로만 다시 관계를 맺을 수 있다고 생각하고 있었습니다. 나는 그렇게 될 수 없다고 생각했습니다. 그래서 "그건 다이너마이트를 가지고 노는 것만큼이나 위험해요. 폭발하지 않을 수도 있겠지만, 그런 위험한 짓을 할 필요가 없어요"라고 했습니다.

"여사님, 여사님은 너무 철저하시군요!"라고 말했습니다. 그녀는 하나님의 말씀에 순종하는 것에 대해 나와 의견이 다를 때마다 그 말을 했습니다. 또 "여사님, 여사님은 너무 철저하시군요"라고 하기에, 나는 "당신 말이 맞을지 몰라요. 하지만 당신이 '철저한 것'이라고 부르는 것을 나는 '순종하는 것'이라고 부르고 있다고 생각해요"라고 말했습니다.

그녀는 눈을 깜박이더니, 침을 삼키고, 그리고 천천히 이렇게 대답했습니다. "여사님 말씀이 맞다고 생각해요."

그때부터 우리는 순종을 단지 '철저한 것'이라고 생각하는 것을 우습게 여기게 되었습니다. 그녀는 규칙에 제한받기를 싫어하는 세대였고, 그래서 "나의" 규칙들을 철저한 것이라고 낙인찍는다고 해서 내가 놀라지는 말아야 했을 것입니다. 그러나 그녀가 그 규칙들이 나의 규칙이 아니라 하나님의 명령이라는 것을 이해했을 때, 태도와 삶이 바뀌었습니다.

경건해지기를 원한다면, 순종의 문제에서 타협해서는 안 됩니다. 그러므로, 잠시 멈추고 하나님께 기도하십시오. 이 장의 나머지 부분을 살펴볼 때 당신에게 깊은 확신을 달라고 말입니다. 순종은 너무나 중요합니다!

순종의 유익

우리는 진지하게 하나님을 대하며, 그분의 말씀에 순종하고,

그분이 명령하실 때 마음속으로 차려 자세를 취하며 "네, 알겠습니다!"라고 해야 합니다. 그 이유는 많습니다.

순종은 우리를 보호한다
하나님께 순종하는 것은 삶을 순결하게 지켜 줄 뿐만 아니라, 죄악 된 생활 방식 때문에 겪게 되는 불행과 골칫거리로부터 우리를 지켜 줍니다. 죄로 말미암아 곤경에 빠져서, 신문이나 잡지 같은 데 있는 상담란 집필자들에게 상담을 요청하는 사람들이 얼마나 많은지 알고 있습니까? 슬픈 사연을 담고 있는 전형적인 예를 하나 소개합니다.

앤 랜더스 부인께,
제 이야기를 하고 싶습니다. 제가 알기로, 많은 사람들이 자신의 삶에 대해 저와 같은 생각을 하고 있기 때문입니다.
당신은 때로 결혼 생활에서 고독감을 느끼며, 사랑을 못 받고 있다는 느낌이 듭니다. 결혼한 지가 무려 23년이나 되었는데도 말입니다. 삶이라는 게 이런 걸까? 뭔가 더 나은 삶이 있지 않을까? 당신은 이렇게 느낍니다. 그래서 당신을 더할 나위 없이 행복하게 해줄 사람을 찾기 시작합니다. 그리고 바로 그 사람을 찾았다고 믿게 되고, 그가 바로 당신이 원하는 그 사람이라고 결론을 내립니다. 그래서 당신은 짐을 꾸리고, 23년에 걸친 결혼 생활에 종지부를 찍고, 결혼 생활을 하면서 사귄 모든 친구들에게도 작별을 고합니다. 그리고 자녀들에게는 당신과 함께 떠나든지 아니면 아버지와 함께 있든지 하라고 합니다.

몇 년 동안은 삶이 즐겁습니다. 그러다가 당신의 텅 빈 머리 속에 전깃불이 켜집니다. 그리고 깨닫습니다. 자신이 이전과 똑같은 삶을 살고 있다는 것을. 한 가지 차이점이 있다면, 친구들을 잃었고, 자녀들의 존경을 잃었으며, 23년 동안 사랑했고 모든 것을 함께 나눈 최고의 친구를 잃었다는 것입니다. 그리고 그를 그리워합니다.

당신은 깨닫습니다. 사랑이란 그냥 우연히 생기는 것이 아니라, 오랜 세월을 통해 가꾸어야 하는 것임을 말입니다. 당신은 이미 저질러진 일을 돌이킬 수가 없습니다. 그래서 텅 빈 가슴을 안고 고독하고 사랑 없는 삶에 안주합니다.

죄 때문에 사람들의 삶에 생긴 골칫거리들은 엄청나게 많습니다. 기능 장애를 일으킨 가정이 미국의 모습을 엉망으로 만들고 있으며, 부도덕한 생활 방식이 만연하고, 아이 키울 나이가 지난 사람들이 자녀들의 애를 키워야 합니다. 가정과 공항 같은 곳에는 보안 시설을 해야 하고, 가게 물건을 슬쩍하는 사람들 때문에 판매가가 높게 책정되는 바람에 돈을 더 주고 물건을 사야 하고, 교도소를 짓고 운영해야 하고, 국경 경비를 해야 하는 등, 죄 때문에 얼마나 많은 돈이 낭비되고 있는지 모릅니다.

내가 초창기에 암송한 구절들 가운데 하나가 시편 119:9,11

입니다. "청년이 무엇으로 그 행실을 깨끗케 하리이까? 주의 말씀을 따라 삼갈 것이니이다. …내가 주께 범죄치 아니하려 하여 주의 말씀을 내 마음에 두었나이다." 순결을 유지하는 것은 가능합니다! 육체의 순결을 유지한다면 성병이 만연되지 않으며, 미혼모도 생기지 않을 것입니다. 마음의 순결을 유지한다면 포르노가 없어질 것입니다. 감정적 순결을 유지한다면 사람들에게 올바른 태도를 나타낼 것입니다. 영적 순결을 유지한다면 하나님과 다른 사람을 섬기는 삶을 살 것입니다.

하나님께서는 순종하는 자에게 상 주신다

순결한 삶의 결과들이 우리가 하나님께 순종하기 위해 필요한 동기가 되어야 합니다. 그러나 하나님께서는 우리를 잘 아시고, 순종해야 할 다른 좋은 이유들도 주십니다. 그분은 "네가 내게 순종한다면 내가 널 위해 또 무엇을 할 것인지 아느냐? 네게 상을 주겠다!"라고 말씀하십니다. 하나님의 말씀은 우리를 지혜롭게 하고, 생명과 기쁨과 방향을 줄 뿐만 아니라, 그 말씀대로 살면 큰 상이 있습니다(시편 19:11).

무슨 상입니까? "그 상들을 열거해 보겠습니다"라고 할 수도 있을 것입니다. 하지만 순종하는 자에게 주시는 하나님의 상은 너무나 많기 때문에 다 소개한다는 것은 불가능한 일입니다. 당신이 해볼 수 있는 흥미진진한 공부가 있습니다. 성구 사전에서 상이라는 낱말을 찾아서 목록을 만들어 가기 시작하십시오. 그리고 나서, 날마다 성경을 읽어 나갈 때, 성경에서 발견하는 상들을 그 목록에 첨가해 나가십시오. 그러나 당장은, 상이 들어 있는 방안을 잠시 들여다보기로 합시다.

순종에 대한 상(영적인 의미의 상을 늘 주심. 문자 그대로의 상을 주실 때도 있음)에는, 장수(잠언 3:1-2), 하나님과 사람으로부터 받는 은총과 명예(잠언 3:4), 즐거움(잠언 10:28) 등이 포함됩니다. 하나님께서는 또한 지식(잠언 1:7)과 지혜(잠언 2:10)를 약속하시는데, 이런 것들은 내가 평생 동안 갈망해 온 것들입니다! 내가 생각하기에, 지식이란 사실들을 아는 것이요, 지혜란 그 사실들을 삶에 적용할 수 있는 능력입니다.

하나님께서 혀 사용에 대한 책을 쓰고 싶은 마음을 나에게 불러일으키셨을 때, 나는 두려움을 느꼈습니다. 그래서 손을 내저으며 "말도 안 됩니다! 하나님, 저는 그 일을 할 수가 없어요. 제 자신이 혀 사용에 문제가 많으니까요"라고 말씀드렸습니다. 그러나 하나님께서는 어쨌든 그 책을 쓰도록 계속 촉구하셨습니다. 그래서 두렵고 떨리는 마음으로 순종하기로 했고, 나와 몇몇 친구들은 성경이 혀 사용에 대해 어떻게 말하고 있는지 공부하기 시작했습니다. 공부를 해갈 때, 하나님께서는 우리가 하는 말의 좋은 면과 좋지 않은 면들을 어느 정도 알게 해주셨습니다. 그리고 기도하자 하나님께서는 어떻게 그 진리들을 삶에 적용해야 할지 지혜를 주시기 시작하셨습니다. 순종에 대한 상이 즉각적으로 온 것입니다! 나는 자신이 상처를 주거나 불친절한 언어 습관들을 많이 가지고 있다는 것을 깨닫게 되었고, 하나님께서는 그 습관들을 고치도록 도와주셨습니다. 지식과 지혜를 얻어 감에 따라, 하나님께서는 계속 더 많은 상을 주셨습니다. 하나님께서는 순종을 통해 얻는 두 가지 긍정적 자질을 나에게 상으로 주셨습니다. 그것은 바로 근신(분별력)과 명철(이해력)입니다(잠언 2:11). 나는 점점 더 내가 언제 말하고 언제 말하지 않아야 하는지를 알게 되었고(분별력), 그리고 내가 경청하는 것을 배워 감에 따라, 이해하는 면에서 자라 가게 되었습니다.

그리스도인의 삶에서의 성공은 순종에 토대를 두고 있습니다. 하나님께 순종하지 않는다면 경건한 여인이 될 수가 없습니다.

사랑하는 것은 순종하는 것

콜로라도스프링스에 있는 파머 공원의 맞은 편 절벽 위에는 집 하나가 우뚝 서 있는데, 나는 차로 그 곁을 지나갈 때마다 거의 매번 쳐다보게 됩니다. 나는 그 집을 "지지대 위의 집"이라고 부릅니다. 절벽 위의 그 집 앞부분을 지지대가 받치고 있는 것이 보이기 때문입니다. 나는 그 집이 무너져 산 아래로 떨어질 것이라고는 생각해 본 적이 없습니다. 그 지지대들은 견고한 반석 속에 박혀 있는 것이 분명했기 때문입니다.

그 집을 볼 때마다 예수님의 권면이 생각납니다. 예수님께서는 모래 위에 집을 지으면 비가 오고 바람이 불고 창수가 나면 떠내려가니 반석 위에 집을 지으라고 하셨습니다. 주님께서는 분명하게 이렇게 경고하셨습니다. "그러므로 누구든지 나의 이 말을 듣고 행하는 자는 그 집을 반석 위에 지은 지혜로운 사람 같으리니"(마태복음 7:24).

예수님께서는 "행하는 자는…"이라고 하셨습니다. 그분은 여기서 순종에 대해 말씀하고 계십니다. 그리고 "너희가 나를 사랑하면 나의 계명을 지키리라"(요한복음 14:15)고 말씀하심으로 순종의 중요성을 강조하셨습니다. 그것은 그처럼 단순한 것입니다. 그러나 또한 어려운 것입니다.

당신이 이 순종의 문제와 씨름하고 있다면, 나는 이해가 됩니다. 나도 그 문제에 대해 여러 번 고민해 보았기 때문입니다. 나는 이렇게 생각하기가 쉬웠습니다. '하나님께서는 나를 사랑하셔. 그러므로 내가 게으름을 피우거나 대충 하거나 혹은 아예 하지 않아도 이해하실 거야.' 그러나 하나님께서 얼마나 나의 순종을 원하시는지를 공부해 보면 마음이 불편해지는 것 정도가 아닙니다. 괴로움을 느낍니다! 정말로 하나님께서 원하시는 사람이 되고 싶다면, 절대로 불순종을 선택할 수가 없다는 것을 확신해야 합니다. 하나님의 약속들과 축복들을 누리느냐 못 누리느냐는 오로지 그분의 말씀에 대한 나의 순종에 달려 있습니다.

요한복음 15장에는 '그리스도 안에 거하는 것'에 대해 말하고 있습니다. 나는 그것이 과연 무엇이냐에 대해 씨름하곤 했습니다. 거하는 삶의 결과는 엄청납니다. 풍성한 열매, 기도 응답, 기쁨 등. 하지만 "거한다"라는 말의 진정한 의미는 무엇입니까? 누가 나에게 "거하다를 네 글짜로 바꾸면 어떻게 되는지 아세요?"라고 물을 때까지 그 개념을 파악하는 데 어려움을 겪었습니다. 내가 멍하니 있자, 그는 "순종하다가 되지요"라고 말하는 것이었습니다.

옳은 말입니다. 하나님을 사랑하는 것은 하나님께 순종하는 것입니다. 하나님께 순종하는 것이 그분을 사랑하는 것입니다. 주님 안에 거하는 것이 주님께 순종하는 것이요, 주님께 순종하는 것이 주님 안에 거하는 것입니다.

경건한 삶의 열쇠

당신이 하나님께 진지한 태도로 대하며, 진정으로 그분의 모든 말씀에 순종하기 원한다면, 정기적으로 해야 할 것이 몇 가지 있습니다. 그 첫 번째는, 순종하는 삶을 살기 위해 무엇에 초점을 맞추어야 할지 말씀을 통해 보여 주시도록 하나님께 기도하는 것입니다.

성경 말씀을 살펴보라

매일 갖는 경건의 시간에 성경 말씀을 읽기 전에, 잠시 시간을 내어 그날을 위한 말씀을 보여 주시도록 기도하십시오. 하나님께서는 당신이 천천히 음미해야 할 약속을 강조해서 보여 주실 경우가 많을 것이며, 당신이 지켜야 할 명령에 주의를 끄시는 경우도 있을 것입니다. 하나님께서 보여 주시는 약속이나 명령을 기록하십시오. 그 말씀에 대해 생각하고, 그리고 그 말씀을 주신 데 대해 감사드리십시오. 하나님께서는 그 구절에 대해 개인적인 적용을 기록하도록 하시거나, 그 구절에 순종하기 위한 구체적인 방안들을 주실지도 모릅니다.

설교 말씀을 들을 때는, 요점을 기록하며, 그 핵심 메시지를 묵상하며 기도하십시오. 하나님께서는 당신이 실행해야 할 것을 그 설교를 통해 보여 주셨을 것입니다. 그것이 무엇인지 하나님께 여쭤 보십시오.

가까운 사람의 조언을 구하라

절친한 친구나 배우자, 혹은 자녀들에게 "내 삶을 볼 때 부족하여 힘써 발전시켜야 것은 어떤 것인가?"라고 물어 본 적이 있습니까? 그렇게 묻는 것이 어려운 일이라는 것을 압니다. 용기와 겸손과 성장하고자 하는 열망이 없으면 결코 물어 보지 못할 것입니다. 정말로 그들이 말해 줄지 모르기 때문입니다! 그리고 그들의 말은 당신의 마음을 상하게 할 수도 있습니다. 그러나 당신과 가까운 그들이야말로 당신이 그리스도의 형상을 닮아 가기 위해 힘써야 할 영역들을 가장 잘 알고 있을 수 있습니다.

지난해에 한 친구는 고맙게도 다음과 같은 말을 내게 해주었습니다. "캐롤, 당신은 요즘 주일 예배와 설교에 대해 약간 비판적으로 말하고, 그리고 정부에 대해서도 별로 좋지 않게 이야기하고 있는데, 그 사실을 알고 있어요?" 나는 속으로 움츠러들었습니다. 하지만 그 말에 대해 생각해 보니, 맞는 말이었습니다. 나는 하나님께서 "서로 인자하게 하며 불쌍히 여기라"(에베소서 4:32)고 말씀하실 때 순종할 필요가 있었습니다.

비판에 귀를 기울이라

나는 비판받는 것을 얼마나 싫어하는지 모릅니다! 어떤 사람이 아무리 인자한 태도로 나의 잘못을 말해 준다 해도, 나는 기가 꺾입니다. 나는 그것을 나라는 사람에 대한 비판으로 받아들일 뿐 아니라(우리 모두가 그렇죠?) 그것을 확대하여 '만약 내가 그런 사람이라면 이 세상에 누가 나를 좋아할 수 있겠는가?' 하고 생각하는 경향이 있습니다. 나는 그 면에서 약간 나아지고 있지만, 그리 많이 나아진 것은 아닙니다! 하지만, 나는 배우고 있습니다. 내가 받는 모든 비판을 하나님께 가지고 나아가 그분 앞에 내놓으며, 그분의 도우심으로 참되고 바른 비판을 분별하며, 그렇지 못한 것은 버리고, 비판을 해준 사람에게 감사를 표하며, 그 비판과 관련하여 어떤 조치를 취할 수 있게 해달라고 기도하는 것을.

 최근에 나는 모르는 사람으로부터 비판하는 내용이 담긴 편지를 받았습니다. 그녀는 나와 남편이 함께 쓴 **사랑 그 이상의 결혼**(네비게이토 출판사 간)이라는 책에서 내가 용서에 대해 설명한 것이 불완전할 뿐 아니라, 오해의 여지가 있는 것 같다고 했습니다. 나는 그 장을 살펴보았고, 그 말이 옳다고 결론을 내렸습니다. 그래서 다음 판을 낼 때 그 장을 다시 썼습니다. 그러나 우리의 행동이나 말보다는 글을 바꾸는 것이 훨씬 더 쉽습니다. 그렇지 않습니까? 어떤 사람에게 말이나 행동으로 상처를 주었을 때, 대부분의 경우 우리가 할 수 있는 것이라고는 미안하다고 말하고 그의 용서를 구하는 것뿐입니다. 이따금 보상을 할 수 있기도 합니다. 하지만 우리가 자신의 그릇된 행동을 알지 못하면, 십중팔구 그 행동을 계속할 것입니다. 그러므로 비판에 귀를 기울이며, 그것을 주님 앞에서 평가하고, 그것을 무시할 것인지 아니면 그것을 받아들여 뭔가를 고쳐 나갈 것인지에 대해 하나님의 지시를 따르도록 합시다.

순종을 위해 어려운 선택도 하라

무슨 일이든 하나님께 순종하겠다는 결단을 내리고 그렇게 살고 있는 사람을 만난 적이 있습니다. 그의 이름은 빌이었습니다. 귓가의 머리는 희끗희끗했으나, 눈은 젊은이와 같은 열정으로 빛났고, 그의 입에서는 지혜가 흘러나왔습니다. 그가 이야기를 해나갈 때, 테이블을 둘러앉은 사람들은 넋을 잃고 귀를 기울였습니다.

빌은 네바다 주에 있는 레스토랑 겸 카지노에서 지배인으로 일하고 있었는데, 헌신된 그리스도인이 되고 나서는 함께 일하는 대학생들과 성경공부를 시작했습니다. 이를 통해 많은 사람들이 그리스도께 돌아왔는데, 그리스도인이 된 그들은 자기 보수를 도박으로 낭비하지 않게 되었습니다. 주인이 이를 눈치챘습니다. 어느 날 주인은 빌을 부르더니, 그 성경공부를 중단하라고 하면서, 그렇지 않으면 일자리를 잃게 될 것이라고 했습니다.

"그래서 나는 일자리를 잃었습니다"라고 빌은 말했습니다.

"그 일자리를 포기했다는 말이에요?" 한 사람이 의심을 떨쳐 버릴 수가 없다는 듯이 물었습니다.

"물론입니다. **목숨까지 바치며** 하나님께 순종하는 사람들도 있습니다." 그 사람은 차분한 목소리로 대답했습니다.

순종을 하다가 어떤 일이 일어날지라도? 어려운 선택을 하는 것이 어떤 것일지라도? 그는 매우 훌륭한 생각을 하고 있었습니다!

성경의 진리를 당신의 것으로

몇 구절에 대해 **구절별 성경공부**를 하는 것으로 시작하면서, 하나님의 말씀에 순종하는 것의 중요성을 절감하게 해주시도록 기도하십시오.

- 죄로부터의 보호: 시편 119:9-11
- 사랑과 순종의 관계: 요한복음 14:21
- 순종과 기쁨의 관계: 요한복음 15:10-11

다음에, 야고보서 1:22-26에 대해 **장(단락)별 성경공부**를 하십시오. **장별 성경공부**를 어떻게 하는지 지침을 얻기 위해 4장의 86쪽을 참조하십시오.

마지막으로, 사무엘상 15장과 사무엘하 12:13을 읽고, 불순종에 대해 하나님께서 책망하셨을 때 사울과 다윗의 반응을 비교해 보십시오. 왜 당신은 하나님께서 사울이 왕이 되지 못하게 하셨다고 생각합니까? **부분적인 순종**이라는 용어에 대해 당신은 어떻게 생각합니까? 당신은 삶의 어떤 영역에서 부분적인 순종을 하고자 하는 유혹을 받습니까?

제 2 부

주님을 닮아 감

제 7 장

남편을 사랑함

때로, 심지어 결혼한 지 오래 세월이 지났는데도, 그 좋지 않은 꿈을 다시 꿉니다. 꿈에 나는 대학 시절로 되돌아가 있고, 이런저런 방법으로 남편의 관심을 끌기 위하여 노력하고 있습니다. 나는 까무러치기도 하고, 화를 내기도 하고, 홱 떠나가기도 합니다. 그러나 그는 나를 보고도 못 본 체하여, 나로 하여금 퇴짜맞았다는 느낌, 외롭고 절망적인 느낌을 갖게 합니다.

실제로는 그런 일은 없었습니다. 그와 내가 세 번이나 약혼을 취소했던 그 끔찍했던 해에도, 그가 나를 못 본 척한 적은 없었습니다. 오히려 그 정반대였습니다. 우리 사이의 관계가 깨어지고, 내가 위안을 얻기 위해 주말에 가족들을 만나러 훌쩍 떠나면, 그는 나를 따라오곤 했습니다. 그렇기는 해도, 그 꿈은 당시에 내 마음속에 어떤 느낌이 자리잡고 있었는지를 보여 줍니다.

  당시 우리가 가지고 있었던 가장 큰 문제는 사랑은 **느낌**이라는 잘못된 생각이었습니다. 공부와 여러 활동들로 말미암아 압력을 많이 받다 보면, 우리 관계에서 기쁨이나 흥분은 사라졌습니다. 그렇게 되면, 우리는 사랑이 식었다고 생각했습니다. 당시를 뒤돌아보면, 우리는 서로 사랑하고 있다는 느낌이 사라진 적은 있어도 서로에 대한 사랑이 사라진 적은 없었다는 것을 알게 됩니다.

  결혼하고 나서 2년 후, 우리는 사랑에 대해 좀 배웠습니다. 신학교에 다니며 전임 사역자로 일하느라 심한 압력을 받고 있던 어느 날, 우리는 서로가 신경을 거슬리게 할 뿐만 아니라 결혼 생활의 기쁨이 어디로 갔는지 의아해하고 있음을 알게 되었습니다. 그래서 우리는 함께 아버지 앞에 무릎을 꿇고 우리의 관계에 기쁨과 즐거움을 회복시켜 주시도록 기도했습니다. 또한 함께 시간을 보내기 위한 창의적인 방법을 찾으려고 했고, 서로를 대하는 태도를 바꾸기 위해 더 열심히 노력하기 시작했습니다. 그 결과 결혼 생활에는 다시 기쁨이 넘치기 시작했습니다.

  오늘날의 매체들은 사랑에 관해 온갖 잘못된 생각을 우리에게 주입하고 있습니다. 대부분의 영화나 책은, 사랑은 섹스, 정욕, 욕망이요, "달빛과 장미"이며, 마치 옷을 갈아입듯이 쉽게 빠졌다가 멀어졌다가 하는 것이란 인상을 심어 줍니다. 하나님께서 가르쳐 주시는 것은 이와 판이합니다.

사랑은 배워야 할 감정이다

디도서 2:4-5에 나와 있는, 젊은 여성이 배워야 할 일곱 가지 가운데 첫 번째 것이 남편을 사랑하는 것입니다. 사도 바울이 이 편지를 디도에게 보낼 당시, 결혼은 대개 신랑 신부의 부모에 의해 이루어졌습니다. 신부들은 아마도 사랑에 빠지는 것에 대해 생각조차 해보지 않았을 것입니다. 많은 경우 결혼식 날까지는 남편 될 사람을 만난 적도 없었기 때문입니다. 사랑 때문에 결혼하는 경우는 없었습니다. 그럼에도 불구하고, 그들은 남편을 사랑해야 했습니다.

오늘날 우리는 결혼 문제에 아주 다르게 접근합니다. 우리는 어떤 사람과 사랑에 빠진 연후에야 그 사람과 결혼하는 것에 대해 생각합니다. 사랑에 빠졌다는 것은 대개 외적인 면에서 그에게 매력을 느꼈다는 것을 의미합니다. 대부분의 경우, 둘 사이에 오래 지속될 수 있는 참된 사랑이 있는지는 검증되지 않았거나, 아니면 아예 그런 사랑이 있지도 않았습니다. 대부분은 진정한 사랑이 무엇인지에 대해 막연한 생각을 가지고 결혼 생활에 들어갑니다. 대부분의 아내들은 남편을 사랑하라는 성경의 명령을 따르려면 도움이 필요합니다. 사랑하는 법을 배울 필요가 있는 것입니다.

결혼 생활 안에서 이루어져야 할 사랑은 적어도 다섯 가지가 있습니다. 친구 관계와 같은 사랑, 로맨틱한 사랑, 육체적인 사랑, "상대방을 100% 믿고 자신을 맡기는" 사랑, 그리고 아가페 사랑(그리스도를 닮은 이타적인 사랑). 우리 부부가 결혼했을 때, 우리는 친구였지만 최상의 친구는 아니었습니다. 육체적인 사랑과 로맨틱한 사랑은 했지만, "상대방을 100% 믿고 자신을 맡기는" 사랑(함께 있으면 편안함과 안전함을 느끼며, 인생 전부를 믿고 맡길 수 있는 사랑)이나 아가페 사랑(그리스도를 닮은 사랑)에 대해서는 별로 아는 바가 없었습니다. 다섯 가지 사랑 중에서 두 가지 반 정도를 하는 것은 그리 훌륭한 수준은 아닙니다! 그러나 그 두 가지 반마저도 갖지 못하고 있는 여성들도 많이 만났습니다. 그들은 별로 마음에 들지 않는 집에서 탈출하기 위한 수단으로 결혼을 했거나, 성적인 욕구를 사랑으로 착각한 사람들입니다. 단지 안정을 얻기 위해, 혹은 혼자 있기가 싫어서 결혼한 사람들도 있습니다.

당신이 결혼을 한 이유는 결혼 생활을 잘 유지시켜 줄 수 없는 것일지도 모릅니다. 당신은 자신이 원한 적이 없었던 관계 속에 붙잡혀 있다고 느낄지도 모릅니다. 남편은 훌륭하지만, 당신에게 더 잘 맞는 사람은 다른 데 있을 것이라고 생각할지도 모릅니다. 하지만, 당신은 결혼 서약을 할 때, **죽음이 두 사람을 갈라놓을 때까지 서로 사랑하고 아껴 주기로 약속했습니다**. 그렇다면 지금 할 수 있는 것이 무엇일까요?

알고 있습니까? 하나님께서는 어떤 명령만 주시고 그 명령을 행할 능력은 주시지 않는 경우가 없다는 사실 말입니다. 하나님께서는 남편을 사랑할 수 있도록 (내주하시는 성령을 통해) 능력, 수단, 아이디어는 주시지 않으면서 "남편을 사랑하라"고 하시지는 않는다는 말입니다. ("할렐루야!"라고 외치고 싶지 않으세요?) 말씀을 통해 하나님을 알아 갈 때, 온갖 것에서 하나님의 무한한 지혜를 공급받을 수 있습니다. 남편을 사랑하는 법도 그 가운데 하나입니다.

아내로서의 당신의 부르심을 감사하라

남편을 사랑하는 법을 이해할 수 있으려면 먼저 아내가 되는 것이 하나님의 부르심이라는 확신을 가져야 합니다. 우리는 대부분 하나님의 절대 주권의 중요성을 잘 이해하지 못하고 있습니다. 하나님께서는 우리 인생의 하루하루를 미리 정하셨으며, 단 하루도 시작되기 전에 다 작정해 두셨습니다(시편 139:16 참조). 하나님께서는 당신의 인생을 위한 설계도를 가지고 계시며, 하나님께서 설계하신 것이 어떤 것이든, 그것은 당신을 향한 하나님의 특별하고도 독특한 부르심입니다. 하나님께서는 당신을 불러 장애아들을 돌보게 하실지, 중국으로 보내실지, 컴퓨터 다루는 사람이 되게 하실지 모르며… 아내가 되도록 부르실지도 모릅니다.

최근에 전화 설문 조사를 받은 적이 있는데, 그때 나는 아직도 이 진리와 관련하여 도움이 필요한 사람이라는 것을 깨닫게 되었습니다. 나는 설문자의 계속되는 질문들에 서둘러 답변해 나갔습니다. 그런데 설문자가 "직업은 뭐예요?"라고 묻자, 나는 그 물음에 망설이다가 "작가입니다"라고 답변했습니다. 수화기를 내려놓은 후, 나의 답변에 대해 생각해 보았습니다. 내가 종종 글을 쓰는 것은 사실입니다. 하지만 그것은 나의 부업이지 주업은 아니었습니다. 나는 하는 일이 많습니다. 차를 운전하고, 음식을 만들고, 성경공부를 인도하고, 집 청소를 하고, 말씀을 전하고, 사람들에게 상담도 해줍니다. 그러나 나의 주업은 아내로서 하는 일입니다. 남편의 아내로서의 역할을 하는 것입니다. 그것이 하나님의 가장 중요한 부르심이며, 나의 일차적인 사역입니다. 여자를 지칭하는 히브리 원어는, "남자와 짝을 이루는 사람으로서, 그를 돕는 배필이 되도록 만들어짐"이라는 의미도 가지고 있습니다. 나는 남편의 짝이며, 그를 완전케 하고 하나님께서 원하시는 사람이 되도록 돕는 배필입니다. 이 사실은 내가 하나님께서 원하시는 사람이 되도록 도와줍니다.

당신은 누군가의 아내입니까? 그렇다면, 하나님께서 당신 남편의 아내가 되도록 당신을 부르셨다는 것을 아십시오. 이 사실을 알고 이해하면 몇 가지 면으로 당신에게 큰 도움을 줍니다. 첫째, 당신이 어려움을 느낄 때 붙들어 줄 것입니다. 기억 속에서 지워 버리고 싶은 날이 있습니까? 아내들은 '도대체 왜 내가 결혼을 했던고?'라고 생각하는 날이 있게 마련입니다. 비참하고, 외롭고, 사랑받지 못하고 있다고 느끼며, 실망과 좌절을 느낄 때, 그런 생각을 합니다. 그런 생각이 들 때, 당신이 우연히 그 상황에 있게 된 것이 아니라는 사실을 기억하면 도움이 됩니다. 하나님께서 당신을 그 사람의 아내가 되도록 부르셨습니다. 마치 선교사를 선교지로 부르시듯이 말입니다.

선교사로 나가 있는 한 친구는 편지에서, 자기는 우울해지거나, 외롭거나, 몸이 불편하거나, 선교 사역이 헛수고라고 느껴질 때면, 자신이 왜 그곳에 와 있는지 생각해 보곤 한다고 했습니다. 그녀는 일시적인 기분으로 그곳으로 가거나, 무슨 모험을 하기 위해서나, 신나는 일을 경험하러 간 것이 아니었습니다. 그녀가 거기에 간 것은 **하나님께서 부르셨기** 때문이며, 거기 머무는 것이 하나님께 순종하는 것이었습니다.

일단 이 진리가 결혼 생활에도 적용된다는 것을 깨닫게 되자, 어려움이 몰려와도 이전처럼 압도되지는 않았습니다. 나는 알고 있었습니다. 하나님께서는 나의 결혼 생활에 있는 문제들을 포함하여 삶의 문제들과 역경들을 사용하여 나를 온전케 하시고, 내가 그분을 알며 그분을 위해 열매를 맺도록 도와주신다는 사실을 말입니다. 우리 결혼 생활 중 남편이 일 때문에 일년의 반 이상을 여행을 해야 했던 때가 생각납니다. 처음에는 불평하는 마음이 생겼습니다. '나는 그 사람과 늘 떨어져 살려고 결혼한 게 아니야. 그리고 차도 없이 나 혼자 있게 내버려두다니!' 그러나 기도를 할 때, 하나님께서 나에게 물으셨습니다. "캐롤, 누가 너의 필요들을 채워 주지?"

"남편이 채워 주게 되어 있다고 생각해요."

하나님께서는 "틀렸다! 아무도 너의 모든 필요를 채워 줄 수는 없다"라고 말씀하셨습니다. 그때 다음 성경 구절이 번쩍 떠올랐습니다. "나의 하나님이 그리스도 예수 안에서 영광 가운데 그 풍성한 대로 너의 모든 쓸 것을 채우시리라"(빌립보서 4:19).

"하나님, 저는 누가 함께 있어 주고, 제 말에 귀를 기울여 주고 대화를 주고받을 사람이 필요한데, 하나님께서 그 필요를 채워 주시겠다는 말씀이세요? 그리고 저를 보호하고, 돌보아 주고, 제 머리를 '드시는 분'이 되어 주시겠다는 말씀이세요?"

"그렇다"라고 하나님께서 대답하셨습니다.

그리고 나는 하나님께서 그 모든 것을 하실 수 있고… 그리고 그 이상도 하실 수 있다는 것을 알게 되었습니다. 그 기간 동안 하나님께서는 실제적인 방법으로, 나의 남편이 되어 주셨습니다(이사야 54:5). 물론, 나의 성격 때문인지, 다른 방향으로 지나치게 나아가기도 했습니다. 남편이 전화를 걸어, 계획보다 하루 더 늦게 귀가할 것 같다고 말했을 때, 나는 명랑하게 이렇게 확신시켰습니다. "좋아요. 전혀 염려하지 마세요."(사실은 남편의 말을 듣고 기분이 좋은 것은 아니었습니다. 하지만 하나님께서 나의 필요를 채워 주실 것을 알고 있었기에 애써 명랑하게 대답했던 것입니다.)

남편이 돌아오고 나서 며칠 후, 그는 "여보, 나는 더 이상 이 집에 필요한 사람이 아니라는 생각이 들어"라고 고백하는 것이었습니다. '아니! 내가 어떻게 했기에?'라는 생각이 들었습니다. 그래서 하나님께 나아가 그 일에 대해 여쭤 보았습니다. 그랬더니 하나님께서는 내가 무엇을 혼동하고 있는지 분명히 보여 주셨습니다.

내 삶의 모든 필요를 채워 주시는 분은 하나님이시지만, 하나님께서는 흔히 나의 남편, 딸, 혹은 친구들을 통해서 채워 주십니다. 동시에 남편(혹은 다른 사람들)이 나의 필요를 채워 줄 수 없거나 채워 주지 않으려 할 때도, 언짢아하거나, 낙심하거나, 비관할 필요가 없습니다. 하나님께서 나의 필요를 채워 주실 수 있고 채워 주실 것이기 때문입니다. 이 진리는 살아오면서 내게 여러 번 도움이 되었으며, 기혼자든 미혼자든 모든 여성들이 배우고 또 배워야 할 진리입니다.

둘째, 당신이 아내로 부르심 받았다는 것을 이해하고 있으면, 우선 순위에 대해 올바른 시야를 유지하는 데 도움이 됩니다. 선교사로 나가 있는 한 여성이 지난주에 전화를 걸어 왔는데, 그는 울먹이면서, 지난 한 해 동안은 자녀들에게 어려운 문제들이 있어서 선교 사역에 좀체 시간과 에너지를 들일 수가 없었다고 했습니다. 그녀는 그 한 해를 잃어버렸다고 한탄하고 있었습니다. 그러면서 자기 남편은 선교 사역에서 열매가 풍성하고, 그 일을 진정으로 즐거워하고 있다고 덧붙였습니다.

대화를 나누면서, 나는 그녀가 알고 있었던 사실을 상기시켜 주었습니다. 알면서도 그 힘든 기간 동안 잊고 있었던 사실이었습니다. 그 한 해는 아무 열매도 없는 해가 아니었습니다. 그녀는 자신의 삶에서 가장 높은 우선 순위를 차지하는 것 세 가지에 시간과 에너지를 투자했던 것입니다. 바로 하나님을 사랑하고, 남편을 사랑하고, 자녀를 사랑하는 것입니다. 하나님께서 우리를 아내와 어머니가 되도록 부르셨다는 것을 기억할 때, 다른 책임들과 목표들은 우리의 가장 중요한 목적에 비추어서 올바른 위치에 둘 수 있습니다.

진정으로 당신의 남편을 사랑하는 법

성경에서 명하고 있는 대로 남편을 사랑하려면 어떻게 해야 합니까? 그것은 일생에 걸친 질문입니다.

하나님께서는 우리를 위해 그것을 분명하게 보여 주십니다. 에베소서 5:33에서는 "아내도 그 남편을 경외하라"고 말씀하고 있습니다. 다른 번역본을 참조하면, 남편을 경외한다는 것의 의미를 잘 알 수 있습니다.

그리고 아내는 자기 남편을 존경하고 공경해야 합니다.

[그를 주목하고, 존중하고, 귀하게 여기고, 경의를 표하고, 좋아하고, 받들어 모시고, 중요하게 여겨야 합니다. 그리고 아내는 지나칠 정도로 그에게 순종하고, 칭찬하고, 사랑하고, 그를 훌륭하게 생각해야 합니다.](Amplified Bible)

베드로전서 3:2은 "너희의 두려워하며 정결한 행위를 봄이라"고 되어 있는데, 역시 다른 번역본에서는 남편을 두려워한다는 말의 의미를 다음과 같이 보여 줍니다.

[당신은 경외에 포함되는 모든 것을 남편에 대해 느껴야 합니다. 즉 존경하고, 순종하고, 공경해야 합니다 – 경의를 표하고, 중히 여기고, 훌륭하게 여기고, 소중히 여기고, 그리고 인간적인 의미에서 그를 흠모해야 합니다. 다시 말해 남편을 칭송하고, 칭찬하고, 헌신하고, 깊이 사랑하고, 그리고 즐거워해야 합니다.]

이 모든 것을 당신이 해야 합니다!
당신은 두 손을 들며 "불가능해요!"라고 말할지 모릅니다. 그렇습니다. 하나님의 도우심이 없이는 불가능할 것입니다. 그러나 하나님께서는 능력 주시는 그리스도를 통해서 우리가 모든 것을 할 수 있다고 하셨습니다(빌립보서 4:13). 당신과 나는 하늘나라에 들어갈 때까지 결코 100% 이대로 살지는 못할 것입니다. 그렇다고 지금 이땅에서 그 말씀대로 살기 위한 노력도 하지 말아야 한다는 말은 아닙니다. 어떻게 하는 것이 그 말씀대로 사는 것입니까? 하나님께서 우리에게 원하시는 대로 남편을 사랑한다는 것은 과연 어떤 것입니까?

그를 존경하라

메리는 젊은 여성인데, 하나님께 순종하여 훌륭한 아내가 되기를 원하지만 어떻게 남편을 귀히 여길 수 있는지 갈등하고 있었습니다. "하지만 나는 그이를 존경하지 않아요"라고 그녀는 말했습니다. 계속 말을 이어나가는 그녀의 눈에는 낙담의 빛이 역력했습니다. "그이는 게으르고, 빈둥대며, 저녁 내내 TV만 봐요. 그리고 아이들과 나를 무시하고, 자기 외모에는 전혀 신경을 쓰는 것 같지도 않아요. 어떻게 그런 사람을 존경할 수가 있겠어요?"

진은 그녀보다 나이가 더 들고 경건한 여성입니다. 진은 잠깐 말없이 앉아 있다가 입을 열었습니다. "보세요, 이 명령은 순종할지를 우리 마음대로 선택할 수 있는 것이 아닙니다. 그러니 그 명령을 심각하게 받아들이도록 합시다. 명심해야 할 것은, 당신이 그를 존경해야 하는 것은 그가 존경받을 만해서가 아니라 하나님께서 명령하셨기 때문이라는 사실입니다. 당신이 남편을 존경해야 하는 것은 그를 위해서가 아니라 하나님께 순종하기 위해서이지요. 그 사실을 알면 얘기가 달라져요. 특히 하나님께서 당신에게 어떤 명령을 주시고서 그것을 행할 능력은 주시지 않는 경우가 없음을 기억하면요."

진이 보기에는 메리가 여전히 확신이 없었습니다. 그렇지만 계속 말을 이었습니다. "매일 당신의 기도 목록 맨 위에 남편을 존경할 수 있도록 은혜를 구하는 내용을 넣고, 이를 위해 기도하는 게 어때요?" 메리는 천천히 머리를 끄덕였습니다. 그 정도는 할 수 있었습니다.

진은 말을 이었습니다. "그리고, 남편에 대해 존경스럽게 생각되는 것이 있으면 낱낱이 적어 보는 게 어떻겠어요? 예를 들어 봅시다. 당신은 그 사람의 어떤 면 때문에 그와 사랑에 빠졌어요? 그는 잔디를 돌보세요? 차는요? 그는 당신과 아이들을 부양하기 위해 일을 하고 있으세요? 아이들에게는 다정하세요? 유머 감각은 있으세요? 교회에 헌금은 하세요? 친구들은 있으세요? 있다면, 그들은 그의 어떤 점을 좋아하세요? 목록을 다 작성했으면, 매일 아침 그것을 죽 읽어 보도록 하세요. 남편에 대해 부정적인 생각이 들면, 다시 읽으세요. 매주 한 가지씩 진정으로 그리고 구체적으로 남편을 칭찬할 수 있는 것을 찾아보십시오. 그렇게 하겠어요?"

"네, 한번 해보겠어요"라고 메리는 답변했습니다.

그때를 시작점으로 하여 메리와 남편의 관계는 완전히 새로운 차원으로 나아가게 되었습니다. 존경스러운 것에 대해 남편을 칭찬했을 때, 남편은 메리와의 관계에서 다른 영역에서도 더 열심히 노력하기 시작했습니다. 아시다시피 칭찬은 그런 능력이 있습니다. 엘리자베스 엘리어트의 말로 생각되는데, 당신이 결혼을 하면, 남편의 성격이나 행동의 80%는 좋아하겠지만 20%는 좋아하지 않을 것이라고 했습니다. 결혼 생활의 행복은 그 둘 중 어느 쪽에 초점을 맞추느냐에 달려 있을 것입니다. 정말입니다!

에드 휘트 박사는 다음과 같이 썼습니다.

하나님께서는 결혼을 설계하실 때, 남편은 아내의 인정, 자신이 아내에게 베푸는 모든 것에 대한 아내의 감사, 그리고 그의 남자다움에 대한 아내의 존경의 표현에 의지하도록 하셨다. 남편이 아내를 비난할 때 상처를 입힌다. 마찬가지로 남편이 자기에게 베풀어 준 것에 대하여 아내가 남편을 비난할 때도 상처를 입힌다.

"어진 여인은 그 남편의 면류관"(잠언 12:4 참조)이라는 말씀의 의미를 생각해 본 적이 있습니까? 이 말씀을 골똘히 생각해 보고 그것은 존경 및 공경과 관련이 많다고 결론을 내렸습니다. 면류관은 쓰고 있는 사람을 매우 특별한 사람으로 드러나게 합니다. 다른 말로 하면, 어진 아내는 남편이 특별한 사람이라는 느낌을 갖게 합니다. 면류관이 되는 방법 가운데 하나가 그를 존경하고 있다는 것을 여러 방법으로 알리는 것입니다. 그렇게 해보십시오! "여보, 나는 당신의 …한 면을 존경해요," 혹은 "나는 당신이 …를 잘하셔서 존경해요"라고 말하는 것을 습관화시켜 보십시오. (나의 경우에는 남편에 대해, "재정 관리를 잘해서," "하나님께서 원하시는 인도자가 되어서," "여행 계획을 잘 짜서," "내 스케줄대로 살 수 있도록 잘 도와주어서," "결정을 잘 내려서" 존경한다고 말하곤 합니다.) 이것들은 내가 남편에 대해 존경스럽게 생각하는 것 가운데 일부에 지나지 않습니다.

남편을 존경한다는 것은 또한 어떤 것들을 하지 않기로 의식적으로 선택하는 것을 뜻합니다. 남편에 대해 한 말이 그에 대해 부정적인 인상을 심어 주는 경우가 얼마나 많습니까? 예를 들어 보겠습니다. "그이는 오늘 아침에 기분이 아주 나빴어," "그이는 자기가 무엇을 사기로 결정할 때말고는 우리 예산에 대해 까다롭기 짝이 없어," "그이는 내 생일을 기억해 주는 적이 한 번도 없어" 등입니다. 남편을 존경하고 공경하는 대신, 그런 말을 함으로 그가 심한 결점을 가진 사람으로 보이게 합니다.

최근에 있었던 한 가지 일은 그런 말의 부정적인 영향을 다시 생각나게 해주었습니다. 친구와 나는 호숫가에서 멋진 저녁 시간을 갖고 있었습니다. 호수 위에 떠 있는 달이 물결 때문에 어른거리고 있었습니다. 그 모습이 너무나 아름답게 느껴진다고 하자, 친구는 "나도 그렇게 느껴"라고 했습니다. 그런데 잠시 후 "하지만 우리 남편은 절대로 그런 것을 느끼지 못할 거야"라고 덧붙이는 것이었습니다. 문득 낭만이라고는 모르는 험상궂은 얼굴이 떠올랐습니다. 그런데 나는 그녀의 남편을 한 번도 만난 적이 없습니다.

윌러드 할레이 박사에 따르면, 남자들에게는 기본적인 필요가 다섯 가지 있는데, 그중 하나가 칭찬을 받는 것입니다. 남편은 자기를 아내가 비길 데 없이 뛰어난 사람으로 여기고 있다는 사실을 알 필요가 있습니다.

남편에게 존경이 가지 않으면, 단둘이서 대화를 할 때나 다른 사람에게 남편을 말할 때, 남편을 인정해 주는 말을 해보십시오. 그에 대한 당신의 감정이 어떻게 바뀌는지 놀라움을 금치 못하게 될 것입니다.

그를 흠모하라

무엇을 해야 한다고요? 흠모라고요? 그를 존경하는 것으로 충분하지 않다는 말입니까? 그렇습니다. 우리는 진정으로 남편을 훌륭하게 생각하고, 칭찬하고, 그리고 그에게 헌신해야 합니다. 흠모는 의도적으로 가질 수 있는 감정은 아니지만, 흠모하고 있다는 것은 행동으로 표현됩니다. 그러므로 그 순서를 바꾸어 봅시다. 흠모의 행동을 하면, 흠모의 느낌을 낳지 않을까요? 그렇게 된다고 생각합니다. 그리고 혹시 그렇게 되지 않는다 해도, 주님께 하듯 한 우리의 행동은 하나님을 기쁘시게 할 것이며, 배우자와의 관계를 크게 향상시킬 것입니다.

새로 약혼을 하거나 결혼을 한 사람들은 대개 알아보기가 쉽습니다. 지난주에 우리 부부는 수양회에 참석했는데, 우리보다 넉 줄 앞에 앉아 있는 한 부부를 주목하지 않을 수가 없었습니다. 60대 후반으로 보이는 부부였습니다. 남편 되는 사람은 찬송가책을 가지고 찬송을 부를 때도, 강사가 하는 기도 시간에 일어서 있을 때도, 설교를 듣기 위해 앉아 있을 때도, 아내를 보호하듯 팔로 감싸고 있었습니다. 아내는 자주 남편을 올려다보았으며, 미소를 보내기도 했고, 남편은 종종 아내에게 몸을 기울여 뺨에 접촉하기도 하고, 귀에 뭔가를 속삭이기도 했습니다. 그들이 하는 모든 것이 사랑의 언어였습니다. 그날 오후 한 친구의 이동 주택차를 방문했는데, 우리가 눈여겨보았던 그 부부의 레저카가 가까운 곳에 주차되어 있었습니다. 친구가 "그 사람은 1년 동안 홀아비로 지내다가 결혼한 지 이제 두 달밖에 되지 않았어"라고 할 때 나는 놀라지 않았습니다.

흠모는 눈길을 주는 것, 접촉, 그리고 말투를 통해 표현되지만, 칭찬하는 것, 경청하는 것, 의견을 묻는 것, 아주 특별한 일을 해주는 것, 그가 얼마나 당신에게 중요한지를 수백 가지 방법으로 말해 주는 것 등을 통해서도 표현됩니다. 그러한 흠모는 결혼 생활 전체를 통해 이루어질 수 있습니다.

남편을 흠모하는 것에는 그와 함께 있기를 선호하는 것도 들어 있습니다. 선호한다는 말이 의미하는 것은 "자기가 좋아하는 것, 의견 등에서 어떤 것이나 사람을 앞에 두다, 더 좋아하다"입니다. 우리 부부가 인도하는 한 결혼 세미나에서, 참석한 여성들 가운데 많은 사람이 끊임없이 들락날락하는 것을 볼 수 있었습니다. 그 이유를 물어 보고야 알게 되었는데, 그들은 축구 게임으로부터 생일 파티에 이르기까지 온갖 것들을 위해 애들을 차로 태워다 주느라 자리를 뜬다는 것이었습니다. 엄마들은 그런 일을 해주는 게 때로 필요합니다. 그러나 그 세미나는 부부가 **함께** 특별한 주말을 갖는 기회입니다. 그런데 흔히 아내들은 부부가 함께하는 과제에 **빠지기**도 하고, 결혼 생활에 도움이 될 내용들을 듣지도 못했습니다. 그 주말에 많은 남편들과 대화를 나누었는데, 남편들은 "내 생각에는, 아내에게는 아이들이 최고의 우선 순위요, 대개 나의 필요보다 우선 순위를 차지합니다"라고 말했습니다.

퀴즈 시간입니다. 당신은 누구와 점심 식사를 같이 하고 싶습니까? 영화를 보러 갈 때는? 스포츠를 할 때는? 산에서 하루를 보낼 때는? 기도할 때는? 중요한 주제에 대해 토의할 때는? 남편이 업무적인 일로 여행을 떠날 때 누가 공항까지 바래다 줍니까? 퇴근하는 남편을 위해 차를 몰고 가기 위해 자는 아이를 깨우겠습니까? 남편이 "나와 함께 일을 좀 보러 가겠소?"라고 물을 때 "난 해야 할 더 중요한 일이 있어요"라고 자신을 변명합니까? 남편이 스포츠 프로를 볼 때, 단지 함께 있고 싶어서 그 옆에 앉아 본 적이 있습니까? 최근에 남편에게 의도적으로 찬사를 보낸 것은 언제입니까? 남편이 당신에게 얼마나 중요한지 보여 주려고 그를 위해 무슨 특별한 일을 한 적은?

틀림없이 모든 질문에 대해 긍정적인 답변을 하지는 못했을 것입니다. 하지만, 솔직하게 말해서, 일반적으로 당신은 남편과 같이 있기를 선호합니까?

누구와 함께 있는 것을 선호하려면, 그와 친구가 되어야 합니다. 가장 좋은 친구가 되어야 합니다. 만약 당신 부부가 최고의 친구 사이가 아니라고 생각된다면, 친구 관계, 결혼, 의사소통, 기질 등에 관한 책을 읽어 보십시오. 친구 관계는 계발됩니다. 남편과 친구가 되기 위해 노력하고, 시간을 들이고, 기도하고, 그 일에 우선 순위를 부여해야 합니다.

그를 즐거워하라

린다 딜로우는 자신의 저서에서 다음과 같이 썼습니다.

> 내 친구는 남편이 낚시광입니다. 신혼 시절, 그녀의 남편은 함께 낚시를 가자고 했습니다. 그녀는 '함께 즐기는 가족은 함께 머문다'라는 말을 들은 터라 같이 갔습니다. 그녀는 처음으로 낚시 바늘에 미끼를 꿸 때 구역질이 나서 꼭 토할 것만 같았다고 했습니

다. 대부분의 일이 그렇듯이, 그 일은 점점 더 쉬워졌고, 얼마 있지 않아 그는 눈을 감지 않고도 그 일을 할 수 있게 되었습니다!

여러 해가 지나고 네 자녀가 태어난 지금, 그녀는 남편이 흥미를 느끼는 것들에 자신이 흥미를 느끼게 된 것을 감사하고 있습니다. 최근에 그녀는 이렇게 말했습니다. "린다, 작년에 우리 부부가 가졌던 가장 멋진 시간이 언제인지 알고 있니? 그건 호숫가에서 아침 6시에 고기를 썼을 때였어. 아이들은 잠들어 있었고, 우리는 고기를 썼으면서, 마음속 깊은 곳에 있는 여러 가지 것들에 대해 이야기를 나누었는데, 평소에는 별로 대화를 나누어 보지 않은 것이었지. 난 그날 아침에 하나님께 감사를 드렸다. 내가 기꺼이 그 첫 미끼를 낚시 바늘에 꿰었던 것에 대해 말이야."

남편이 흥미를 갖는 것에 흥미를 갖는 것은 참으로 중요합니다. 우리 대부분이 알고 있는 것보다 더 중요합니다. 우리는 흔히 처음으로 사랑에 빠졌을 때는 흥미를 보이는 척합니다. (아마 정말로 흥미를 느꼈을 것입니다. 이는 우리가 그 사람을 사랑했고, 그의 흥미를 끄는 것은 무엇이든 우리의 흥미를 끌기 때문입니다.) 그러나 결혼을 하고 나면, 우리는 자신이 축구, 레슬링, 혹은 낚시를 정말로 좋아하지 않는다고 결론을 내립니다. 그래서 남편에게 그가 좋아하는 것은 친구들과 같이 하라고 부추기거나, 은근히 아예 그런 것들을 몽땅 그만두었으면 생각합니다.

에베소서 5:22에서 하나님께서는 아내들에게 "자기 남편에게 복종하라"고 명하셨습니다. 이 말씀이 필립스 역에서는 "자기 남편에게 맞추라"라고 되어 있습니다. 내가 굳게 믿는 바는, 하나님께서 여성들에게 그 명령을 주실 때, 그 명령을 따를 수 있는 능력도 주신다는 것입니다. 하지만 많은 여성들이, 남편이 즐기는 것을 즐길 수 있도록 하나님께 기도하는 것은 고사하고, 아예 시도도 해보지 않습니다. 하나님께 우리를 도와주시도록 기도하면, 뭔가를 할 수 있습니다.

작은 몸집을 가지고 있던 한 가수가 생각이 납니다. 그녀는 자기는 결혼하기 전에는 사다리에 올라가는 데도 현기증을 느꼈다고 했습니다. 그런데 등산을 좋아하는 사람과 결혼을 했다는 것이었습니다. 나는 놀라서 그녀를 쳐다보며 "그래서 어떻게 했어요?" 하고 물어 보았습니다.

그녀는 "기도도 하고 결심도 하면서, 지금은 그이와 함께 등산을 다닌답니다!"라고 대답했습니다.

내가 이것을 배우는 데는 많은 시간이 걸렸습니다. 남편과 나는 상대방이 즐기는 것을 즐기기 위해 노력해 왔습니다. 예를 들면, 나는 얼마 전에, 골프를 배우는 것 – 그리고 즐기는 것 – 에 대해 기도해 보기로 했습니다. 나는 골프를 하지 않는 데 대해 오랫동안 많은 핑계들을 가지고 있었습니다. (나는 세계에서 가장 운동을 못하는 사람들 중 하나입니다. 거의 모든 스포츠에서.) 그러나 그때 남편이 무릎을 다치는 바람에 내가 즐기는 테니스와 그 밖의 다른 운동을 그만둘 수밖에 없게 되었습니다. 나는 두 가지를 위해 기도하기 시작했습니다. 골프 코스에서 심한 창피를 당하지 않을 정도의 실력을 쌓게 해주시고, 게임을 즐길 수 있게 해주시도록 기도한 것입니다.

　나는 레슨을 몇 번 받고 시작했습니다. 처음에는 야외의 아름다운 경치를 보는 것이 즐겁고 남편과 함께 있다는 것이 즐거웠지만, 지금은 진정으로 게임을 즐기고 있습니다. 아직 실력은 진짜로 형편없습니다. 어쨌든 남편과 골프를 함께하는 것은 우리의 행복이라는 케이크에 맛있는 크림을 입히는 것이 되었습니다.

　그러나 즐기는 것에는 또 다른 요소가 있습니다. 어떤 부부는 상대방이 가지고 있는 신경 거스르는 버릇 때문에 서로를 즐기지 못하고 있습니다. 배우자의 행동에 잘 드러나는 무슨 결점이 있어서 그와 함께하는 것을 진정으로 즐기지 못하게 되는 것입니다. 다음과 같은 말을 들은 적이 있습니다.

　"외식을 하러 나가도 즐겁지가 않아요. 남편의 식사 매너가 너무 형편없기 때문이에요."

　"아내는 하도 횡설수설하기 때문에 함께 대화를 할 수가 없답니다."

　"함께 살아온 지난 세월 동안, 아내는 나를 칭찬한 적이 한 번도 없습니다."

　"그이는 늘 제게 화가 나 있는 것 같아요."

　"아내는 너무나 옷차림에 신경을 쓰지 않습니다. 매력적으로 보이려는 시도조차 안 해요."

　"축구를 빼고 나면 남편과 대화할 거리가 없어요."

　내가 열거한 것들을 읽을 때, 공감이 되는 것이 있었습니까? 당신도 첨가할 것이 있었습니까? 있었다면, 그것에 대해 어떻게 하겠습니까? 하나님의 말씀은 이 문제 해결의 실마리를 제공합니다. 잠언 27:17은 "철이 철을 날카롭게 하는 것같이 사람이 그 친구의 얼굴을 빛나게 하느니라"라고 말합니다. 결혼의 목적 가운데 하나는 서로를 날카롭게 하여 부부가 더 예수님을 닮아 가고 삶에서 하나님의 영광을 나타내는 것입니다. 이를 위해서는, 부정적인 것들을 다루어야 합니다. 물론, 부정적인 것들을 다루려면 두 사람 모두의 성숙이 필요합니다. 두 사람 모두 관계를 발전시키기 위해 노력하며, 기꺼이 변화하고자 하는 열망을 가져야 합니다.

당신은 '하지만 남편은 경청하거나 변화하려는 마음이 없어요'라고 생각할지도 모르겠습니다. 이런 경우에 당신이 할 수 있는 것이 한 가지 있습니다. 그를 위해 기도하는 것입니다. **진정으로** 그를 위해 기도하는 것을 말합니다. 당신이 그에게 시정을 요구하고 싶은 모든 것을 기도 목록에 올리고 그를 위해 기도하십시오. 무엇보다도, 당신이 그를 사랑하고, 용납할 수 있도록 기도하며, 하나님께서 능력을 주사 당신이 그에게 맞추며 지금 당신의 신경을 건드리는 것들을 관용(심지어 사랑)할 수 있게 해주시도록 기도하십시오. 그리고 나서 그가 마음을 열고 그런 것들에 대해 대화를 나눌 수 있게 해주시도록 기도하십시오. 무엇보다도 우선, 당신이 그의 신경을 건드리는 행동을 기꺼이 고칠 수 있도록 기도하십시오. 비록 그는 당신이 달가워하지 않는 행동을 고치려는 마음이 없을지라도 말입니다. (죄악 된 행동에 대해 말하고 있는 것이 아닙니다. 그런 것을 용납해서는 안 되며, 경건한 상담자의 도움을 받아 해결해 나가야 할 것입니다. 여기서는 신경 쓰이게 하거나 달갑지 않은 버릇들에 대해 말하고 있습니다.)

당신은 남편을 변화시킬 수는 없습니다. 오직 하나님만이 변화시키실 수 있습니다. 이와 마찬가지로, 남편은 당신을 변화시킬 수 없습니다. 그러나 하나님께서는 변화시키실 수 있습니다. 그리고 하나님께서는 당신이 남편의 말에 기꺼이 귀를 기울이며, 그에게 마음을 열게 하실 수 있습니다. 하나님께서는 당신이 변화되도록 도우사, 당신을 함께 지내기에 즐거운 사람으로 만드십니다. 당신이 같이 지내기에 더 즐거운 사람이 되면, 당신의 남편 또한 당신을 위해 기꺼이 변화하고자 할지 모릅니다.

나는 당신이 결혼 생활과 관련한 매일의 기도 목록에 적어도 두 가지의 기도 제목을 올렸으면 합니다. 하나님께서 매일 남편을 향한 당신의 사랑이 깊어지게 하시며, 그에 대한 이해의 깊이를 더할 수 있게 해주시도록 기도하십시오. "이해하는 것이 사랑하는 것이다"라는 말이 있습니다. 일리가 있는 말입니다. 나는 남편에 대해 연구해 왔습니다 – 그의 장점과 단점, 개성과 성격, 영적 은사, 그가 좋아하는 것들과 싫어하는 것들, 그를 웃게 하는 것과 화나게 하는 것 등. 나는 남편을 연구하면서 그를 더 많이 사랑하게 되었을 뿐 아니라, 그를 더 즐거워하게 되었습니다. 우리 부부는 기질 분석 도구들을 여러 가지 사용했는데, 그것들은 도움이 되었습니다. 나는 결혼 생활과 의사 소통에 관한 수많은 책을 읽었으며, 의사 소통을 하는 기술을 발전시켜 왔습니다. 나는 또한 우리 부부가 가지고 있는 차이점들의 가치도 알게 되었습니다. 우리는 차이점이 많습니다.

권하고 싶은 것이 두 가지 더 있습니다. (1) 창의성이 풍부하신 하나님께 기도하되, 당신의 남편이 되게 하신 사람을 어떻게 하면 더 즐거워할 수 있는지 아이디어를 주시도록 요청하십시오. 하나님께서 당신 남편을 만드셨으며, 그래서 그 사람과 관계되는 지혜를 주실 것입니다. 그 사실을 믿을 수 있습니다. (2) 주위에서 결혼한 지가 꽤 되었고 남편을 사랑하는 것이 분명한 사람을 찾아보십시오. 그리고 그 사람과 친하게 지내십시오. 그 사람에게 당신을 돕고자 하는 마음을 주시도록 하나님께 기도하십시오. 그리고 그녀에게 당신과 만나 달라고 부탁하고, 만날 때는 질문 목록을 만들어서 만나십시오. 흔히 우리는 앞서 간 사람들의 도움으로 하나님과 그분의 말씀에 대한 이해의 깊이를 더하게 됩니다.

일생 동안 할 일

이 장에서는 남편을 사랑한다는 것이 무엇을 의미하는지 단지 대충 알아보았을 뿐입니다. 아직도 나는 나의 남편을 사랑한다는 것이 무엇을 의미하는지를 배우고 있는 중입니다. 찰리 쉐드는 "진정한 사랑에는 최대치라는 게 없다"고 썼습니다. 그 말은 사실입니다. 우리는 결코 사랑에는 어떤 측면들이 있는지, 얼마나 깊이 사랑할 수가 있는지를 다 알 수는 없을 것입니다. 당신이 에베소서 5:33과 베드로전서 3:2 말씀의 깊이를 탐구하는 데도 몇 개월이 걸릴 것입니다. 그러나 그 구절들은 시작하기에 좋은 구절입니다. 그 말씀대로 사는 것이 불가능해 보일지라도 낙심하지 마십시오. 그 대신, 당신이 하나님과 함께하게 될 하나의 모험으로 여기십시오. 실제로 그것은 모험입니다.

 이 글을 쓰고 있을 때, 우리 부부는 침실이 하나 딸린 조그만 콘도에 머무르고 있습니다. 캘리포니아 사막에 자리잡고 있는 콘도입니다. 남편은 침실에 있는 테이블 위에 자신의 컴퓨터를 설치했고, 나는 거실의 테이블에 있는 내 컴퓨터로 열심히 작업하고 있습니다. 한 단락을 다시 쓰기 위해 정신을 쏟고 있는데 오늘 아침에도 몇 번씩이나 남편은 "여보, 내가 알아낸 것 좀 봐!"라고 말했습니다. (그는 어떤 컴퓨터 프로그램에서 지름길을 알아내면서 재미있는 시간을 가지고 있습니다.) 나는 "잠시 기다리세요. 저는 지금 골똘히 생각 중이란 말이에요"라고 말하고 싶은 유혹을 받습니다. 그렇게 말하면 그이는 이해할 것입니다. 그러나 다음 번에 신나는 일이 있어서 나에게 보여 주고 싶을 때 혹시 나를 방해할까 봐 망설이게 될 것입니다. 나는 그가 망설이기를 조금도 원치 않습니다. 그래서 하던 일을 멈추고 무엇이 그를 그토록 신나게 하는지 알아보기 위해 갑니다. 늘 그렇게 했던 것은 아닙니다. (지금도 마찬가지입니다!) 그러나 그렇게 하는 것이 사랑을 보여 주는 한 가지 방법임을 배우고 있으며, 그런 일을 통해 계속 우리는 부부로서 더 가까워집니다.

 2천 년 전, 사도 바울은 아내의 우선 순위는 남편을 사랑하는 것이라고 썼습니다. 세월이 흘러도 결코 변치 않는 것들이 있습니다. 이 진리가 그런 것들 가운데 하나입니다.

성경의 진리를 당신의 것으로

다음 구절에 대해 **구절별 성경공부**를 하십시오.

- 에베소서 5:1
- 고린도전서 13:4-8
- 베드로전서 4:8

다음에는, 잠언 31:10-31에 대해 **장별 성경공부**를 하십시오. 전체 단락의 개요를 적고, 잠언 31장에 나오는 그 여인의 특성들을 목록으로 만들어 보십시오. 하나를 선택하여 개인적인 적용을 하십시오.

남편을 사랑하는 것에 대한 공부의 일환으로, 스스로 시험을 쳐보십시오, 당신 자신에게 물어 볼 질문 몇 가지가 다음에 나옵니다. (정직하십시오. 당신의 답변은 당신과 하나님밖에 모릅니다.)

- 최근에 남편이나 다른 사람이 무슨 권면을 하자 "저는 원래 그런 사람입니다"라고 말하거나 생각한 적이 있다면 언제입니까?
- 당신 삶에서 변화가 필요한 영역에 대해 당신은 남편이나 다른 사람의 권면에 얼마나 개방되어 있습니까?
- 최근 하나님께서 당신에게 변화가 필요한 어떤 영역을 보여 주신 적이 있습니까? (만약 그런 일이 자주 없다면, 그분께 경청하기를 중단했기 때문입니다!)

남편을 사랑하는 일에서 성장하기 위해 당신이 할 수 있는 것으로는 다음과 같은 것들도 있습니다.

- 당신의 삶이나 인격에 관해, 남편이나 다른 사람 혹은 하나님께서 고치라고 하신 것들을 위해 기도 목록을 만들어 보십시오. 그러한 것들을 고치는 구체적인 방법을 보여 주시도록 하나님께 요청하십시오.
- 남편과 함께 즐길 수 있는 흥미 거리들을 목록으로 만드십시오. 그리고 계발하기 위해 한 가지를 선택하는 일에 지혜를 주시도록 기도하기 시작하십시오.
- 당신과 남편이 함께 갖는 즐거운 시간을 더 많이 가질 수 있도록 기도하십시오. 이를 위한 아이디어를 하나님께 구하십시오.
- 당신 부부가 친구처럼 되는 면에서 발전하고, 계속 서로를 더 즐거워할 수 있도록 기도하십시오.
- 당신의 사랑을 향상시키기 위해 읽을 책들의 목록을 작성하기 시작하십시오. 적어도 매월 한 권씩은 읽도록 하십시오. 먼저 우리 부부가 쓴 **사랑 그 이상의 결혼**(네비게이토 출판사)을 읽어 보십시오. 도움이 되는 책들이 이외에도 많이 있습니다. 친구들에게, 혹시 결혼 생활에 도움을 준 책들이 있으면 추천해 달라고 하십시오.

제 8 장

자녀를 사랑함

멜로디는 한밤중에 일곱 살 난 딸 멜리사가 침실로 오자 잠이 깼습니다.

"애야, 무서운 꿈을 꾸었니?"라고 멜로디는 졸리는 목소리로 물었습니다.

"아니에요. 그냥 좀 이상한 느낌이 들었어요."

"어디 아프니?"

"엄마, 아니에요. 그냥 좀 두려운 느낌이 들 뿐이에요."

"잠시 내 침대로 좀 들어오지 그래?"

멜로디는 어린 딸을 팔로 감싸며 "이렇게 하면 좀 도움이 되니?" 하고 물었습니다.

멜리사는 바싹 달라붙는 것으로 답했습니다. 그리고 나서 만족하다는 듯이 "엄마" 하고 속삭였습니다. 몇 분 후 그 애는 안심이 되었는지 자기 침대로 돌아갔습니다.

멜로디는 자녀들을 사랑하는 법을 배웠습니다. 엄마인 내 동생 조이한테서 훌륭한 본을 보았으며, 다른 사람들의 본으로부터도 배웠습니다. 그러나, 내 생각에 거의 대부분은 하나님께로부터 배웠을 것 같습니다.

바울은 하나님의 감동을 받아 디도에게 편지를 쓰면서, 여성들이 배워야 할 것 중 하나는 자녀들을 사랑하는 것이라고 했습니다. 오늘날 경건한 본을 보면서 자라나는 여자아이들의 숫자는 점점 줄어들고 있습니다. 어떤 아이들은 엄마 아빠 사이의 사랑이든, 혹은 부모와 자녀 사이의 사랑이든, 가족들 사이의 사랑을 본 적이 없습니다. 혹은 사랑 많은 부모 밑에서 자라났다 해도, 그 부모들은 그리스도인이 아닌 경우가 많습니다. 그 결과 그 아이들이 커서 부모가 되어도 그리스도 안에서 성장하도록 자녀들을 돕는 법은 알지 못합니다. 그럼에도, 하나님께서는 그리스도인 엄마들에게 자녀들을 사랑하라고 명하셨습니다. 이는 그들이 자녀 사랑하는 법을 배울 수 있다는 것을 의미합니다.

진정으로 자녀들을 사랑하는 법

사랑은 배스킨라빈스 아이스크림보다 더 많은 종류의 향취를 가지고 전달됩니다.

때때로 사랑은 엄해야 합니다. 용납해서 안 되는 행동에 엄한 태도를 취하는 것과 같습니다.

때때로 사랑은 과단성이 있습니다. 어떤 경우 '다른 애들의 부모'와는 다르게 행하기도 하는 것과 같습니다. 우리 딸 린이 열다섯 살 때의 일입니다. 그 애는 늘 밤 11시까지는 귀가하기로 정해져 있었습니다. 그 애의 친구들 중에 그 애만큼 귀가 시간이 빠른 사람은 없었습니다(적어도 그 애의 말에 따르면). 어느 토요일 밤 자정에 그 애의 전화가 왔는데, 남자 친구와 함께 파티에 참석했다가 약간 늦게 나왔고 타이어까지 펑크가 났다는 것이었습니다. 나는 자지 않고 그 애들이 올 때까지 기다렸습니다(남편은 출타 중이었습니다). 마침내 새벽 1:30에 그 둘이 도착했을 때, 나는 그 남자아이에게 "린이 제 시간에 집에 도착할 수 있도록 일찍 파티 장소에서 나와야 할 책임은 네게 있다"고 단호하게 말해 주었습니다. 그 애가 일그러진 얼굴을 하고 떠나고 나자, 린은 "엄마!!! 그 애는 다시는 나를 만나자고 하지 않을 거야!" 하면서 울었습니다. 하지만 그 애는 린과 그후에도 만났고, 그때부터는 린을 제 시간에 집에 데려다 주었습니다.

때때로 사랑은 부드럽습니다. 자녀들이 상처를 입었을 때 함께 울어 주고, 그들이 심각하게 여기는 것을 심각하게 받아들여 줍니다. 린이 5학년일 때 그 애가 처음으로 좋아했던 남자아이가 못 본 체할 때 얼마나 슬퍼했는지가 기억납니다. 훗날 린은 내가 "애야, 너무 신경 쓰지 마. 그건 단지 풋사랑이란다"라고 하지 않아 너무나 고마웠다고 했습니다. 다행히 나는 "단지 풋사랑"도 얼마나 상처를 주는지를 기억했고, 그래서 그 애의 감정을 이해하고 같은 심정으로 함께해 주었습니다.

때때로 사랑은 재미있기도 합니다. 한번은 멜로디가 자기 애들과 함께 아이스크림을 먹다가 애들에게 눈을 감고 입을 벌려 보라고 했습니다. 애들이 그렇게 하자, 그녀는 휘저어 거품을 낸 크림을 애들 입 속 가득히 뿜어 넣어 주었습니다. 그리고는 모두 함께 깔깔대며 웃었습니다!

훌륭한 엄마라고 생각되는 멜로디와 손자와 린에게 어떻게 자녀들에게 사랑을 나타내는지 말해 달라고 했습니다. (그 세 사람의 자녀를 합치면 여덟 명이고, 나이는 7살부터 22살까지입니다.) 현명하고 다양한 답변들이 나왔습니다.

- "애들이 두려워하면 위로해 줘요. 나는 애들이 두려워하는 이유를 무시하지 않으려고 해요. 바보가 아닌 이상 두려워할 필요가 없는 그런 경우가 아니라면 말이에요."
- "내가 잘못했을 때는 사과를 해요."
- "애들의 아빠를 사랑합니다."
- "애들과 함께 시간을 보내면서 그들이 원하는 것들을 같이 해줘요. 애들은 하기 싫은데도 나하고 같이 해야 할 일들도 많아요. 하지만 그런 일을 하고 나서는 우리는 함께 공원에 가거나, 도서관에 가거나, 그 애들의 친구 집에 가거나 합니다."
- "애들이 잘하고 있는 것을 더 잘 하도록 격려해 줘요. 단지 겉치레를 위한 말이 아니라 진심이 담긴 칭찬을 구체적으로 해줍니다."
- "우유를 엎지르는 것과 같은 사소한 일에 대해 애들에게 화를 내지 않기로 했어요. 아무리 자주, 아무리 많이 엎질러도 말입니다. 나는 그냥 그것을 훔치면서 애들과 대화를 계속합니다." (그것은 절제를 필요로 합니다!)
- "우리 부부는 아이들이 흥미를 보이는 것을 함께 해요.

우리는 축구에 대해 많은 것을 배웠으며, 경기가 있을 때마다 보러 가지요. 우리 부부는 애들의 친구들을 알기 위해 힘썼으며, 그 애들을 집에 초대하여 파티를 열어 주기도 해요. 우리는 집에서 규칙을 하나 가지고 있습니다. '누가 우리 집에 세 번 오면, 우리 가족으로 간주되며, 모든 특권과 함께 책임도 진다'라는 규칙이지요. 그 결과, 나는 각각 네 개의 조항으로 된 규칙 두 가지를 가지고 있어요. 하나는 우리 아들을 위한 것이요, 하나는 딸을 위한 것입니다."

- "우리는 애들을 사랑하고 있다는 것을 말로 표현하고, 몸으로 보여 줍니다. 간단하지만, 효과적입니다."
- "나는 여러 가지 것들에서 자녀들의 도움을 받아요. 그렇게 하면 일이 더 오래 걸리기도 하고, 결과가 이상적인 것과는 거리가 좀 있는 경우도 자주 있지요. 하지만 이를 통해, 내가 자기들의 도움을 원한다는 것과 자기들과 함께하는 시간을 귀중히 여긴다는 것을 보여 준답니다."
- "나는 그 애들이 자신들의 강점들을 발견하도록 돕고, 몇 가지 영역에서 뛰어나도록 도와요. 그것이 체스일 수도 있고, 음악, 스포츠나 그림 같은 것일 수도 있어요."
- "우리는 그들을 한 인격체로 예우해 줍니다. 이를 위해, 내려다보는 듯한 태도를 취하지 않으며, 그들을 존중히 여깁니다. 작은 예로는, 그들의 침실 문에 노크를 하고, 응답을 기다렸다가 그 방에 들어가지요. 그리고 애들이 우리 부탁을 들어 주면 감사를 표현하고, 우리도 그들에게서 똑같이 예의바른 행동을 기대합니다."

잠시 시간을 내어 당신은 어떻게 자녀들을 사랑하고 있는지 생각해 보십시오. 두 가지 목록을 만들어야 할 것입니다. 하나는 지금 사랑을 나타내고 있는 방법들을 기록한 것이오, 다른 하나는 사랑을 나타내기 위해 앞으로 배우고 싶은 방법들을 기록한 것입니다.

자녀들에게 시간을 많이 투자하라

　시간은 가장 소중한 자원 중 하나입니다. 이러한 시간을 아낌없이 주는 것만큼 사랑을 잘 보여 주는 것도 없을 것입니다. 자녀들에게 해줄 수 있는 가장 좋은 것은 당신을 원하거나 필요로 할 때 즉시 기쁨으로 함께해 주는 것입니다.

　재너가 어느 날 밤 10시 30분, TV에서 한 스낵 회사의 광고를 보고 있을 때였는데, 함께 있던 열세 살 먹은 딸애가 배가 고프다고 했습니다. 재너는 "가자!"라고 하더니, 그 광고에 나오던 회사의 가게로 딸과 함께 웃음꽃을 피우며 달려갔습니다. 스낵을 먹기 위해서였습니다. 다른 가족들도 그 즐거움에 참여하고 싶어했지만, 이 시간은 그들 두 사람만을 위한 것입니다. 재너는 그런 기회를 '열린 창'이라고 부릅니다. 그리고 그녀는 피곤하거나 바쁠 때도 그런 기회가 나면 놓치지 않습니다. 늘 있는 기회가 아님을 알기 때문입니다.

　캐시의 열다섯 살 먹은 아들은 아직도 밤늦게 가끔 엄마를 불러 "엄마, 와서 이불 좀 덮어 주세요!"라고 말하곤 합니다. 그녀는 웃으면서 "이불 길이가 맞지 않는데 어떻게 이불을 제대로 덮어 줄 수가 있겠니?"라고 말합니다. (그 아들은 키가

180cm가 넘습니다.) 그러나 그녀는 아들이 무슨 말을 하고 있는지 압니다. 그것은 "엄마, 이리 와서 저와 이야기 좀 나눠요"라는 의미인 것입니다. 그래서 그들은 온갖 것들에 대해 대화를 나눕니다.

   자녀가 한 명뿐이 아니라면, 각 아이와 개인적인 시간을 가져 주고, 관심을 쏟도록 하십시오. 어려운 일이라는 것은 압니다. 그러나 중요한 일입니다. 나는 남자 형제와 여자 형제가 하나씩 있었습니다. 그래서 부모님과 개인적인 시간을 갖는 일이 드물었습니다. 그러나 엄마가 나만 데리고 댐으로 소풍을 갔던 기억이 아직도 생생합니다. (그때 넘어져 젖은 바지를 바위 위에 널어 말렸던 기억이 납니다.) 그리고 아빠가 4H 클럽에서 가는 여행에 나만 데리고 갔던 기억도 납니다. 그런 날들은 나에게 특별한 날이었습니다. 엄마나 아빠를 독점할 수 있기 때문입니다.

   우리 딸 린은 자기 아들인 에릭이 대학에 들어간 후 처음으로 맞이하는 성탄절 휴가 때 아들을 데리고 점심 식사를 하러 갔습니다. 그 애가 아들과 데이트하는 것이 보기 좋다고 했더니, 그 애는 씽긋 웃으며 "다 엄마한테서 배운 거예요"라고 했습니다. 그 말을 듣자, 린의 가족이 멕시코에 있을 때 우리 부부가 그곳을 방문했던 기억이 났습니다. 방문할 때마다 으레 나는 린을 데리고 점심 식사를 하러 가고, 사위를 데리고 아침 식사를 하러 가며, 외손자인 에릭을 데리고 그 도시에 있는 산으로 도보 여행을 가고, 외손녀인 써니를 데리고 시장을 가곤 했습니다. 내가 알게 된 것은, 그렇게 할 때, 모든 가족이 함께 있을 때와는 전혀 다른 것들에 대해 대화를 나눌 수 있다는 것이었습니다.

자녀에게 질적인 시간을 내줄 수 있는 구체적인 방법들을 소개합니다.

- 자녀들에게 책을 읽어 주고, 함께 읽고, 그들이 나이를 먹어 가면, 당신을 위해 좀 읽어 달라고 합니다.
- 시간을 내어 자녀들에게 이야기(모든 종류의 이야기)를 해줍니다. 당신이 어렸을 때의 이야기, 그들이 태어날 때의 이야기, 그들이 아기 시절에 했던 일에 대한 이야기 등. 이야기를 지어서 해주십시오. (당신이 잘하지 못해도, 애들은 좋아할 것입니다!) 린이 세 살일 때 우리와 같이 살았던 한 아가씨는 "친절한 늑대 조지"라는 이야기를 만들어 들려주기 시작했습니다. 그녀가 이사를 한 후, 내가 그 이야기를 계속 진행시켰습니다. 나의 손자 손녀도 조지의 팬이 되다시피 했습니다!
- 자녀들과 게임을 합니다. 고리 던지기, 캐치볼, 혹은 가족 전체가 함께할 수 있는 게임을 하십시오. 아이들이 좋아하는 게임도 함께하십시오. 어떤 게임은 따분합니다. 그러나 자녀들은 그렇게 느끼지 않습니다.
- 자녀가 참여하는 모든 연주회, 연극, 독주회, 웅변 대회, 스포츠 행사, 학교 프로그램에 참석하십시오. 그들이 당신에게 사랑받고 있다고 느끼기를 원한다면, 그들과 함께 있고, 성원을 보내 주는 것이 너무나 중요합니다.

사랑으로 그리고 일관성 있게 훈련하라

자녀를 훈련하는 법에 관해 쓴 책이 많이 나와 있습니다. 그러나 필수적인 규칙은 몇 가지뿐이라고 생각합니다.

거절할 때는, 정말로 거절하라

내가 자라난 조그만 도시에는 그야말로 "사내 녀석다운" 아들 세 명을 둔 어머니가 있었는데, 그녀는 그들을 훌륭하게 키웠습니다. 억세고, 모험심 강하고, 설치기 좋아하는 아이들이었지만, 그럼에도 그 애들은 예의바르고 순종을 잘했습니다. 그 비결을 묻자, 그녀는 이렇게 말했습니다. "나는 안 된다고 해야 할 때가 아니면 안 된다고 하지 않아요. 그러나 안 된다고 했으면, 그것은 안 되는 거예요."

한 젊은 엄마와 앉아서 이야기를 나누고 있을 때, 그 말이 생각났습니다. 그녀의 어린 딸이 방안에서 시끄럽게 놀고 있었습니다. 이야기는 다음과 같이 진행되었습니다.

엄마: 아래층으로 내려가서 놀아라. 엄마는 아줌마와 이야기를 나누려고 해. (그녀는 마치 벽에다 대고 이야기하는 것 같았습니다. 아이는 계속 시끄럽게 놀았습니다.)

엄마: 아래층으로 내려가서 놀라고 했어. (그 아이는 들은 척도 않았습니다.)

엄마(매우 단호하게): 내 말 못 들었니? 아래층으로 내려가 놀란 말이야!

아이: 그래도 나는 여기서 놀고 싶은데.

엄마: 너 때문에 우리가 자꾸 신경이 쓰이잖아. 아래층에서

놀아라.

그 아이는 마침내 아래층으로 내려가는 계단을 반쯤 내려가다, 잠시 멈추어 있더니, 다시 되돌아와 놀기 시작했습니다. 그 엄마는 미안하다는 듯이 어깨를 머쓱하며 미소를 지었습니다. 우리는 대화를 계속했습니다. 사실, 그 아이는 그렇게 심할 정도로 우리 주의를 흩뜨리지는 않았습니다. 그러나 그 엄마는 명령을 한 이상, 실행되도록 하는 것이 필요했습니다.

부모들은 자녀들의 각 성장 단계에서 집에서 무엇을 강조할 것인지 함께 결정해야 합니다. 우리 딸 린이 세 살 때 우리가 준 지침 가운데 하나는 혼자서 한길을 건너지 말라는 것이었습니다. 우리 집은 막다른 골목 안에 자리잡고 있었습니다. 그 애는 그 골목 안에서는 마음대로 놀아도 되었습니다. 그러나 한길 건너편으로 건너가는 것은 금지되어 있었습니다.

린이 열네 살일 때는 물론 규칙들이 달랐습니다. 그 애는 혼자서 한길을 건너도 되었습니다. 그러나 외출할 때는 행선지를 우리에게 알려야 했고, 귀가 시간이 분명하게 정해져 있었습니다. 우리는 쓸데없는 규율을 만들어 그 애를 낙심케 하는 일이 없도록 노력했습니다. (어쨌든 그런 규율을 만든 적이 있기는 할 것입니다!)

골로새서 3:21은 아버지들에게 "너희 자녀를 격노케 말지니, 낙심할까 함이라"고 말합니다. 아무 규칙도 없는 것과 너무 많은 규칙을 만드는 것. 이 둘 다 자녀들의 마음을 상하게 하며, 분노케 하며, 그 결과 그들을 낙심시킨다고 생각합니다. 내가 가지고 있었던 지침 가운데 하나는, 어떤 규칙을 린에게 설명하여 이해시킬 수 없다면(그 애가 반드시 동의할 필요는 없음), 그 규칙 자체를 다시 평가한다는 것이었습니다.

불순종에 대해서만 징계하라

엄마들이 자녀들과 하루를 지내고 나서, 하루 동안 자신이 했던 말을 다시 들어 볼 수 있다면, "하지 마라!"라는 말을 얼마나 자주 하는지를 알고 충격받을 사람이 많을 것입니다. 그들은 자기들이 꾸짖고, 나무라는 눈초리로 쳐다보고, 심지어 애초에 금한 적도 없었던 것을 했다고 회초리로 으름장을 놓기도 하는 것을 보고 깜짝 놀랄 것입니다. 예를 들면, 엄마는 아이가 깨끗한 마루에 흙 발자국을 남겼다고 꾸짖습니다. 그러나 한 번도 "들어오기 전에 발을 닦고 들어오너라. 엄마가 금방 마루를 닦았단다"라고 말하지 않았습니다. 만약 그렇게 말했는데도, 아이가 발을 닦지 않고 들어왔다면, 그것은 불순종이며, 적절한 징계가 필요할 것입니다.

그러나 엄마는 아이가 생각해 내는 모든 것을 예견할 수는 없는 법입니다. 그렇지 않습니까? 린이 초등학교에 다닐 때의 일입니다. 그 애는 나를 놀라게 해주기로 마음먹고, 오래 된 양초들을 한꺼번에 냄비에 많이 녹여 새로운 양초를 만들기로 했습니다. 녹인 것이 너무 걸쭉한 것 같으니까 물을 그 왁스에다 부었고, 냄비 안이 엉망이 되었습니다. 겁이 난 린은 그 범벅을 모두 싱크대에 설치되어 있는 쓰레기 분쇄기에 부었습니다. 내가 부엌으로 들어가니 싱크대는 물과 왁스 조각으로 가득 차 있어서, 넋을 잃을 정도였습니다. 그러나 나는 린에게 한 번도 양초를 만들거나, 왁스에 물을 첨가하거나, 그 뒤섞인 것을 싱크대에 붓지 말라고 말한 적이 없었습니다. 그것은 내

쪽에서의 인내가 필요한 상황이지, 징계가 필요한 상황이 아니었습니다. 그 애는 잘 몰라서 한 것이지, 나에게 불순종한 것이 아니었기 때문이었습니다.

다음에 화가 나고 꾸짖고 싶을 때, "이것은 나에게 불순종한 것인가, 아니면 단지 나를 불편하게 한 것인가?" 하고 자신에게 물어 보십시오. 불순종에 대해서는 징계를 가하십시오. 불편하게 한 것에 대해서는 참을성을 발휘하십시오. 비록 싱크대를 못쓰게 되는 것처럼 큼직한 일이라도!

사랑 안에서 적절한 징계를 가하라
여기서는 각 자녀들의 특성을 아는 것이 필수적입니다. 어떤 아이들은 한 번 쳐다보기만 해도 겁을 먹습니다. 그런가 하면 좁은 골방에 가두어 놔야 엄마 말에 주의를 기울이는 아이들도 있습니다. (문자 그대로의 의미는 아닙니다!) 슬하에 어린 자녀 다섯 명을 둔 어떤 부부를 방문한 것이 기억납니다. 그 부모와 내가 대화를 나누고 있을 때, 유아용 변기 의자에 앉아 있던 어린 딸은 즐겁다는 듯이 크레용으로 벽에 그림을 그리고 있었습니다. 애 아빠 되는 사람이 마침내 그 아이가 하고 있는 것을 알아채고는 나와 나누던 대화를 잠시 멈추고 그 애에게 가서, "브렌다, 엄마 아빠가 벽에다 그림을 그리지 말라고 했는데"라고 말했습니다. 그리고 나서 그 애를 번쩍 안아 올리더니, 나무로 된 조그만 회초리를 들고, 지하층으로 데려갔습니다. 그 애가 우는 소리가 내 귀에도 들렸습니다. 그리고 그는 딸아이를 위층으로 데리고 와서 울음을 그칠 때까지 꼭 껴안아 주었습니다. 그렇게 하면서 그는 작은 목소리로 다정하게 계속 "브렌다야, 아빠는 널 아주 사랑해. 하지만 아빠 말을 들어야지"라고 말했습니다. 아이의 흐느낌이 진정되었을 때, 아버지와 딸은 한동안 꼭 껴안고 있었고, 모든 것이 잘 해결되었습니다. 나는 그처럼 아름답게 살아가는 가족을 본 적이 없습니다. 오늘날 다섯 아이들은 다 훌륭하게 성장하여 주님을 섬기고 있습니다.

멜로디는 이런 이야기를 해주었습니다. 아들이 거짓말을 하다 발각되었는데 경고를 해도 효과가 없자, 그 죄에 알맞은 벌을 주기로 남편과 함께 결정했습니다. 그들은 하루 종일 그 애가 하는 말은 하나도 믿어 주지 않았습니다. 그 애가 다시 거짓말을 한 것이 드러나자, 꼬박 이틀 동안 그 애가 무슨 말을 하든 믿어 주지 않았습니다. 그렇게 하자 그 애는 좌절감을 느껴 눈물을 흘렸습니다. 신뢰받고 싶었기 때문입니다. 그러나 그 부모는 "신뢰라는 것은 삶을 통해 얻어야 하는 것인데, 네가 신뢰를 깨뜨렸으니, 우리가 어떻게 네 말을 믿을 수 있겠니?"라고 했습니다. 그 이후, 그런 벌을 다시는 줄 필요가 없었습니다!

당신의 확신을 본으로 보이라

본을 통해 진정으로 가장 잘 가르칠 수 있습니다. 당신이 집에 있으면서도, 자녀더러 전화한 사람에게 "내가 집에 없다고 해"라고 하라고 시킨다면, 결코 그 애에게 정직을 가르치지 못할 것입니다. 당신 자신이 영상 매체들을 통해 쏟아지는 시시하고 쓰레기 같은 내용들을 시청하고 있다면, 결코 아이들이 그런 것을 보지 못하게 돕지 못할 것입니다.

내가 식료품 가게에서 거스름돈을 더 많이 받아 왔을 때 보았던 아버지의 표정이 지금도 눈에 선합니다. 나는 수지 맞았다고 생각하고 있는데, 아버지는 이렇게 말씀하셨습니다. "캐롤, 네가 5센트를 몰래 가지든, 백만 달러를 몰래 가지든, 그건 똑같단다. 얼마를 몰래 가졌든, 그 사람은 도둑이 되지." 그 말씀이 평생 동안 내 머리 속에 새겨져 있었습니다. 한번은 어느 모텔의 자동판매기에서 막대 사탕과 아이스캔디를 와르르 쏟아 내기 시작하자 우리 가족은 횡재했다고 생각했는데, 그때도 내 마음속에 아버지의 그 목소리가 분명하게 들렸습니다. 그래서 그 횡재로 인해 우리 마음은 부담이 되었고, 그 일을 프런트에 알렸습니다. 그 사람들은 믿을 수 없다는 듯한 표정으로 우리를 쳐다보더니, "그냥 가지세요!"라고 하는 것이었습니다. (우리의 정직에 대한 보너스였다고 생각합니다!)

로마서 12:2에서는 이렇게 경계하고 있습니다. "너희는 이 세대를 본받지 말고 오직 마음을 새롭게 함으로 변화를 받으라." 필립스 역에는 이 구절이 "당신 주위의 세상이 당신을 틀에 찍어 내게 하지 마십시오"라고 되어 있습니다. 세상은 우리를 세상의 틀에 찍어 내려 하고 있습니다. 세상의 틀에 우리를 맞추려 합니다. 우리로 하여금 우리의 도덕적 가치관에 위배되는 삶을 살도록 집요하게 압력을 가해 옵니다. 그리하여 압력에 못 이겨 우리는 조금씩 조금씩 타협하다가, 자신도 모르는 사이에 세상 사람들처럼 보고, 행동하고, 생각하게 됩니다. 그러나 하나님께서는 분명하게 명령하셨습니다. "너희는 이 세대를 본받지 말라."

하나님께로부터 자녀 양육법을 배우라

우리 부부는 결혼 생활을 위한 최고의 지침서는 언제나 성경이라고 자주 말합니다. 그리고 자녀 양육에 대한 최고의 지침서 또한 성경입니다. 소위 전문가라고 하는 많은 사람들이 하는 충고들은 서로 모순되어 부모들을 혼란에 빠뜨리기만 합니다. 그러나 애초에 아이들을 만드시고, 그리고 그들에 대해 죄다 알고 계신 분이 오직 한 분 계십니다. 성경에 있는 진리들은 모든 문화권에 살고 있는 모든 부모들을 위한 것입니다. 성경에 있는 권면, 경고, 명령, 지침들은 시간과 장소를 초월하며, 우리는 그것들에 생애를 걸 수 있고, 또 걸어야 합니다.

잠언에 초점을 맞추라

권하고 싶은 것이 있습니다. 잠언을 공부함으로 자녀 양육의 기술을 연마하기 시작하십시오. 잠언은 성품이나 인간 관계와 관계된 주제들로 가득 차 있으며, 여러 달을 투자하여 이 주제들을 파고듦으로 자녀 양육에 대한 지혜를 얻을 수 있습니다. 지혜를 가지고 있다는 것은, 지식, 경험, 그리고 명철을 토대로 올바로 판단하고 건전한 행동을 하는 능력을 지니고 있는 것입니다. 바로 그것이 부모 된 우리에게 필요한 것 아닙니까?

잠언 전체를 하루에 한 장씩 통독하는 것으로 시작해 보십시오. (한 달이 걸릴 것입니다.) 노트의 각 쪽에는 당신이 꼭 알아야 할 것이라고 생각되는 주제 7-8개를 기록하십시오. 한 장을 읽어 가면서, 각 주제에 대해 말하고 있는 구절들을 적도록 하십시오. 각 주제의 해당 구절들을 나열해 가는 일을 마쳤으면, 관찰한 것이나 결론을 한 단락으로 적고, 개인 적용을 하며, 더 나은 부모가 되며 자녀들에게 더 효과적으로 영향을 주기 위해 취해야 할 조치를 취하십시오.

공부해 볼 만한 주제들을 일부 다음에 소개합니다.

- 하나님의 징계 및 훈계(사랑과 징계의 연관성 포함) : 잠언 1:2-6, 3:11-12
- 부모의 징계(이유와 방법): 잠언 13:24
- 거짓말 : 잠언 12:19
- 혀(무엇을, 어떻게 말하며, 언제 입을 다물며, 언제 말을 해야 하는가): 잠언 10:11,18,19,21, 11:13, 12:15,25, 13:3, 18:2
- 경청함: 잠언 18:13
- 의를 추구함: 잠언 21:21
- 악을 떠남: 잠언 16:6
- 경건한 성품: 잠언 16:32, 17:9,27-28
- 지혜와 근신: 잠언 1:7, 2:1-6,10-12
- 하나님을 의뢰함: 잠언 3:5-6
- 마음을 지킴: 잠언 4:23
- 하나님의 말씀을 아는 것의 중요성: 잠언 7:1-3
- 교훈과 권고를 듣는 것의 중요성(하나님, 부모, 다른 사람들로부터): 잠언 9:9, 10:8, 12:15, 15:31
- 교만과 겸손: 잠언 3:7, 11:2, 13:10, 15:33, 16:18, 28:13
- 화목한 가정의 요소: 잠언 15:17, 24:3-4
- 일의 가치: 잠언 24:32-34

- 조언을 구하는 것: 잠언 15:22
- 친구 선택: 잠언 13:20, 17:9,17, 22:24
- 드리는 삶: 잠언 11:25
- 배우자에게서 찾아야 할 것: 잠언 12:4, 14:1, 31:10-31

어떻게 잠언을 공부하는지를 살펴보기 위해, '분노를 올바로 다룸'이라는 주제 – 대부분의 부모들과 자녀들에게 도움이 될 수 있는 주제 – 에 초점을 맞추어 봅시다. 당신이 공부하여 노트에 정리한 것은 다음과 같은 모양이 될 것입니다.

분노를 올바로 다룸

구절들:

잠언 13:3 "입을 지키는 자는 그 생명을 보전하나 입술을 크게 벌리는 자에게는 멸망이 오느니라."

잠언 13:10 "교만에서는 다툼만 일어날 뿐이라. 권면을 듣는 자는 지혜가 있느니라."

잠언 15:1 "유순한 대답은 분노를 쉬게 하여도, 과격한 말은 노를 격동하느니라."

잠언 16:18 "교만은 패망의 선봉이요, 거만한 마음은 넘어짐의 앞잡이니라."

잠언 16:32 "노하기를 더디하는 자는 용사보다 낫고, 자기의 마음을 다스리는 자는 성을 빼앗는 자보다 나으니라."

잠언 17:27 "말을 아끼는 자는 지식이 있고, 성품이 안존한 자는 명철하니라."

잠언 19:19 "노하기를 맹렬히 하는 자는 벌을 받을 것이라. 네가 그를 건져 주면 다시 건져 주게 되리라."

잠언 22:24-25 "노를 품는 자와 사귀지 말며 울분한 자와 동행하지 말지니, 그 행위를 본받아서 네 영혼을 올무에 빠칠까 두려움이니라."

잠언 29:11 "어리석은 자는 그 노를 다 드러내어도, 지혜로운 자는 그 노를 억제하느니라."

잠언 29:22 "노하는 자는 다툼을 일으키고, 분하여 하는 자는 범죄함이 많으니라."

관찰 / 결론:
분노를 다스리지 못할 때 나는 어리석은 자다.
말과 행동을 다스릴 때 나는 지혜로운 자다.

개인 적용:
하나님께서는 잠언 29:11 말씀을 통해 나의 마음에 말씀해 주고 계신다. 그 구절은 어리석은 자는 "노를 다 드러내지만" 지혜로운 사람은 그것을 잘 억제한다고 말한다. 내가 어떤 십대 소년이 운전하는 트럭 앞으로 무심코 차를 내밀었더니, 그 소년은 소리를 꽥 지르고, 욕을 퍼붓고, 뒤를 따라오며 계속 경

자녀를 사랑함   189

적을 울려 댔다. 나는 마음속으로 분노를 폭발시켰으며, 한 시간 가량이나 화가 부글부글 끓었다. 이번주에는 이 구절을 암송하고, 마음을 다스리기 위해 매일 기도하겠다.

다양한 주제들에 관해 잠언 구절들을 공부하고 기록해 나가십시오. 그리고 성경을 읽어 나갈 때, 해당되는 구절들을 계속 더해 가십시오. 마음속에 깊은 확신을 형성시켜 주시도록 계속 하나님께 기도하십시오. 그리고 그 확신들에 대해 배우자와, 영적 지도자와, 그리고 다른 경건한 부모들과 대화를 나누십시오. 그렇게 할 때, 자녀 양육과 관련한 당신 자신의 확신은 더 견고해질 것입니다.

* 자녀가 없는 독신 여성을 위한 제안: 당신 자신의 아이가 없다면, 한두 명 '입양'하는 것을 고려하고 있을지도 모르겠습니다. 당신 자신과 그 아이들을 위해서 말입니다. 아이들을 가까이서 보살피는 것은 인내와 오래 참음, 사랑, 온유, 그리고 비이기적 태도를 배우는 가장 놀라운 방법이 될 것입니다. 당신은 어떤 아이에게 글을 가르치는 일에 자원할 수도 있고, 교회의 탁아실 일을 도울 수도 있고, 한 달에 두 번 정도 아침에 친구 아이를 봐줄 수도 있습니다. 아이들을 가까이함으로 얻는 기쁨과 교훈들을 놓치지 않기 바랍니다.

우리 부부가 린을 키울 때, 우리는 하나님께서 지혜를 주시도록 끊임없이 기도했습니다. 우리 자녀들을 사랑하는 일에서는 지혜만큼 중요한 것이 없습니다. 하나님께서는 지혜를 구하면 주시겠다고 약속하셨습니다(야고보서 1:5 참조). 이 사실이 기쁘지 않습니까?

성경의 진리를 당신의 것으로

다음 구절에 관해 **구절별 성경공부**를 하십시오.

- 잠언 3:5-6
- 잠언 22:6
- 신명기 6:4-8

다음에, 고린도전서 13:4-13을 참조하면서, 자녀들에게 그런 종류의 사랑을 실천하기 위해 하루 한 가지씩 할 것을 목록으로 만들어 보십시오. 당신은 어떤 자질을 계발하는 것이 가장 필요합니까?

마지막으로, 자녀들을 위한 목표와 소원을 목록으로 만들어 보십시오. '목표'란 그것을 성취하기 위하여 내가 할 수 있는 것이 있는 경우를 말하며, '소원'은 내가 할 수 있는 것이 기도 밖에는 아무것도 없는 경우를 말합니다. 예를 들면, '자녀가 경건하게 성장하는 것'은 소원에 속합니다. 당신이 그렇게 만들 수는 없기 때문입니다. 기도할 수 있을 뿐입니다. 하지만 당신은 이 소원이 성취되는 것에 기여하기 위하여, 기도할 뿐 아니라 실천 가능한 목표를 세워 실행할 수는 있습니다. 목표는 당신의 능력 범위 내에 있는 것이어야 합니다. 예를 들면, 아이가 한 주에 한 구절씩 성경 말씀을 암송하게 돕는 것, 매일 성경을 1장씩 읽어 주는 것, 주일학교에 가도록 하는 것… 등입니다.

제 9 장

집안일을 잘함

"**집**을 보면 여러분이 어떤 사람인지 많이 드러납니다." 연사가 하는 이 말을 듣자 두려움을 느꼈습니다. 그녀는 설명을 계속해 나갔습니다. "여러분의 집이 얼마나 비싸냐, 가구가 얼마나 아름다우냐 하는 것을 말한 게 아닙니다. 집은 여러분의 질서 의식, 색깔 감각, 깔끔하고 청결한 정도에 관해 뭔가를 보여 준다는 말입니다. 이런 것들이 건물인 집을 가족들이 모여 사는 집으로 만듭니다."

선교사로 일하고 있는 어떤 남편은 자신이 관찰한 바를 다음과 같이 설명했습니다. "대부분의 여성들은 보금자리를 만드는 사람이지요. 가정을 필요로 하며, 가정을 갖기를 열망하는데, 그런 열망은 타고나는 것 같습니다. 그들은 지나치게 스트레스를 받지 않을 때까지만 집시 스타일의 삶을 살 수 있습니다." 제대로 알고 있는 사람입니다.

오래 전인 대학 시절, 한 선교사 부인을 만났는데, 그녀는 문명 세계로부터 수백 km 떨어진 밀림 속에서 살았습니다. 그녀는 모든 필수품을 당나귀에 싣고 운반해야 했지만, 세 가지 물건만은 어디를 가든 자기가 직접 가지고 다녔다고 했습니다. 그 세 가지란, 은으로 된 촛대와 아마(亞麻)로 된 식탁보와 그림 액자 하나였는데, 이 세 가지는 어떤 임시 가옥도 하나의 집으로 만들어 주었기 때문이었습니다. 그녀에게 있어서는 그랬습니다.

디도서 2장에서, 바울은 여성들은 남편과 자녀들을 사랑할 뿐만 아니라 집안일을 해야 한다고 했습니다(5절). 하나님께서는 우리 여성들에게, 보금자리를 만들며, 가정을 가지며, 건물인 집을 사람 사는 집으로 바꾸고자 하는 열망을 주셨고, 또 우리로 그런 필요를 갖게 만드셨습니다. 요즘은 집안일을 하는 사람이 되는 것에 대해 많이 듣지 못할지 모르나, 하나님의 말씀은 시대에 뒤떨어진 것이 아니며, 그러므로 이 말씀이 오늘날 우리에게 의미하는 바가 무엇인지를 살펴보며 이해할 필요가 있습니다.

집안일을 하는 사람이 됨

이 말을 들으면 틀림없이 많은 질문을 떠오를 것입니다. 그리고 첫 번째 질문은 두말할 필요도 없이, "집안일을 하는 사람이 된다는 말은 바깥일(예를 들면 직장 일)을 해서는 안 된다는 뜻인가?"라는 질문일 것입니다. 반드시 그런 뜻은 아닙니다. (이제 안도의 한숨을 쉬어도 됩니다!) 어떤 성경 말씀을 읽을 때, 그 구절의 주제와 관련된 다른 구절을 공부해야 그 구절의 진정한 의미를 이해할 수 있습니다. 이 주제의 경우에는, 잠언 31:10-31 말씀을 통해 통찰력을 얻을 수 있습니다.

잠언 31장의 여인은 정말로 훌륭한 여인입니다. 잠시 커튼을 젖히고 그녀의 적극적인 삶의 모습을 살펴보십시오. 먼저, 그녀는 양털과 삼을 구하여 그것으로 일을 하기 시작합니다. 그 일은 해야 하는 것이 아니라 원해서 합니다(13절의 "부지런히"라는 말은 "열망을 가지고"라는 의미도 갖습니다). 14절은 그녀가 멀리 몇 km나 떨어진 가게에 가서 양식을 가지고 온다고 했습니다. (아마 싼 가격에 좋은 물건을 살 수 있어서 그랬을 것입니다.) 계속 관찰해 보면, 그녀는 밤이 새기 전에 일어나는데, 이는 자기 가족들뿐만 아니라 종들에게도 식사를 제공하기 위해서입니다(15절). (왜 종들에게 그 일을 시키지 않았는지 궁금합니다.) 그녀를 살펴보면서, "그런 일이라면 어느 가정 주부들도 어느 정도는 합니다"라고 말할지 모르겠습니다. 하지만 더 있습니다! 잠언 31장의 여인은 모험이 따르는 바깥일 몇 가지를 하고 있습니다. 그녀는 부동산을 사고, 그것을 이익을 내는 포도원으로 만들며(16절), 뿐만 아니라 옷가게를 열고, 자기가 만든 물건을 내다 팝니다(24절). 이 여인에 대해 읽을 때마다, 나는 기가 죽습니다. 그녀는 집 안팎에서 일을 하며, 훌륭한 태도로 그 일을 합니다.

아마도 우리 모든 사람이 이 여인의 부지런함을 본받지는 못할 것입니다. 여자가 바깥일을 하는 것은 그 당시에도 금기로 간주되지 않았습니다. 집안일을 하는 사람이 된다는 것이 반드시 바깥일을 해서는 안 된다는 것을 의미하지는 않습니다. 하지만 내가 믿기로는, 아내가 바깥일을 할 것인지 결정하고자 하면 하나님께서 주신 우선 순위를 평가해 보아야 할 필요가 있습니다. 디도서 2장에 열거되어 있는 것에 따르면, 아내의 우선 순위는…

  하나님,
   남편,
    자녀,
     그리고 집안일입니다.

 혼자 되었으나 자녀를 키우고 있는 여성들은 분명 자녀들에게 하나님 다음으로 우선 순위를 둘 것입니다. 그러나 남편이나 자녀가 없는 여성들에게도, 바울의 가르침에 따르면, "집안일을 하는 사람"이 되는 것은 여전히 높은 우선 순위를 가지고 있습니다. 비록 우리는 직업상의 성취, 교육, 그리고 사역과 같은 항목을 삶에 채워 넣는 경향이 있지만, 그런 것은 디도서 2:3-5의 목록에 있지도 않다는 것을 알고 있습니까? 이 사실을 깨달았을 때, 나는 자신의 사역이나 바깥일은 집안일에 비해 중요성이 떨어진다고 결론을 내렸습니다. 그것이 사실이라면, 나는 바울이 진정으로 말하고자 했던 바를 아는 것이 중요했습니다.

당신은 바깥일을 해야 하는가

아내이자 어머니인 어떤 여성 – 하나님께 순종하는 삶을 살고자 하는 여성 – 이 "나는 바깥일을 해야 합니까?"라고 묻는다면, 잘못된 질문을 하고 있다는 생각이 듭니다. 먼저 해야 할 질문은, "우리에게 돈이 필요한가?"라는 것이 아니요, "나는 가정 주부가 되면서도 동시에 직업상의 성공을 추구할 수 있는가?" 하는 것도 아니며, "그 일은 나에게 보람을 주며, 하고 싶은 일인가?" 하는 것도 아닙니다. 흔히 이러한 질문들에 대한 답이 "그렇다"로 나오면, 그 일에 뛰어듭니다. 그렇게 물을 것이 아니라, "이것은 나의 삶을 위한 하나님의 뜻인가?"라고 물어야 합니다.

'하지만 하나님께서는 환경을 통해 인도하시지 않는가?'라는 생각이 들지도 모르겠습니다. 때때로 환경을 통해 인도하실 때도 있습니다. 하지만 항상 그렇게 하시거나, 주로 그렇게 하시는 것은 아닙니다. 하나님께서는 주로 그분의 말씀(시편 119:105), 마음의 평안(빌립보서 4:6-7), 다른 사람들의 조언(잠언 15:22)을 통해 인도하십니다. 만약 환경이 이 세 가지 기본적인 통로를 통해 보여 주신 방향과 일치한다면, 환경은 하나님의 진정한 뜻이 무엇인지를 확신하도록 도와주는 보너스와 같은 역할을 할 것입니다.

당신이 바깥에서 일을 하여 돈을 버는 것이 정말로 필요하다고 가정합시다. 그래서 당신 부부는 당신이 직장 생활을 해야 할 것인지에 대해 기도를 합니다. 만약 하나님께서 "아니다"라고 답변하시면 다른 방법을 통해 당신의 필요를 채워 주시되, 때로는 기이한 방법들로 채워 주기도 하실 것입니다. 그러나 "그렇게 하라"라고 응답하시면, 당신이 바깥에서 일을 하면서도 여전히 그분께서 보여 주신 우선 순위를 지킬 수 있도록, 당신에게 아이디어와 창의성과 능력을 공급해 주실 것입니다.

"집안일을 하는 사람" 혹은 "살림을 하는 사람"이라는 말을 들으면 무슨 생각이 납니까? 당신이 나 같은 사람이라면, 하얀 울타리로 둘러싸인 아담하고 조그만 집, 잘 가꾼 정원, 얼룩 하나 없는 깔끔한 부엌, 갓 구워 낸 신선한 빵, 고풍스런 쿠키 항아리 속에 들어 있는 다섯 가지 쿠키, 주름진 앞치마를 두르고 아이들이 학교에서 돌아오기를 기다리고 있는 당신을 그려 볼 것입니다. 솔직히 말해서, 1세기의 여성들도 그런 식의 삶을 살았다고는 생각지 않습니다. 그러면 집안일을 한다는 것이 진정 당신에게는 무엇을 의미합니까?

이 명령은 내게 무엇을 의미하는가

일하러 나가는 아내들이 많은 우리 사회에서, 성경적인 우선순위, 성경의 지침과 명령은 사람들의 머리 속에서 흐릿해져 가고 있습니다. 만약 부부가 다 가족을 위해 돈을 번다면, 집안일도 같이 하는 것이 공평해 보일 뿐입니다. 직장을 가지고 있는 많은 아내들은 남편도 집안일을 공평하게 담당해야 하는데, 자기 몫을 다하지 않는다고 원망하는 마음을 가지고 있습니다.

하지만 잠시 기다리십시오. 그 생각은 어디서 비롯되었습니까? 그 생각을 뒷받침해 주는 성경적인 토대가 있습니까? 아니면 이 세상을 본받고 있습니까? 로마서 12:2은 이렇게 말하고 있습니다. "당신 주위의 세상이 당신을 틀에 찍어 내게 하지 마십시오. 하나님께서 당신의 마음을 속으로부터 다시 빚으시게 해드리십시오"(필립스 역). 우리는 세상의 틀 속으로

밀려들어가고 있습니까? 성경 말씀은 결혼 생활에서 누가 어떤 것에 대해 책임이 있는지를 분명하게 밝히고 있습니다. 성경의 명령은 문화, 시대, 그리고 경제 사정을 초월하며, 그러므로 시대가 바뀌었다고 주장해 보았자 아무 쓸모없는 짓입니다. 하나님과 그분의 말씀은 변하지 않았기 때문입니다.

남편은 다음과 같은 것을 해야 합니다.

- 가정의 머리가 되는 것(에베소서 5:23)
- 가족들을 부양하는 것(디모데전서 5:8)
- 아내를 사랑하고 자기 몸과 같이 사랑하는 것(에베소서 5:28)

이러한 것들은 남편이 그 밖의 어떤 일을 하든 그의 책임입니다.

아내는 다음과 같은 것을 해야 합니다.

- 남편을 존경하고 순복하는 것(에베소서 5:33, 베드로전서 3:1)
- 자녀들을 사랑하는 것(디도서 2:4)
- 집안일을 하는 것(디모데전서 5:14)

여기서의 이슈는, 얼마나 남편과 아내가 자기가 맡은 일로 서로를 돕는가 하는 것이 아닙니다. 어떤 것에 대해 누가 **책임**이 있는가가 이슈입니다. 그리고 성경 말씀은 여성들이 집안일에 대해 책임이 있다고 분명히 밝힙니다.

내가 말하고 있지 **않은** 것이 무엇인지를 분명히 하겠습니다. 오늘날 많은 여성들은 전임(專任)으로 해야 할 두 가지 일이 있습니다. 하나는 바깥에서 하는 일이고, 다른 하나는 집 안에서 하는 아내와 엄마와 주부로서의 일입니다. 아내들은 재정적 공급을 위한 책임을 일부 떠맡고 있으며, 남편들도 대개 집안에서 하는 일의 일부를 떠맡고 있습니다(그리고 그것은 옳습니다!). 남편과 아내가 함께 직장 생활을 하고 일을 분담하는 것에는 전혀 비성서적인 것이 없습니다. 그리고 하나님께서는 각자에게 구체적인 **책임들**을 주시는데, 이는 공평한 것입니다.

하나님께서 여성들에게 맡기신 책임에는 집안일을 하는 것이 포함됩니다. 디모데전서 5:14에서, 바울은 젊은 과부들은 "시집가서, 아이를 낳고, 집을 다스려야" 한다고 했는데, 이 말은 집안일을 하는 사람이 되는 것을 설명하는 데 도움이 됩니다. "다스린다"로 번역된 말은 "관리하다," "돌보다," "운영하다," "관장하다" 등으로 되어 있는 성경도 있습니다.

사전에서 "관리하다"를 찾아보면 "책임맡다, 지도하다, 지휘하다, 운영하다"로 정의되어 있습니다. 오늘날은 어떤 의미를 갖습니까? 나에게 있어서, 집을 관리한다는 것은 단지 집안의 모든 것이 원활하게 돌아가게 할 책임이 있다는 것을 의미합니다. 기계가 고장나거나 삐걱거리는 소리를 내면서 멈춰서거나 하지 않게 하는 것처럼 말입니다. 그리고 사랑의 윤활유를 넉넉하게 치는 것입니다. 그것은 집안 정리가 꽤 잘 되어 있게 하고, 식사 시간에는 식탁에 음식이 올라와 있게 하며, 집안 예산을 잘 운용하고, 가능한 한 가족들의 건강을 잘 유지

하는 것을 의미합니다. 그리고 나는 즐거운 태도로 이 모든 것을 하는 것을 추가하고 싶습니다.

당신은 "좋아요. 그렇다면 그 일들이 제 책임입니다! 하지만 제게 맡겨진 그 모든 책임을 도대체 어떻게 감당합니까?" 하고 외치며 손을 내저을지 모릅니다. 아마 실제로는 당신이 생각하는 것보다는 단순할 것입니다.

일을 완수하기

지난 세월 동안 나는 몇 가지 실제적인 원리를 배웠는데, 그 원리들은 가정을 관리하라는 하나님의 명령을 수행하면서도 일에 압도되거나 기진맥진하지 않게 도와주었습니다. "어리석은 자여, 단순화하라"라는 말을 들었을지 모릅니다. 하지만 "어리석은 자여"라는 말은 빼도록 하겠습니다. 좋지요? 여기에 단순화의 원리를 소개합니다.

가정을 관리하는 일을 단순화하라

결혼 생활 초기, 우리 부부는 군인들과 함께 살면서 그들에게 영적 훈련을 시켰는데, 그때 나는 날마다 스트레스와 피로를 느꼈습니다. 할 일이 너무나 많았습니다. 어쨌든, 나는 최선을 다해 훌륭한 아내가 되고 싶었습니다. 나는 날마다 진공 청소기로 청소를 해야 한다고 생각했습니다. 이전부터 그렇게 해왔기 때문이었습니다. 그리고 함께 살고 있는 모든 군인 형제들에게 날마다 아침 일찍 식사를 제공해야 한다고 생각했습니다. 이전부터 그렇게 해왔기 때문입니다. 나는 미식가들이 좋아할 만한 복잡한 요리들을 만드는 법을 배울 필요가 있다고 생각했습니다. 그 집에서 살았던, 이전의 그 누구보다도 더 요리를 잘하고 싶었기 때문입니다. 나는 자신의 기대치, 남편의 기대치, 다른 모든 사람들의 기대치라고 **생각한 것**을 따라 살려고 애쓰고 있었습니다. 그렇게 사는 것은 힘들었습니다!

 나를 영적으로 돕고 있던 마리온 자매로부터 실제적인 도움을 받았는데, 이를 통해 올바른 판단을 할 수 있게 되었습니다. 없는 시간을 쪼개 많은 시간을 들여야 했던 것 중의 하나가 같이 살고 있는 형제들과 남편의 셔츠를 다리미질하는 것이었습니다. 그때는 합성섬유가 나오기 전이었습니다! 그 모든 셔츠를 다리미질하는 데는 날마다 평균 두 시간이 들었습니다. 마리온 자매에게 내가 느끼는 피곤에 대해 이야기하자, 그녀는 내가 한 주 동안에 하는 모든 일을 적어 보라고 하였습니다. 적은 것을 보여 주자, 그녀는 "이 많은 일을 다 한다는 건 불가능해요! 셔츠들을 세탁소에 보내기 위한 경제적 공급을 하나님께 의뢰하도록 합시다"라고 했고, 나는 그 말을 따랐습니다. 나는 또한 보다 간단한 요리를 하기 시작했고, 날마다 진공 청소기로 청소하는 것도 그만두었습니다.

사람들이 기대하는 것을 당신이 알고 있다고 여기지 말라

너무나 자주 우리는 다른 사람들이 원하거나 기대하고 있다고 우리가 **생각하고 있는 것** 때문에 끙끙대고 있습니다. 내가 알고 있는 한 여성은 결혼 생활 초기에 아무리 열심히 집안 청소를 해도 남편 마음에 들게 할 수 없었습니다. 그 남편은 매우 꼼꼼하게 집안을 가꾸는 엄마 밑에서 자라난 사람이었습니다.

마침내 그녀는 지혜를 발휘하여 이렇게 물었습니다. "당신에게는 어떤 집이 '깨끗한 집'이에요? 내가 단 한 군데밖에 청소할 시간이 없다면 어디를 해야 할까요?" 그가 "화장실 장식장"이라고 답변하자 그녀는 놀라움을 금할 수 없었습니다. 남편은 아침에 일어나서 맨 처음 보게 되는 것이 그것이며, 그것이 깨끗해야 "깨끗한 집"이라고 했습니다. 그녀가 알게 된 사실은, 그 장식장이 잘 정돈되어 있으면, 남편이 집안 청소 상태에 대해 훨씬 덜 불평을 한다는 것이었습니다.

나도 물어 보는 것의 중요성을 배웠습니다. 젊은 아내로서, 나는 미식가들이 좋아할 만한 요리들을 만들기를 좋아했지만, 그러려면 이것저것 쇼핑을 하고 요리를 하는 데 시간을 많이 들여야 했습니다. 시간도 없는데 말입니다. 나는 내심 그렇게 하는 것이 남편을 위하는 것이라고 생각했습니다. 그러나 얼마 후 알게 된 것은, 남편은 비록 내가 힘들여 한 요리들 가운데 좋아하는 것이 있기는 하지만, 실제로는 '고기에 감자'같이 간단한 음식을 좋아했습니다(지금도 그렇습니다). 그가 늘 좋아하는 음식은 쇠고기 냄비 구이로서, 위에다 버섯 수프를 치고 오븐에서 잘 구운 것이었습니다. 그것이 그가 식도락가의 요리로 생각하는 것인데, 내가 만들 줄 아는 것 중에 가장 간단한 요리에 속하는 것입니다.

그러므로 남편의 기대하는 바를 물어 보십시오. 집을 아늑하게 느끼게 해주는 것 가운데 가장 중요한 것 세 가지만 들면 어떤 것인지 말해 달라고 하십시오. 그 가운데 하나가 "깔끔함"이라고 하면, "당신에게는 깔끔한 집이란 어떤 집이에요?"라고 물어 보십시오. (이 문제와 관련해서는 사람마다 차이가 있습니다. 나는 아침에 맨 먼저 침대를 정리하지 않으면, 온 집안이 돼지우리 같은 느낌을 받습니다. 그러나 내가 없을 때면, 남편은 내가 돌아오기 직전까지 침대 정리를 하지 않습니다.) 남편에게 가장 즐기면서도 간단한 요리 세 가지를 말해달라고 하십시오. 당신이 시간이 있을 때 만들 수 있는, 그가 즐기는 특별한 요리는 어떤 것입니까? 아이들에게도, 좋아하는 음식이 무엇인지, 집을 안락하게 느끼게 해주는 것이 무엇인지 물어 보십시오.

당신의 살림 솜씨나 습관을 다른 사람들과 비교하지 마십시오
다른 사람들을 관찰하고, 연구하며, 물어 본다면, 많은 것을 배울 수 있습니다. 나는 바쁜 어떤 주부가 팬 보관용 선반 위에 신문지를 몇 겹 쌓아 두는 것을 보았습니다. 그것은 팬 보관용 선반을 정리하는 빠르고도 효과적인 방법이었습니다. (그리고 선반용 종이보다 싸게 먹혔습니다.) 배우려는 마음으로 다른 사람들을 살펴보면, 큰 유익을 얻을 수 있습니다.

그러나 당신이 나와 비슷한 사람이라면, 다른 사람들로부터 좋은 아이디어를 얻기보다는 그들을 바라보며 자신과 그들을 부정적인 마음으로 비교하기가 쉽습니다. 나는 시어머니의 살림 습관들을 보고 겁을 먹곤 했습니다. 시어머니는 은제품을 위한 행주, 접시를 위한 행주, 팬을 닦는 행주가 따로 있었습니다. 나는 지저분한 팬만 빼고는 뭐든 닦는 단 한 개의 행주가 있을 뿐이었습니다. 지저분한 팬은 종이 수건으로 닦았습니다. 시어머니께서는 냅킨도 손 닦는 것과 무릎 위에 펼치는 것을 따로 하기를 좋아하셨으나, 나는 한 개로 두 가지를 다했습니다. 시어머니께서는 매번 조리대 주위에 있는 모든 얼룩을 다 지웠지만, 나는 며칠에 한 번씩 대강대강 닦아 내는 정도였습니다. 시어머니께서는 많은 것을 내가 꿈도 꾸어 볼 수 없을 정도로 높은 수준으로 깔끔하게 처리하셨지만 있는 그대로의 나를 받아 주고 사랑하셨습니다. 나는 그 사실을 받아들이는 데 여러 해가 걸렸습니다.

모든 사람이 우리 시어머니처럼 용납을 잘해 주는 것은 아닙니다. 그런 경우 당신은 사람들을 의식하여 그들의 기대를 충족시키느라 끙끙댈 수도 있습니다. 하지만 그렇게 살 수는 없습니다. 그러다가는 미쳐 버릴 것입니다. 그리고 기억하십시오. 우리가 섬기고 있는 분은 궁극적으로 주 예수님이라는 것을(골로새서 3:24). 그리고 주님께서는 우리에게 시키신 일을 행할 수 있는 능력을 늘 공급해 주십니다.

손님들이 오는 것은 당신을 방문하기 위한 것이지, 당신의 살림 솜씨를 평가하기 위한 것이 아님을 기억하십시오

디모데전서 5:10은 존경받는 과부의 자질 가운데 하나로 손님 접대를 들고 있습니다. 그녀가 했던 일이 분명하게 언급되어 있는데, 성도들의 발을 씻기며, 환난당한 자들을 구제하며, 여러 가지 방법으로 선한 일을 행하는 데 드려졌습니다. 현대 여성들을 위해 그 말씀을 풀어쓴다면, 이렇게 될 것입니다. "그는 자기 주위에 있는 사람들—친구, 아는 사람, 이웃 사람들—에게 손을 뻗쳐, 최선을 다해 어떤 식으로든 그들을 도왔습니다. 그는 특히 어려움에 처해 있는 사람들에게 깨어 있으며, 자신의 집과 마음을 그들에게 개방합니다." 손 대접을 하는 것은 경건한 여인이 되고자 하는 우리의 책임 중 하나입니다.

한 여성이 생각납니다. 그녀는 해외에 사는 어떤 친구 부부를 방문했는데, 그 부부가 지쳐 있는 바람에 그 방문이 즐겁지가 않았다고 했습니다. 그녀가 그 집을 나설 준비를 하다가 우연히 알게 된 사실이 있는데, 그 부부는 자신의 방문에 대비하여 말 그대로 집안 전체를 깨끗하게 문질러 닦았으며, 벽까지 그렇게 했다는 것이었습니다. 그녀는 실망이 되었습니다. 자신의 방문에 대비하여 모든 것을 완벽하게 해두려는 그들의 열심이 빗나가서 피곤해지는 바람에 자기와 함께하는 시간을 즐기지 못한 것을 알았기 때문입니다.

로마서 12:3은 "너희 중 각 사람에게 말하노니, 마땅히 생각할 그 이상의 생각을 품지 말고, 오직 하나님께서 각 사람에게 나눠 주신 믿음의 분량대로 지혜롭게 생각하라"고 말씀하고 있습니다. 우리는 자기 자신에 대하여 분수에 맞게 생각해야 합니다. 따라서 우리는 모든 영역에서 자신의 능력과 은사들에 대해 분수에 맞게 생각할 필요가 있으며, 그 영역에는 집안 관리와 손님 접대도 포함됩니다.

내 여동생 조이는 자기 음식 솜씨가 형편없다는 사실에 대해 웃을 수 있었습니다. 조이가 만든 과일 젤리는 굳지 않고, 구워 온 케익은 부스러지고, 내어 온 고기는 질겨서 많이 웃곤 했습니다. 그러나 조이는 찾아오는 손님들을 편안하게 해주는 데는 전문가였으며, 자녀들에게 이야기를 들려주거나, 사랑과 친절을 가르치는 데는 뛰어난 능력이 있었습니다.

나는 잠언 31장의 여인이 집안 사람들을 위해 옷을 짓는다는 내용을 읽을 때마다 가책을 느끼곤 했습니다. 그러한 느낌을 남편에게 이야기하자, 그는 "당신이 우리 옷을 손수 만들기보다는 사다가 입는 것이 훨씬 시간을 절약하고, 그 시간을 당신이 즐길 수 있고 잘할 수 있는 일에 사용하는 것이 낫소"라고 했습니다. 옳은 생각이었습니다. 얼마나 안도감을 느꼈는지! 그때부터 나는 하나님께서 그 영역에서 어느 정도로 내게 재능을 주셨는지에 대해 올바른 시야를 가질 수 있었습니다. (실제로는, 하나님께서 그 영역에서 어느 정도로 내게 재능을 주지 않으셨는지에 대해!)

집안일을 한다는 것은 막중한 일이지만, 그 일을(당신의 삶과 마찬가지로) 단순화하고, 사람들이 아니라 하나님을 기쁘시게 하려고 노력하면, 그 일은 결코 당신이 감당할 수 없는 일이 되지는 않을 것입니다. 내가 좋아하는 한 격언에 따르면, 남편이 벽난로라면, 아내는 그 벽난로를 데우는 불입니다. 남편은 지도력을 제공합니다-즉 머리입니다. 그러나 아내는 따스함을 제공합니다-바로 가슴인 것입니다.

하나님을 위해 당신의 집을 관리할 때 하나님께서 당신에게 주님의 종이 되고자 하는 마음을 주시도록 기도합니다.

성경의 진리를 당신의 것으로

이 성경공부를 시작하기 전에, 집안일을 한다는 것이 지금 당신에게 무엇을 의미하는지를 한 단락 정도로 써보겠습니까? 당신의 관점은 주위 세상의 영향을 어떻게 받았습니까? 세월이 흐름에 따라 당신의 생각은 어떻게 변화해 왔습니까?

다음 구절에 대해 **구절별 성경공부를** 해보십시오.

- 로마서 12:13
- 디모데전서 5:10
- 히브리서 13:2
- 베드로전서 4:9-10

    루디아(사도행전 16:13-15,40)와 뵈뵈(로마서 16:1-2)를 찾아보고, 이 여인들에 대해 성경이 어떻게 말하고 있는지 살펴보십시오. 당신이 이들에 대해 다른 사람에게 설명하고 있다면, 어떻게 묘사하겠습니까?
    만약 당신이 읽을 만한 좋은 책을 원한다면, 린다 딜로우의 '창의적인 배필(Creative Counterpart)'을 추천하고 싶습니다. 요점을 기록해 두었다가 친구와 대화를 나누어 보십시오.
    마지막으로, 당신보다 나이가 많은 경건한 여성 다섯 명에게, 집안일을 하는 사람이 되는 것과 관련하여 그들의 아이디어들을 나누어 달라고 요청하십시오. 그들이 가르쳐 주는 것을 기록하십시오.

제 10 장

절 제

오래 전에 일어난 일이지만 아직도 기억이 생생합니다. 남편과 나는 시카고 부근에 살고 있었는데, 모처럼 중심가로 나들이를 갔습니다. 주차장으로 다가가자 거기로 들어가기 위해 서 있는 것 같은 기다란 줄을 보고, 우리는 둘 중 더 짧은 줄에 차를 갖다 붙였습니다. 다른 쪽 줄에 서 있던, 옷을 아름답게 차려 입은 한 여자가 갑자기 차를 빼더니 우리에게로 곧장 다가오며 큰 소리로 욕설을 퍼붓는 것이었습니다. 우리가 모르고 끼어들기를 한 것이 분명했습니다. 사과하려고 했으나, 그 여자는 계속 고래고래 소리를 질러 댔으며, 화를 풀어 주고자 했으나, 우리 말을 들으려고도 하지 않았습니다. 그 여자의 화난 목소리와 욕설이 귀에 쟁쟁거려 몇 시간 동안이나 속이 느글거렸습니다.

하나님의 자녀들은 그런 식으로 절제력을 잃지는 않는다고 말할 수 있었으면 좋겠습니다. 그러나 나는 절제력을 잃는 그리스도인들을 보았습니다. 당신도 보았습니다. 한 주 중 아무 날이나 아무 집의 문에 노크를 해보십시오. 문이 열리면, 보이지 않는 유령처럼 들어가 보십시오. 그리고 절제력을 잃은 결과 펼쳐지는 고통스런 장면들을 관찰해 보십시오.

십대 소녀 하나는 가장 친한 친구가 오해를 하여 심하게 비난하자 눈물을 흘리며 수화기를 내려놓습니다.

한 사람은 낙심이 되어 책상에 고개를 숙인 채 손으로 얼굴을 가리고 앉아 있습니다. 아내가 낭비벽을 제어하지 못하여 외상값 독촉장들이 산더미처럼 쌓이고 있기 때문입니다.

한 여성은 남편이 화난 목소리로 욕설을 퍼붓자 이를 피하기 위해 침실로 도망합니다. 그녀는 "저러고도 자기가 그리스도인이라니!"라고 혼자서 씁쓸하게 중얼거립니다.

한 남자는 술을 절제하지 못해 정신을 잃고 소파에 쓰러져 있습니다.

이 모든 장면은, 그리고 더 많은 장면들은, 절제 부족에 따른 고통스런 결과입니다.

하나님께서는 "절제하라"고 말씀하신다

디도서 2:5에서 바울은 늙은 여자들에게 젊은 여자들이 "근신[절제]"하도록 가르치라고 명합니다. 여기서 '근신[절제]'으로 번역된 낱말은 원어로 *sophron*인데, "생각이 건전한, 절제된, 자제력 있는, 분별 있는" 등 여러 가지 뜻을 지니고 있습니다. 그래서 번역본에 따라 근신하다, 절제하다, 분별 있다, 지각 있다, 신중하다, 삼가다 등등 여러 가지로 번역되어 있습니다. 언뜻 보면 각 단어들이 별 연관성이 없어 보일 수도 있지만, 사실은 서로 연관되어 있는 것을 볼 수 있습니다. 절제란 "건전한 판단"을 뜻합니다. 그것은 습관적으로 발휘되는 자기 통제력으로서, 끊임없이 일어나는 모든 감정과 욕구를 다스려서 일정한 선과 울타리를 벗어나지 않도록 제어합니다. 파괴적인 감정이나 욕구가 아예 일어나지 않게 막거나, 아니면 설령 그런 감정이나 욕구가 일어나더라도 정한 선과 울타리를 넘거나 무너뜨리지 못하게 제어합니다.

이 정의를 염두에 두면서, 잠시 시간을 내어 절제와 비슷한 말들을 생각해 봅시다. 일부를 열거하면 다음과 같습니다.

- 극기
- 침착
- 분별
- 냉정
- 안정
- 인내
- 자제
- 참음

절제를 잘하는 사람은,

- 분별력이 있고,
- 주의 깊고,

- 신중하고,
- 극단에 흐르지 않으며,
- 절도가 있습니다.

이 말들을 죽 훑어보면, 요즘 시대에는 맞지 않는, 좀 시대에 뒤떨어진 말 같다는 느낌을 받을 것입니다. 오늘날에는 튀는 사람, 극단적인 사람, 자기 감정대로 사는 사람이 오히려 부러움의 대상이 되고 있습니다. 신중하다느니, 절도가 있다느니, 극단에 치우치지 않는다느니, 자기를 잘 억제한다느니 하는 말은 더 이상 칭찬이 아닙니다. 그래서 어떤 사람을 정말로 칭찬하고 싶을 때 이런 단어를 사용하는 것은 상상할 수도 없습니다. 그런 단어를 사용하면 아마 상대방이 이상한 표정을 지을 것입니다! 그럼에도 불구하고, 하나님께서는 절제를 경건한 여성이 계발해야 할 필수적인 자질들 가운데 하나로 드셨습니다.

오늘날 우리 사회에는 감정(분노든 기쁨이든)을 누르는 것은 솔직하지 못한 것이다, 감정을 억누르지 말고 느끼는 대로 자연스럽게 그대로 표출하라고 부추기는 목소리들이 난무하고 있습니다. 분별 있게 행하는 것은 시대에 뒤떨어진 것이라고 하며, 절제하는 것은 어리석은 짓이라고 합니다. 그래서 이제는 오히려 절제가 비정상적인 것이 되었습니다. 그러나 그 결과는 무엇입니까? 악몽입니다. 절제의 결여는 사람들의 생각과 행동에 대한 제어 장치를 다 풀어놓는 바람에, 마약 중독, 총기 난사, 무책임한 성 관계, 그리고 온갖 타락한 행동으로 사람들을 이끌고 있습니다. 슈퍼마켓, 쇼핑 센터, 거리에 나가 보면 적나라한 예들을 많이 볼 수 있습니다. 남편과 나는 어느 날 밤 우리 거리에 주차되어 있던 모든 차의 유리가 박살이 나 있는 것을 보고 넌더리가 났지만, 놀라지는 않았습니다. 또 어떤 날 밤에는 어떤 사람이 재미로 모든 우체통을 망가뜨렸습니다. 만성절(할로윈데이)에 조각한 호박을 내놓는 것은 그것을 짓뭉개어 길가에 내팽개치라고 요청하는 셈이 되었습니다.

최근에 우리 도시의 사람들은 55세의 한 퇴역 군인이 자기 차 뒤를 바짝 붙어서 따라오던 한 십대 소년을 총으로 쏘아 살해한 사건으로 경악을 금치 못했습니다. 그 사람이 화가 나서 그 소년에게 길가에 차를 세우라고 손짓을 하자 그 소년도 화가 났습니다. 그 십대 소년이 그 사람의 차로 다가와 열린 창을 통해 그를 치자, 장전한 권총을 가지고 있던 그는 총을 발사하여 소년을 죽였던 것입니다. 시민들에게 더 충격적이었던 것은, 그 사람은 그리고 나서 유유히 사라졌다는 사실입니다!

하나님께서는 마음대로 하는 행동이 아니라 그 정반대가 되는 행동을 원하십니다. 하나님께서는 "절제하라!"고 분명하게 말씀하십니다.

절제는 어떤 모양으로 나타나는가

디도서 2:11-12은 절제의 핵심을 보여 줍니다. "모든 사람에게 구원을 주시는 하나님의 은혜가 나타나 우리를 양육하시되, 경건치 않은 것과 이 세상 정욕을 다 버리고 근신[절제]함과 의로움과 경건함으로 이 세상에 살고."

우리는 어떻게 절제할 수 있습니까? 하나님의 은혜를 통해서입니다. (당신 자신의 노력만으로 그렇게 할 필요가 없다는 것이 기쁘지 않습니까?) 절제가 무엇입니까? 경건치 않은 것과 이 세상 정욕에 대해 단호히 "아니오"라고 말하는 것이며, 절제하며 의로우며 경건한 삶을 사는 것입니다. 경건한 절제에는 다음과 같은 요소가 포함됩니다.

바른 생각

바른 생각과 절제는 서로 연관되어 있습니다. 베드로전서 4:7을 보면, "만물의 마지막이 가까웠으니, 그러므로 너희는 정신을 차리고 근신[절제]하여 기도하라"고 하였고, 베드로전서 1:13에서는 "그러므로 너희 마음의 허리를 동이고, 근신[절제]하여 예수 그리스도의 나타나실 때에 너희에게 가져올 은혜를 온전히 바랄지어다"라고 말합니다.

절제는 마음에서 시작됩니다. 잠시 멈추고 당신이 제어하기가 가장 힘든 생각이 어떤 것인지 생각해 보십시오. 시기심, 질투심, 앙갚음하려는 마음, 분노, 혹은 그 외 다른 어떤 생각입니까? 나는 유쾌하지 않았던 대화를 마음속으로 재연하면서 '다른 식으로 반응을 보였을걸' 하고 생각하는데, 이런 생각을 제어하는 데 어려움이 있습니다. 무슨 말인지 이해하실 것입니다. 예를 들면, '저런, 그 사람이 그 말을 했을 때, 나는 어떻게 대답했어야 했는데…. 그랬다면 그 사람은 어떻게 말했을 것이고… 그랬다면 나는 어떻게 말했을 것이고…' 하는 식입니다.

내가 기억하고 있는 한 여성은 특히 나의 웃는 모습이 마음에 안 든다고 했습니다. 자기 생각에는 내가 너무 큰 소리로 웃는 것 같은데, 사람들의 관심을 끌고 싶어서 그러는 것 같다고 했습니다. 그녀는 나의 동기를 잘못 판단하고 있었는데, 몇 주 동안 내 머리 속에는 그녀와 나누었던 대화가 맴돌았습니다. 그 생각을 중단시키기 위해 필요한 절제심을 얻기 위해 기도로 많은 시간을 보내야 했습니다.

바른 행동

어린 시절, 나는 화가 나면 걷잡을 수가 없었습니다. 나는 소리를 지르고, 벽에 머리를 박곤 했습니다. 그럴 때면 어머니는 내 방으로 나를 보내 화를 누그러뜨릴 때까지 거기에 있게 했습니다. 나는 계단을 쿵쾅거리며 올라가는 것과 문을 쾅 닫는 것, 침대에 몸을 던지는 것, 그리고 우는 것은 허용되었습니다. 그러나 다른 사람을 향해 고함을 치는 것이나, 누군가를 치거나, "미워!"라고 외치는 것은 금지되었습니다. 그 당시는 몰랐지만, 어머니는 나에게 절제를 가르치고 있었습니다. 어머니는 '바르게 행동하는 것'이 무엇인지 가르치고 계셨던 것입니다. 절제는 말과 생각과 행동을 제멋대로 하지 않는 것을 통해 증명됩니다.

과도한 것을 피함

우리 세상은 거의 모든 것을 과도하게 행합니다. 우리는 술에 빠져 있는 사람, 도박에 빠져 있는 사람, 과식하는 사람에 대해 알고 있으나, 자기 자신이 지나치게 일에 빠져 있고, 운동에 광적이 되고, 도를 넘어 텔레비전을 보는 것은 눈감아 주고 있습니다. '도에 지나치지 않게 알맞게 행하는 것'에 대해 설교를 하거나 가르치는 경우는 별로 없으나, 그것 또한 절제의 큰 부분입니다. 그것을 배우는 것은 쉽지 않습니다.

부모는 자녀가 어떤 것에 지나치게 빠져들기 전에 절제를 심어 주는 것이 좋습니다. 내 친구 하나는 TV 프로를 선택하는 법과 절제하는 법을 자녀들에게 가르쳤습니다. 이를 위해 그는 자녀들이 미리 선택해 둔 프로만을 보게 했고, 텔레비전을 30분 보았으면 독서를 두 시간 하게 했습니다. 오늘날 그 자녀들은 책을 많이 읽고 텔레비전은 별로 보지 않게 되었습니다.

당신 자신을 살펴보라

사업계에는, 재고 관리를 하지 않는 사람은 결국 파산에 이른다는 말이 있습니다. 우리 자신이 얼마나 절제를 잘하는지 잘 살펴보는 것이 필요하며, 그리고 올바른 척도를 갖는 것이 중요합니다.

다음과 같은 이야기가 있습니다. 한 꼬마가 어느 날 엄마에게 와서 "엄마, 내 키를 알아맞혀 보세요! 8피트 4인치나 돼요!"라고 말했습니다. 엄마가 유심히 보니, 그 애는 1/2피트짜리 자를 1피트짜리 자로 잘못 알고 사용하고 있었습니다. 그 애의 키는 실제로는 4피트 2인치였습니다. 조심하지 않으면, 하나님의 말씀에 의해서가 아니라, 서로를 비교하는 것을 통해서, 혹은 다른 사람의 왜곡된 관점을 통해서 우리 자신을 평가합니다.

내가 조용하게 지내고, 말다툼 같은 것이 전혀 없었던 날은, 스스로를 인내심 있고, 침착한 사람으로 보며, '오, 절제를 잘 하는 사람이여!' 하며 대견스러워합니다. 그러나 좌절을 느끼게 하며 마음에 들지 않는 상황이 펼쳐지는 날, 갑자기 나는 실상과 마주하게 됩니다. 나는 참을성이 없습니다. 나는 분노를 터뜨립니다. (네, 그렇습니다.) 그때 한 친구의 말이 생각납니다. 그의 일을 돕는 어떤 사람의 태도가 좋은지 묻자, 그는 "그 사람의 태도는 좋은 태도인지 아니면 **아직 검증되지 않은 태도**인지 잘 모르겠네"라고 했습니다.

끔찍한 날 우리는 절제에서 테스트를 받습니다. 어떤 경건한 여인은 나에게 이렇게 말한 적이 있습니다. "압력은 내 삶의 찌꺼기를 위로 떠오르게 해요. 저는 그것을 도로 가라앉히지 않고 하나님께서 그것을 걷어 내시도록 기도하고 있어요." 압력, 달갑지 않은 환경, 낙심하게 만드는 상황들, 충족되지 않은 기대, 질병, 가정 문제, 그리고 삶에 있는 수많은 것들이 우리 삶에 있는 찌꺼기를 떠오르게 하여 모든 사람이 볼 수 있게 합니다. 우리는 자신에게 절제가 부족하다는 사실을 무시하거나, 숨기거나, 변명하고자 하는 유혹을 받습니다. 그러나 있는 그대로를 인정하고, 하나님께 자백하고 용서를 구하며, 우리를 변화시켜 달라고 기도하기까지는, 우리의 절제 부족은 좌절이나 힘든 환경을 만나기만 하면 갑자기 표면으로 떠오를 것입니다. 오직 하나님만이 그것을 우리 삶에서 걷어 내실 수 있습니다.

본이 될 만한 사람을 찾으라

우리는 절제를 타고나지 않으며, 이를 배워야 합니다. 절제를 배우는 가장 좋은 방법은 절제를 잘하는 사람을 가까이하는 것입니다. 위조 화폐를 감식하는 일에서 세계 최고의 전문가인 사람에게 어떻게 그 일에 정통하게 되었는지 물어 보았습니다. 그는 다양한 종류의 위조 화폐를 살펴보는 일에 수많은 시간을 들였다고 하지 않았습니다. 그 대신 그는 "진짜 화폐를 살펴보는 데 몇 달이고 몇 년이고 들였지요"라고 대답했습니다. 그와 같은 방법으로 절제도 배웁니다. 우리 부모님은 절제라는 경건한 성품에서 좋은 본을 보여 주었습니다. 살아오면서 아버지가 화가 나서 그야말로 얼굴이 창백해진 경우를 몇 번 보았지만, 언성을 높이거나, 격한 행동을 하거나, 말을 함부로 내뱉거나 하신 적은 없었습니다. 하지만, 아버지는 원래 침착한 성격이기 때문에, 이러한 행동이 그에게 좀더 자연스럽다고 할 수 있을 것입니다. 어머니의 성격은 정반대입니다. 어머니는 예술적이고, 개성이 강하고, 그리고 창의적입니다. 그러나 어머니도 삶에서 절제를 잘 나타내었습니다.

외할머니께서 20년 가까이 우리와 함께 살았는데, 말년에는 내향적이 되고, 때때로 우울해하기도 했으며, 조금 노망기를 나타내기도 했습니다. 때로는 우리 가족 전체를 화나게 하는 적도 있었습니다. 아이들인 우리는 화가 나거나 짜증이 나서 외할머니에게 퉁명스럽게 말을 한 적이 있으나, 내 기억에 어머니는 한 번도 그런 식의 반응을 나타낸 적이 없습니다. 어머니는 이 문제를 가지고 주님과 많은 시간을 보냈으리라 확신

합니다. 어쨌든 어머니는 말과 행동에서 절제를 잘 나타냈습니다.

　절제를 잘 나타내고 있는 사람을 알고 있습니까? 당신이 관찰해 온 나이 든 여성 가운데 극단에 흐르지 않는 삶을 살며, 분별력이 있고(언제 말을 해야 하고, 언제 입을 다물고 있어야 하는지를 앎), 부정적인 감정을 제어하는 사람을 찾아보십시오. 그 사람이 어떻게 행동을 하는지 주의 깊게 살펴보십시오. 그리고 함께 시간을 보내면서 절제를 배우는 데 도움이 된 것이 있으면 말해 달라고 부탁해 보십시오.

　절제를 잘하는 사람들에 대해 생각할 때면, 즉각 구약에 나오는 다윗이 떠오릅니다. (물론, 그는 절제로부터 아주 벗어난 적도 있었습니다. 그러나 성경 말씀은 그의 생의 대부분은 하나님의 마음에 합한 사람으로 살았다고 가르칩니다.) 사울 왕은 여러 차례에 걸쳐 그를 죽이려고 했습니다. 자기를 위해 수금을 타도록 해 놓고는 세 번이나 그를 향해 창을 던졌으며(사무엘상 18:10-11, 19:9-10), 격렬한 싸움터로 보내기도 했고(사무엘상 18:18-25), 심지어 신하들과 아들 요나단에게 다윗을 죽이도록 지시하기까지 했습니다(19:1). 그런데도 다윗은 보복할 수 있는 기회가 와도 그 기회를 이용하지 않았습니다.

　사울은 다윗을 죽이겠다는 분명한 목적을 가지고 부지런히 그를 쫓아다녔지만, 다윗이 자기가 숨어 있는 동굴에 사울이 들어왔을 때 한 일이라고는 그의 옷자락을 살짝 벤 것뿐이었습니다(사무엘상 24장). 그리고 또 한 번은, 다윗이 사울의 진으로 들어갔을 때, 사울은 잠이 들어 있었습니다. 그러나 다윗은 자기와 함께 갔던 아비새가 사울을 죽이려는 것을 막고, 사울의 창과 물병만 가지고 왔습니다. 다윗은 "내가 손을 들어 여호와의 기름 부음을 받은 자를 치는 것을 여호와께서 금하신다"(26:11)고 했습니다.

당신의 자연스런 욕망이 고삐 풀린 감정에 굴복하려고 할 때 당신의 마음과 생각이 그러한 욕망에 굴복하기를 거부하는 것, 그것이 바로 절제입니다. 당신은 자신의 힘으로 절제하려고 애쓸 필요가 없습니다. 빌립보서 4:13은 "내게 능력 주시는 자 안에서 내가 모든 것을 할 수 있느니라"고 약속합니다. 그리고 거기에는 절제를 나타내는 것도 포함됩니다.

할렐루야!

성경의 진리를 당신의 것으로

절제와 같은 특성은 완전히 파악하기가 어려울 수 있습니다. 충분히 이해하기도, 깊이 따져 보기도, 자세히 설명하기도 어려운 것입니다. 그러나 우리가 할 수 있는 구체적인 것 한 가지는 그러한 특성에 대해 주제별 성경공부를 하는 것입니다.

주제별 성경공부를 하는 법

1. 좋은 성구 사전을 사용하여, 공부하고자 하는 주제가 나오는 구절을 10-25개 **찾아보십시오**. '절제[근신]'라는 주제를 공부하려고 한다면 절제라는 말이 나오는 구절을 찾아보십시오. 성구 사전은 그 구절의 내용을 일부 보여 주기 때문에, 그

구절이 공부에 도움이 되는지 안 되는지를 알 수 있어, 시간을 낭비하지 않고 적당한 구절을 찾을 수 있게 해줍니다. 적절한 구절은 내용을 다 옮겨 적도록 하십시오.

2. 당신이 찾은 **구절들의 요점을 간단히 설명하십시오.** 요점을 설명하는 데 어려움을 느끼면, 공부의 초점을 분명히 하기 위해, 누가, 무엇을, 어디서, 언제, 그리고 **어떻게**를 사용할 수 있습니다. '절제'에 대해 공부하는 경우, 다음과 같이 할 수 있습니다. 절제란 무엇인가?(사전이나 성경 사전 사용.) 누가 절제를 해야 하는가? 어디에서(또는 당신 삶의 어떤 영역에서) 절제를 나타내야 하는가? 어떻게 절제를 나타내는가?

3. 당신이 공부하고 있는 특성을 목격한 **예를 몇 가지 적어 보십시오.** 혹은 주석 등을 이용하여 더 알게 된 내용을 적어 보십시오.

4. 개인적인 **적용을 하십시오.** 공부하면서, 당신이 초점을 맞추어 실행해야 할 구절을 보여 주시도록 하나님께 기도하고, 그 구절에 대해 개인적인 적용을 기록하십시오.

그 다음에, **구절별 성경공부**를 통해 '절제'에 대해 공부하십시오. 몇 주 동안 하되, 한 주에 두세 구절을 넘지 않도록 하십시오. 시작할 수 있도록 몇 구절을 소개합니다.

- 디모데전서 3:11
- 갈라디아서 5:22-24
- 잠언 25:28
- 데살로니가전서 5:8

- 베드로전서 1:13-16
- 베드로전서 4:7-8
- 베드로전서 5:6-9

이 구절들에 대한 공부가 끝났으면, 성구 사전에서 '절제'에 대해 보여 주는 구절을 10구절 더 찾아보십시오. 그리고 나서 이 구절들의 요점을 적으십시오. 질문이 있으면 기록해 보십시오.

제 11 장

순 결

19 82년 2월, 세계에서 가장 큰 석유 탐사 장치가 뉴펀들랜드의 동쪽 해안에서 260km 떨어진 해상에 설치되었습니다. 30층 높이인 그 구조물은 80노트의 바람과 10미터 높이의 파도에도 견딜 수 있게 만들어졌습니다. 그것은 거의 무너뜨릴 수 없는 것이었습니다.

어느 날 밤 강력한 북동풍이 몰아닥쳤을 때, 그 탐사선에서 근무하는 사람들은 아무도 걱정하지 않았습니다. 대서양에서 불어오는 아무리 강한 바람에도 끄떡하지 않고 다 이겨 냈기 때문입니다. 그래서 굉장히 큰 파도가 통제실의 창을 하나 깨뜨리고 스위치 하나를 쇼트시켰을 때도 그 누구도 주목하지 않았습니다. 그런데 쇼트될 때 그 스위치가 작동되어 부두 모양의 거대한 구조물의 밸브를 열자 바닷물이 그 구조물 안으로 쏟아져 들어오고 있었지만, 그 사실을 아무도 몰랐습니다.

그 부두 모양의 구조물은 그 거대한 탐사 장치가 똑바로 서 있게 하는 역할을 하는 것이었습니다. 월요일 아침 첫 번째 조난 신호가 울렸을 무렵에는, 이미 그 장치는 심하게 기울었고, 바다에는 18미터가 넘는 파도가 일고 있었습니다. 얼마 있지 않아 승무원 84명 전원이 목숨을 잃었습니다. 이 모두가 조그만 스위치의 쇼트를 주목하지 않았기 때문이었습니다.

오늘날 온 세상은 우리를 파멸시키려는 분명한 목적을 가지고 우리 삶에 있는 조그만 스위치를 작동시키려고 압력을 가하고 있습니다. 특히 순결의 영역에서 그러합니다. 순결[순전함]은, 디도서 2장에서 경건한 여성이 나타내야 할 성품으로 언급하고 있는 세 가지 - 순결, 친절, 복종 - 가운데 하나입니다. 이 성품은 계발하고 유지하기가 가장 어려울지 모릅니다.

우리가 순결의 구체적인 면들을 살펴보기 전에, 순결이 경건한 삶이라는 더 큰 그림의 어디에 위치하고 있는지를 살펴볼 필요가 있습니다. 성경이 경건한 사람에 대한 묘사하고 있는 것을 보면 나는 깜짝 놀랍니다. 잠언 31장의 여인에 대해 읽을 때, 나는 절망적일 정도로 거리가 멀다고 느껴집니다. 나는 베드로전서 3:4에서 경건한 아내는 온유하고 안정한 심령을 가져야 하며, 그런 것이 하나님 앞에서 값진 것이라는 사실을 알고는 낙심이 됩니다. 그리고 에베소서 5:1에서, "그러므로 사랑을 입은 자녀같이, 너희는 하나님을 본받는 자가 되라"라는 말씀을 읽을 때는 완전히 할 말을 잃으며, 무력함을 느끼기까지 합니다. 어렸을 때는, 나는 눈을 꼭 감고 마음속으로 그런 불가능한 구절들은 건너뛰려고 했습니다. 하나님께서 보시지 않기를 바라면서 말입니다. 그러나 어떤 명령을 건너뛰려고 할 때, 나는 더 심한 곤경에 빠져 있는 자신을 발견하곤 했습니다.

그런데 어느 날 새로운 일이 벌어졌습니다. 마음속에서 벌어진 일은 다음과 같았습니다.

여느 때처럼 나는 "하나님을 본받는 자가 되라"(에베소서 5:1)와 같은 명령을 읽고는 건너뛰려고 하면서 "그건 불가능해!"라고 외쳤습니다.

하지만 얼마 안 가 "빛의 자녀들처럼 행하라. 빛의 열매는 모든 착함과 의로움과 진실함에 있느니라. 주께 기쁘시게 할 것이 무엇인가 시험하여 보라"(8-10절)라는 말씀을 읽게 되었고, 그 자리에 털썩 주저앉았습니다.

오, 맙소사! 세상에 어떻게…?

때로는 장 전체를 뛰어넘으려고 했습니다. 그러나 진정 나는 만왕의 왕의 순종하는 자녀가 되기를 원했습니다. 뭔가 다른 행동을 해야 했습니다. 그래서 이를 악물고 에베소서 4장의 첫 머리로 힘들게 돌아갔습니다.

그때 문득 나는 그 부분이 5:1의 "하나님을 본받는 자가 되라"는 "커다란" 명령의 세부 사항을 묘사하고 있다는 것을 깨달았습니다. 다음과 같은 말씀들이 눈에 띄었습니다. "부르심을 입은 부름에 합당하게 행하라," "모든 겸손과 온유로 하라," "오래 참음으로 사랑 가운데서 서로 용납하라"(4:1-2). 이 모든 것은 하나님을 본받는 것이 실제로 어떤 것인지를 묘사하고 있었습니다. 만약 내가 하나님을 본받는다면, 나의 삶의 특징은 경외, 순종, 온유함이 될 것이며, 그리고 그 밖에 또 하나 순결이 그 특징이 될 것입니다(5:3-5).

그러나 나는 자신이 없었습니다. 나는 하나님을 본받는 일을 그리 잘하지 못하는데… 하는 생각이 들었습니다. 솔직히 말해, 하나님을 본받으라는 그 명령이 무섭게 나를 내려다보는 것 같았고, 나는 어떻게든 거기서 벗어나려고 안간힘을 썼습니다.

당신은 자기 자신과 논쟁을 벌인 적이 있습니까? 나는 있습니다. 다음이 그중의 하나입니다. 나는 나에게 이렇게 말했습니다. "어이, 잠깐 기다려 봐. 그리스도 안에서 나는 의를 위한 하나님의 모든 요구를 이미 충족시켰어. 그리스도 안에서 나는 깨끗해. 로마서 8:2-4에 보면, 하나님께서 나를 죄와 사망의 법에서 해방시키셨다고 하셨어. 하나님께서는 죄를 인하여 자기 아들을 죄 있는 육신의 모양으로 보내어 육신에 죄를 정하사 우리 안에서 율법의 요구가 다 이루어지게 하셨어. 그러니까 하나님께서 나를 바라보실 때 나를 온전하다고 여기셔. 나는 모든 죄에서 정결케 되었기 때문이지. 나는 예수님으로 옷 입고 있어. 그러니까, 진정한 의미에서, 나는 이미 하나님을 본받고 있는 거지. 아무튼 신분적으로는 그래."

그러나 나는 나에게 다시 되받습니다. "너 누굴 놀리고 있니? 그리스도 때문에 네가 내 눈에 온전할 수도 있겠지. 하지만 실제로는 넌 어때?"

"그 문제는 꺼내지 마" 하고 나는 투덜댔습니다.

"그 문제에 대해 생각해 봐!"

"좋아, 그 사실은 인정하지. 실제로, 난 꽤 모순돼. 나의 옛 본성은 여전히 불쑥불쑥 나타나고, 세상은 너무나 세게 잡아당기고 있어. 그리고 육신과 마귀도 그러지. 그래, 난 실제로는 엉망이라는 것을 인정해!"

"자, 그럼 그 문제는 일단락되었으니, 하나님을 본받는 자가 되는 이 일을 진지하게 생각해 보자."

이렇게 해서 에베소서는 그리스도 안에서의 나의 신분과 상태에 대해서 잘 가르쳐 주는 귀한 책이 되었습니다. (당신에게도 그렇게 되기를 바랍니다!) 신분적으로 보면, 하나님께서 그리스도 안에서 나를 의롭다고 선언하셨기 때문에 나는 이미 의롭습니다. 그러나 상태적으로 보면, 나는 아직 불완전하며, 그리스도 안에서 내가 갖게 된 신분에 걸맞게, 하나님의 은혜로 말미암아 성령의 역사로 성화되어 가고 있는 과정에 있는 사람입니다.

나는 마음속으로 하나님께 이렇게 말씀드렸습니다. "하나님 아버지, 도와주세요! 하나님을 본받는 자가 되라고 말씀하실 때 진정으로 말씀하시려고 했던 것이 무엇인지 알고 싶습니다. 그리고 제가 과연 어떻게 하나님을 본받는 자가 될 수 있는지 가르쳐 주세요."

나의 아버지께서는 "귀담아들어라" 하고 말씀하셨습니다. 그리고 나서 그분은 전체적인 윤곽을 보여 주신 다음, 세부적으로 자세히 가르쳐 주셨습니다. 그분의 말씀을 들어 보니, 이전부터 이미 항상 성경에 있던 것이었습니다.

하나님을 본받는 자가 된다는 것은, 빛의 자녀처럼 행하여 모든 착함과 의로움과 진실함이라는 빛의 열매를 맺는 삶을 사는 것입니다. 이해가 됩니까? 모든 착함. 모든 의로움. 모든 진실함. 그것이 일반적인 원칙입니다.

그리고 세부 사항은 다음과 같습니다. 나는 모든 겸손과 온유로 하고(4:2), 평안의 매는 줄로 성령의 하나 되게 하신 것을 **힘써** 지키고(4:3), 범사에 그리스도에게까지 자라고(4:15), 하나님을 따라 의와 진리의 거룩함으로 지으심을 받은 새 사람을 입고(4:24), 서로 인자하게 하며, 불쌍히 여기며, 서로 용서하고(4:32), 범사에 하나님께 감사해야 합니다(5:20). 됐습니다! 그리고 이 내용들은 하나님께서 나의 삶에서 나타나기를 원하시는 긍정적인 특성입니다. 하지만, 하나님께서 나의 삶에서 나타나기를 원치 않으시는 부정적인 특성들도 있었습니다. 긍정적인 특성들만큼이나 목록이 길었는데, 그 가운데 많은 것이 순결과 관계가 있었습니다. 나는 **무릇** 더러운 말은 나의 입밖에도 내지 말고(4:29), 성령을 근심하게 하지 말고(4:30), 모든 악독, 노함, 분냄, 떠드는 것, 훼방하는 것을 모든 악의와 함께 버리고(4:31), 열매 없는 어두움의 일에 참여하지 말아야 합니다(5:11).

"이만하면 됐어!"라고 나는 생각했습니다. 그러나 더 있었습니다. 하나님께서는 나의 삶에서는 음행(성적 부도덕)과 온갖 더러운 것과 탐욕, 기타 조금이라도 제자리에서 벗어난 것 같고 미심쩍은 것은 그 이름도 부르지 말아야 한다고 말씀하십니다.

"어휴! 주님, 그것은 제게 너무 힘든 수준이에요. 주님께서 그렇게 세세한 것까지 신경을 쓰지 않으셨으면 해요. 하지만 좋아요. 주님께서 그렇게 말씀하시니 뜻하신 바가 있겠지요. (그것은 제가 실행에 옮길 수 있는 것 그 이상이니까요.) 그런데 주님, 저는 **어떻게** 그처럼 주님을 본받기 시작할 수가 있나요?"

아버지께서는 "다시 보아라" 하고 말씀하셨습니다. 그래서 나는 점점 더 놀라움을 느끼며 에베소서를 살펴보게 되었고, 나 자신의 힘으로 하나님을 본받으려고 할 필요가 없다는 것을 알게 되었습니다. 하나님께서 나를 구속(救贖)하셨습니다. "우리가 그리스도 안에서 그의 은혜의 풍성함을 따라 그의 피로 말미암아 구속 곧 죄 사함을 받았으니, 이는 그가 모든 지혜와 총명으로 우리에게 넘치게 하사"(에베소서 1:7-8). 하나님께서는 나에게(그리고 인류에게) 도움의 손길을 뻗치셨으며, 나의 죗값을 치러 주심으로 내가 용서받고 회복될 수 있게 해주셨습니다. 내가 구속받았을 때 성령께서는 내 안에 거하시며, 하나님께서 원하시는 삶을 살 수 있도록 능력으로 도와주는 보혜사가 되십니다.

하나님께서는 또한 내가 옛 사람을 "벗어버리고," 심령으로 새롭게 되어 새 사람을 "입을" 때, 나를 변화시키십니다(4:22-24). 이 새 사람은 의와 진리의 거룩함으로 하나님을 닮아 가도록 지음받았습니다.

마침내, 하나님께서는 나로 그분의 형상을 **본받게 하십니다**(로마서 8:29). 그분의 형상을 본받는다는 것은 그분과 같은 모습이 된다는 의미입니다. 그것은 하나의 과정으로서, 내가 하나님과 하나님께서 내 삶에 허락하시는 모든 환경에 나 자신을 개방할 때 일어납니다.

과다 체중인 한 여성이 어느 날 다이어트 센터에 갔는데, 체중을 달고 나서 거울 앞에 서자, 담당자가 지금의 몸매보다 몇 인치는 더 호리호리한 그림을 거울에 그리더니, "우리의 목표는 10주 후에 당신의 몸매가 이 그림과 일치되도록 하는 것입니다"라고 했습니다.

그 여성은 열심히 노력했습니다. 음식 조절을 하고, 운동도 하고, 그리고 매주 그 센터에 가서 그 거울 앞에 서 보았습니다. 그러나 자신의 몸매는 그 그림에 맞지 않았습니다. 그래서 집으로 가서 더 열심히 노력했습니다.

그리고 나서 어느 날 그 거울 앞에 섰을 때, 그녀의 몸매는 거울에 그린 모습과 일치되어 있었습니다!

"본받는 자"가 된다는 말의 개념을 이해하는 데 시간이 좀 걸렸는데, 그것은 '베끼다, 사본을 만들다, 본뜨다, 흉내내다, 따르다'를 의미합니다. 우리 손녀 써니가 두 살 때, 그 애는 다섯 살 먹은 오빠인 에릭을 하루 종일 졸졸 따라다녔습니다. 오빠가 하는 것이면, 뭐든 따라 했습니다. 오빠가 가는 곳에는 그 애도 따라갔습니다. 마침내 저녁 식사 시간에, 에릭은 동생 때문에 너무 짜증이 났는지 눈물을 글썽이며 힘들어 죽겠다는 표정으로 모두에게 말했습니다. "써니는 내가 하는 것이면 뭐든 따라 해요… 소리는 더 커요!"

써니의 행동은 에릭을 즐겁게 하지 않았지만, 우리가 하나님을 흉내내는 것은 그분을 너무나 기쁘시게 합니다. 사람들이 그리스도인들의 삶을 보고는 이렇게 말한다면 놀라운 일이 아닐까요?, "그 사람들은 그리스도께서 하신 것은 뭐든 따라 해… 소리는 더 크지. 수가 더 많으니까."

그것이 나의 목표입니다. 하나님을 본받음으로 그리스도의 형상을 닮아 가는 것입니다. 경건하고 순결한 삶을 사는 것입니다.

순결한 삶은 어떠한 모습인가

"깨끗한 자들에게는 모든 것이 깨끗하나, 더럽고 믿지 아니하는 자들에게는 아무것도 깨끗한 것이 없고, 오직 저희 마음과 양심이 더러운지라. 저희가 하나님을 시인하나 행위로는 부인하니, 가증한 자요, 복종치 아니하는 자요, 모든 선한 일을 버리는 자니라"(디도서 1:15-16).

이 구절에 따르면, 순결하다는 것은 마음과 양심과 행동에서 순결하다는 의미합니다.

마음과 생각의 순결

이 세상을 살아가며 세상의 거짓말을 자기도 모르는 가운데 곧이들음으로 우리 생각은 왜곡되고 타락됩니다. 최근에 한 여성의 말을 듣고 마음이 아팠습니다.

"나는 오랫동안 우울증을 막아 주는 약을 복용해 왔어요. 내가 번 돈의 대부분은 나를 치료하는 의사에게 갖다 주게 되었고, 아이들은 이에 대해 원망하기 시작했지만, 나는 한 주에 두 번씩은 의사를 찾아가야 해요. 그렇지 않다면 나는 돈을 벌지 않을 거예요. 4년 동안 나를 치료한 의사는 크게 도움이 되지 않았지만, 지금 만나는 의사는 달라요. 약을 먹으면 졸리고 나른해지지만, 그래도 나는 약이 필요해요. 직장 상사가 나를 이해해 줘서 고마움을 느껴요. 그는 내게 예수님과 같은 분이에요."

이 여성에게는, 의사가 '지혜'요, 상담자가 '지식'입니다. 약이 그녀의 "머리를 드는 자"가 되었으며, 상사가 삶에서 예수님처럼 되었습니다.

불안의 원인들은 정신과 의사의 치료를 받아야 하고, 마음의 상처는 상처 치유 그룹에서 해결해야 하며, 사탄의 공격은 영적 전쟁에 관한 코스를 밟음으로 해결해야 한다는 식의 태도가 오늘날 기독교계에 널리 퍼져 있습니다. 그리스도의 지혜가 도움이 된다는 것은 분명하나, 진정한 해방을 위해서는 그 이상의 도움이 필요하다는 것입니다. 그리스도의 충분성에 이상이 생겼습니까?

사도 바울은 사람들을 돕고 훈련시키는 일에서 자신의 목적을 다음과 같이 분명하게 서술했습니다.

> 이는 저희로 마음에 위안을 받고 사랑 안에서 연합하여 원만한 이해의 모든 부요에 이르러 하나님의 비밀인 그리스도를 깨닫게 하려 함이라. 그 안에는 지혜와 지식의 모든 보화가 감추어 있느니라. (골로새서 2:2-3)

자신의 목적을 서술하고 나서, 바울은 엄중한 경고를 합니다. 우리가 "공교한 말"에 속지 말아야 한다고 했으며(4절), 그리고 나서 "누가 철학과 헛된 속임수로 너희를 노략할까 주의하라. 이것이 사람의 유전과 세상의 초등 학문을 좇음이요, 그리스도를 좇음이 아니니라"(8절)라고 했습니다. 그리고 주의하지 않으면 "머리와의 연결"이 끊어질 수 있다고 경고했습니다(19절).

그리스도 안에 푹 잠기는 것이 필요합니다. 주님께서는 우리의 생명이십니다. 우리의 영광이십니다. 사실 우리의 모든 것이 되십니다. 그리스도께 사로잡히게 되면, 역기능적인 과거를 치유하며, 현재의 곤경에 대해 올바른 시야를 가지며, 우리 자신의 관점이 아니라 주님의 관점으로 삶을 바라볼 수 있습니다.

그리스도께서는, 우리의 마음이 순결하다면 세상의 거짓말을 받아들이지 않을 것이라고 말씀하십니다. "사람에게서 나오는 그것이 사람을 더럽게 하느니라. 속에서 곧 사람의 마음에서 나오는 것은, 악한 생각 곧 음란과 도적질과 살인과 간음과 탐욕과 악독과 속임과 음탕과 흘기는 눈과 훼방과 교만과 광패니, 이 모든 악한 것이 다 속에서 나와서 사람을 더럽게 하느니라"(마가복음 7:20-23).

생각이 우리를 더럽히며 순결치 못한 삶으로 이끌 수 있기 때문에, 우리 생각을 지키는 데 열심이어야 합니다. 우리 눈을 통해 들어오게 하는 것은 마음으로 들어가며, 거기에 자리를 잡고, 금방 악취를 풍기기 시작합니다. 그럼에도 많은 그리스도인들이 어떤 영화를 보고, 어떤 책을 읽고, 어떤 활동에 참여해야 하는지에 대해 분명한 확신을 가지고 있지 못합니다. 그리고 나서 왜 자신의 생각이 순결치 못한지에 대해 의아해합니다.

어느 날 아침 시편 101편을 읽었습니다. "내가 완전한 마음으로 내 집안에서 행하리이다. 나는 비루한 것을 내 눈앞에 두지 아니할 것이요"(2-3절). 계속 읽어 나가기 시작했는데, 주님께서는 다시 이 구절로 내 눈을 돌이키셨습니다. 몇 차례나 나는 "왜 그러세요? 저는 집에 비루한 것을 가지고 있지 않아요"라고 항의했습니다. 그러나 성령의 음성은 그렇게 쉽게 놓

아주지 않았습니다. 성령께서는 내가 시청하던 텔레비전 프로 몇 가지, 내가 때때로 뒤적이곤 했던 책과 잡지 몇 가지, 그리고 내가 귀를 기울였던 험담도 생각나게 해주셨습니다. 그리고 내가 깨달은 것은, 내 영혼의 벽장에서 청소가 필요한 것도 있다는 것이었습니다.

나는 하나님께서 내게 원하시는 것을 실천할지 말지 번민을 거듭했으며, 마침내 지저분한 내용이나 그림을 담고 있는 책이 있으면 비싼 값을 치르고 산 것이라도 쓰레기통에 버리기로 결심했습니다. (자선 단체 등에 기증할 필요도 없습니다. 내가 읽지 말아야 하는 것이라면, 다른 사람에게도 유익하지 않을 것입니다. 그렇지 않아요?) 나는 아무 생각 없이 TV를 켜지 않기로 했습니다. 그렇게 하는 대신, 신문에 나오는 TV 프로그램 안내를 이용하여 내가 볼 필요가 있는 프로그램을 선택했고, 다른 때는 TV를 켜지 않도록 자신을 훈련했습니다.

성령에 민감해짐으로 세상의 쓰레기들이 우리 삶 속에 들어오지 않도록 해야 합니다. 순결한 삶을 위해, 우리 중에는 '집 청소'를 해야 할 사람들이 있을 것입니다!

양심의 순결

양심의 순결을 위해 나는 주기적으로 현미경으로 내 삶을 들여다볼 필요가 있습니다. 나의 마음뿐 아니라 양심도 순결해져야 할 필요가 있습니다. 사도행전 24:16에서, 사도 바울은 "이것을 인하여 나도 하나님과 사람을 대하여 항상 양심에 거리낌이 없기를 힘쓰노라"고 했습니다.

순결한 사람은 부정한 방법을 쓰지 않으며, 미심쩍거나 의심스러운 일을 하지 않으며, 부패하지 않습니다. 그는 간계가 없으며, 다른 사람들의 동기가 나쁜 것으로 입증되지 않는 한 선하다고 믿습니다. 우리 가운데 많은 사람이 이 세상에서 살다가 죄에 무디어져 있기 때문에, 우리가 지속적으로 해야 할 가장 중요한 기도는 "주님, 죄에 대해 민감해지게 해주시고, 계속 민감성을 유지하게 해주소서"라는 기도입니다.

오래 전에 있었던 일입니다. 어느 날 수화기를 드니, 알고 지내는 어떤 사람의 목소리가 들려 왔습니다. "사과를 드리고 용서를 구하기 위해 전화를 걸었어요."

나는 영문을 알 수가 없어서 "무엇에 대해서 말이에요?"라고 물었습니다.

"며칠 전 저녁 우리 부부가 모임에 갔을 때 당신이 우리에게 인사를 했는데, 남편 생각에 내가 당신에게 냉담하고 쌀쌀맞게 대했다는 거예요. 그래서 사과드리고 싶어요."

지금도 그때 받은 감명이 기억납니다. 나는 그녀가 "냉담하고 쌀쌀맞은 것으로" 느끼지는 않았습니다. 그러나 나는 그녀가 기꺼이 자신을 낮추고 용서를 구한 것에 감명을 받았습니다. 그 교훈은 지금까지 내 마음속에 새겨져 있으며, 양심의 순결을 유지하도록 도와주고 있습니다.

주님께서 당신이 주님께나 어떤 사람에게 용서를 구해야 것을 깨닫게 해주신 적이 있습니까? 하나님께서는 나의 양심을 '쿡쿡 찌르신' 적이 수없이 많습니다. 하나님께서는 계속 양심을 찌르셨습니다. 상처를 줄 수 있는 행동이나 말을 한 것 때문에 내가 힘들게 전화를 걸거나, 직접 만나자고 약속하거나, 사과하는 편지를 쓸 때까지 말입니다. 나는 상대방에게 "제가 잘못했어요. 죄송해요. 용서해 주시겠어요?"라고 말해야 했습니다. 이 간단한 몇 마디를 자주 하는 것이 중요합니다. 우리가 양심의 순결을 유지하기 원한다면.

행동의 순결

어떤 사람의 순결에 대해 생각할 때, 가장 먼저 떠오르는 것은 성적인 순결이며, 이는 성서적입니다. 사실, 이 주제에 대해서는 중간 영역이 없습니다. 바울은 다음과 말합니다.

> 하나님의 뜻은 이것이니 너희의 거룩함이라. 곧 음란을 버리고, 각각 거룩함과 존귀함으로 자기의 아내 취할 줄을 알고, 하나님을 모르는 이방인과 같이 색욕을 좇지 말고… 하나님이 우리를 부르심은 부정케 하심이 아니요, 거룩케 하심이니. (데살로니가전서 4:3-5,7)

> 음행을 피하라. 사람이 범하는 죄마다 몸 밖에 있거니와 음행하는 자는 자기 몸에게 죄를 범하느니라. 너희 몸은 너희가 하나님께로부터 받은바 너희 가운데 계신 성령의 전인 줄을 알지 못하느냐? 너희는 너희의 것이 아니라, 값으로 산 것이 되었으니, 그런즉 너희 몸으로 하나님께 영광을 돌리라. (고린도전서 6:18-20)

TV와 기타 여러 매체들이 결혼 생활 바깥에서 이루어지는 성관계가 아무 문제가 없다는 식의 메시지로 우리에게 폭격을 가하고 있는 때에, 성적인 죄에 둔감해지기가 쉽습니다. 세상은 우리 생각을 혼란시키려 하고 있으며, 혼전 성관계를 갖는 것, 배우자에게 성실하지 못한 것, 결혼하지 않고 아기를 갖는 것이 심각한 문제가 아니라고 생각하게끔 우리를 세뇌시키고 있습니다. 그러나 하나님의 명령은 분명합니다. "음행을 피하라!" 하나님께서는 거기서 그치지 않으시고, 성적 부도덕과 관련된 것은 우리 삶에서 그 이름도 부르지 말라고 하셨습니다. 조잡한 농담과 넌지시 암시하는 말까지 포함하여.

유행하는 것에 동조하게 된다는 말이 있는데, 옷 스타일이 바로 그런 경우입니다. 스커트 길이는 주식 시장의 경기에 따라 오르락내리락한다는 말이 있습니다. 무엇에 영향을 받았는지, 우리 딸 린이 십대였을 때, 스커트 길이는 올라가고 있었습니다. 린과 나는 짧은 치마가 어떻게 남자애들에게 쓸데없는 생각을 불러일으키는지에 대해 장시간 동안 대화를 나누었습니다. 그러나 그 애가 존경하는 한 청년 지도자가 그룹의 모든 소녀들을 다 모아 놓고 다음과 같이 말할 때까지는 내 말에 제대로 귀를 기울이지 않았습니다. 그는 이렇게 말했다고 합니다. "여러분은 자신의 치마가 들려 올라가 속옷이 보일 때 남자애들이 그것을 우연으로 여기리라 생각합니까? 생각을 순결하게 지키려는 남자애들은 왜 여자들이 수영장 안에 있으면 수영을 하러 가지 않는지 압니까? 남자애들이 여러분과 데이트를 하기 위해 나갔을 때 제일 먼저 하는 생각이 무엇인지 압니까?" 그 모임에서 돌아왔을 때, 린은 깜짝 놀란 표정이었으며, 그 문제에 대해 진정으로 확신을 갖게 되었습니다.

어떤 남자 분은 최근에 이렇게 말했습니다. "우리는 집에서마저 성적 부도덕으로부터 안전하지 못합니다. 그러므로 순결하고 거룩한 삶에 대해 깨어 있는 것이 꼭 필요합니다." 그가 언급하고 있는 것에는 텔레비전 프로와 빌려 온 비디오뿐 아니라, 인터넷을 통해 접할 수 있는 도색 사진과 음란한 대화도 포함되었습니다.

"행동의 순결"에는 물론 성적인 순결말고도 수많은 것들을 포괄합니다. 성경이 성적인 순결에 대해 가장 자주 초점을 맞추고 있기는 하지만 말입니다. 우리는 채팅을 통해 발전된 불건전한 관계에 대해, 그리고 '쓸데없이 인터넷에서 여기저기 돌아다니다가' 허비한 많은 시간에 대해 점점 더 많이 듣고 있습니다. 분명 이 모든 것은 그리스도를 향한 순수한 헌신으로부터 멀어지게 하려고 우리를 유혹하고 있습니다.

순결해지는 법

기억하십시오. 당신은 그리스도 안에서 순결합니다. 그리고 지속적으로 당신을 정결하게 하시는 분은 오직 그리스도이십니다. 그리스도는 당신의 머리이십니다(골로새서 2:19). 당신의 머리 되신 주님께서 당신을 다스리시도록 해드린다면, 천 가지가 넘는 다른 명령들이 있다 할지라도 염려할 필요가 없습니다. 오직 한 가지만 신경 쓰면 됩니다. 바로 당신의 머리 되신 분께서 말씀하시는 것에 순종하는 것입니다.

주님께서 말씀하시는 것을 들으려면 하나님의 말씀을 섭취해야 하며, 특히 개인 적용을 통해 그렇게 해야 합니다. 시편 기자가 하나님께 "청년이 무엇으로 그 행실을 깨끗케 하리이까?"라고 물었을 때, 그가 생각해 낸 대답은 "주의 말씀을 따라 삼갈 것이니이다"였습니다(시편 119:9). 그는 그렇게 하기 위한 열쇠를 우리에게 보여 줍니다. "내가 주께 범죄치 아니하려 하여 주의 말씀을 내 마음에 두었나이다"(11절).

친구가 어떤 군인 이야기를 해주었습니다. 그 군인은 새로 예수님을 믿은 사람인데, 욕설 문제로 고민하고 있었습니다. "제가 자지 않을 때는 욕설을 하지 않을 수 있어요. 하지만 막사의 동료들에 따르면, 제가 자면서 잠꼬대를 할 때는 욕설을 한다고 해요. 어쩌면 좋죠?"라고 말했습니다.

그를 그리스도께 인도한 사람은 그에게 정기적으로 말씀을 암송하도록 권했고, 그는 그 권면을 따랐습니다. 곧 막사의 동료들은 그가 성경 말씀으로 잠꼬대하는 것을 들었습니다!

시편 51:10이 우리의 기도가 되어야 합니다. "하나님이여, 내 속에 정한 마음을 창조하시고(창조는 '무(無)에서부터'의 창조를 의미합니다. 종종 우리는 그런 것을 필요로 합니다), 내 안에 정직한 영을 새롭게 하소서(새롭게 한다는 것은, 새 것으로 만들고, 다시 시작하는 것을 의미합니다)." 우리가 무력함과 곤란을 느끼며 아버지께 나아가면, 그분은 우리를 위해 역사하십니다. 하나님께서는 아들을 보내심으로 우리를 정결케 해주셨으며, 성령을 주셔서 우리 안에서 역사하도록 하심으로 그분의 뜻을 행하게 해주셨습니다. 주님의 뜻은 우리가 순결한 삶을 사는 것입니다. 이를 위해서는

주님의 말씀으로 우리 자신을 흠뻑 적시고…
주님의 명령에 순종하기를 힘쓰며…
주님의 발 앞에 앉아 있어야 합니다.

성경의 진리를 당신의 것으로

다음 구절들에 대해 **구절별 성경공부**를 해보십시오.

- 빌립보서 4:8
- 디모데전서 5:22
- 디모데전서 6:11-12
- 야고보서 1:27
- 요한일서 3:1-3

　그리고 나서, 순결에 대한 **주제별 성경공부**를 하십시오. (이 장에 나오는 구절들을 사용할 수도 있습니다.)

　베드로전서 3:16을 **묵상하십시오**. "선한 양심을 가지라. 이는 그리스도 안에 있는 너희의 선행을 욕하는 자들로 그 비방하는 일에 부끄러움을 당하게 하려 함이라." 이 구절의 전후 문맥을 읽어 보십시오. 이 말씀은 그리스도를 모르는 사람들을 향한 당신의 행동에 어떻게 영향을 미쳐야 합니까? 이 말씀에 순종한 경우와 불순종한 경우를 생각해 보십시오.

　마지막으로, 앞으로 두 주간 동안, 순결에 관한 구절 네 개를 **암송하십시오**.

제 12 장

친 절

"저는 아침 먹으러 내려가지 않겠어요"라고 나는 떨리는 목소리로 말했습니다. "저는 빼고 식사하세요."
남편은 한참 동안 나를 바라보더니 "좋소. 당신 마음 이해하오"라고 했습니다. 그가 허리를 굽혀 입을 맞추어 줄 때, 죄책감으로 마음이 아팠습니다. 그 상황을 남편 혼자 대처해야 한다는 것은 공평하지 않았습니다. 하지만 나는 울어서 눈이 부어 있었을 뿐 아니라, 전날 저녁에 그토록 신랄하게 남편을 헐뜯은 사람들이 모여 있는 식당에 가서 그들을 대할 수가 없었습니다. 차를 타고 서둘러 집으로 갈 수 있도록 옷 가방을 싸고 남편이 돌아오기를 기다리고 있는데, 다시 눈물이 쏟아졌습니다.
잠시 후, 방문을 열고 나가자 문간의 층계에 조그만 종이 가방 하나가 놓여 있는 것이 보였습니다. 그 안에는 과자 한 봉지와 함께 쪽지 하나가 들어 있었는데, 어제 저녁의 그 일에 관련된 사람 중 한 사람의 부인이 보낸 것이었습니다. 그녀는 내가 어떻게 느낄지 이해가 간다면서 동정을 표시하고 있었습니다. 나는 그녀의 친절을 결코 잊지 못합니다.

하나님의 축복을 받아 인자하고 친절한 성품을 타고난 사람들도 있습니다. 말과 본을 통해 친절을 잘 가르치는 가정에서 자라났기 때문에 그런 성품을 가지게 된 사람들도 있습니다. 그러나 친절한 성품을 타고나지도 않고, 본을 통해 친절을 배울 수 있는 환경에서 자라나지 않은 사람들도 희망이 있습니다. 하나님께서 우리 속에 친절한 성품을 계발시켜 주실 수 있습니다. 우리 마음을 활짝 열고 하나님께서 자유롭게 우리 삶에 개입하시도록 해드리기만 한다면 말입니다. 우리는 친절한 말과 행동을 하는 법을 배울 수 있습니다.

친절(kindness)이라는 속성은 갈라디아서 5:22-23에서 들고 있는 성령의 열매 가운데 하나입니다. 아홉 가지 열매 중 네 가지는 특히 여성들에게 가르쳐야 할 특성으로 자주 언급되고 있는데, 바로 사랑, 절제, 친절[온유], 순결[양선]입니다.

내가 보기에, 친절은 사랑에서 흘러나오는 것이며, 사랑의 부산물입니다. 사실, 나는 갈라디아서 5:22-23의 사랑 다음에 나오는 속성들은 사랑을 설명하고 있는 것으로 생각해도 된다고 생각합니다. 그렇게 되면 다음과 같이 될 것입니다. "오직 성령의 열매는 사랑, 즉 희락, 화평, 오래 참음, 자비, 양선, 충성, 온유, 절제이니." 우리가 마땅히 가져야 할 그런 사랑을 가지고 있다면, 오래 참음, 자비, 그리고 나머지 모든 것도 다 나타낼 것 같습니다.

친절은 고린도전서 13:4에서 사랑의 속성 가운데 하나로 언급되어 있습니다. "사랑은 오래 참고 사랑은 온유[친절]하며." 하나님께서는 "서로 인자[친절]하게 하며 불쌍히 여기라"(에베소서 4:32), "항상 선[친절]을 좇으라"(데살로니가전서 5:15)고 명령하십니다. 디모데후서 2:24은 우리가 모든 사람에게 온유[친절]하게 대해야 한다고 강조합니다.

손자 자매와 나는 식탁에 앉아 커피를 들면서 이 주제에 대해 토의를 하고 있었는데, 이때 그녀는 "친절이란 의도적으로 누군가에게 베푸는 선물이지요"라고 했습니다. 그 말은 곰곰 생각해 보며 이해할 필요가 있었습니다. 그녀는 계속해서 말하기를, 친절은 정당한 것 혹은 바른 것을 초월한다고 했습니다. 우리는 정당하거나 바른 것을 행하거나 말할지 모릅니다. 그러나 동시에 친절해야 할 의무를 여전히 가지고 있습니다.

그렇다면 우리는 어떻게 친절할 수 있습니까? 친절이 우리 삶을 통해 흘러 나가느냐 안 나가느냐는 우리가 무엇을 어떻게 말하며, 무엇을 어떻게 행하는지에 따라 결정됩니다.

무엇을 어떻게 말하는가

하나님께서 진정 '우리의 머리를 드시는 분'이기는 하지만(시편 3:3), 종종 우리 말을 통해 자기 백성들의 마음을 기쁘게 하십니다. 친절한 말은 마음을 가볍게 해줍니다. 잠언 12:25은 "근심이 사람의 마음에 있으면 그것으로 번뇌케 하나, 선한 말은 그것을 즐겁게 하느니라"고 말합니다.

겨울 코트가 필요했지만 살 돈이 없던 적이 있었는데, 캘리포니아로 갓 이사온 시어머니께서 베이지색 모직 코트를 주셨습니다. 베이지색은 나를 죽은 생선처럼 보이게 하여, 나는 없는 돈을 긁어모아 8달러를 주고 그 코트를 밝은 청색으로 물을 들였습니다.

어느 날 시내에 가는 길이었는데, 나는 삶은 힘들고, 경제적으로 쪼들리고, 시어머니가 주신 코트를 염색해서 입고 다녀야 한다는 생각에 특히 낙심이 되고 좌절감을 느끼고 있었습니다. 그때 넓은 인도의 반대편으로 나를 지나치던 한 여성이 별안간 길을 가로질러 성큼성큼 다가오더니 미소를 지으며, "너무나 아름다운 코트를 입고 계셔서 얘기해 드리지 않을 수가 없었어요!"라고 하는 것이었습니다.

갑자기 세상이 바뀐 것 같았습니다. 나는 눈을 내리뜨고 '그럼요, 아름다운 코트죠'라고 생각했습니다. 그리고 나서 그 코트로 인해, 그리고 사려 깊으신 시어머니로 인해, 주님께 감사 기도를 드렸습니다.

우리는 남편이든, 자녀이든, 친구이든, 아니면 낯선 어떤 사람이든 간에, 누구에게 격려의 말을 함으로 친절을 베풀 수 있는 기회를 놓치고 있을지 모릅니다. 성경은 "네 손이 선을 베풀 힘이 있거든 마땅히 받을 자에게 베풀기를 아끼지 말라"(잠언 3:27)라고 했습니다. 그런데도 우리는 흔히 친절한 말을 "아끼고" 있습니다.

가장 불친절한 언어 습관 가운데 아마도 우리가 종종 의식하지도 못하는 것이 한 가지 있습니다. 오늘날의 많은 유머가 그런 습관에 기초를 두고 있는데, 대부분의 시트콤에서 그러한 유머를 듣습니다. 그 습관은 비꼬는 것입니다. 사전에 의하면, 비꼰다는 것은, "비웃거나, 깎아 내리거나, 상처를 입히거나, 빈정대는 말을 하는 것. 조롱 또는 조소로서 일반적으로 풍자적이며, 상처를 주려는 의도가 담겨 있다"라고 되어 있습니다. 어떤 사람은 우리 미국에 대해 두려운 것은, 우리가 하고 있는 것이 아니라 우리가 보고 웃고 있는 것이라고 했습니다. 우리는 비꼬는 것이 정상적인 것일 뿐 아니라 농담을 하는 유일한 방법이라고 생각하며, "당신은 이보다 더 잘 비꼴 수 있소?" 식의 게임을 하기 시작합니다.

얼마 전에 다음 두 가지 이야기를 읽었습니다.

> 그녀는 머리를 마는 데 쓰는 분홍색 플라스틱 컬클립을 머리에 다닥다닥 붙이고 방안으로 들어왔다. 남편이 "당신 머리가 왜 그렇소?" 하고 물었다.
> 아내는 "머리를 말고 있어요"라고 대답했다.
> 그러자 남편은 "꼭 폭탄처럼 생겼는데 언제 그게 폭발하오?"라고 했다.

대조적인 이야기가 있습니다.

> 좀 일찍 도착했더니, 그 젊은이는 사귀고 있는 있는 여성이 머리카락의 반은 머리 마는 기구로 감고 있고, 나머지 반은 그야말로 제멋대로였다. 그녀는 당황이 되었지만, 분위기를 바꾸어 보려고 활짝 미소를 지으며 "내 머리에 대해 어떻게 생각해요?" 하고 물었다.

그는 잠시 말이 없다가 씽긋 웃으며, "뭔가 멋진 모양이 곧 나타날 것 같은 생각이 드는데!"라고 했다.

나는 두 이야기 모두에 대해 웃었습니다. 그러나 오직 하나만이 친절한 농담입니다.

무엇을 어떻게 하는가

친절은 미소, 격려의 말, 간단한 쪽지, 때에 맞은 전화 한 통화… 그리고 이런저런 행위의 형태로 표현됩니다. 이와 같은 행위는 수없이 많습니다. 예를 들어 보겠습니다.

평범하고 따분하기까지 한 날, 누가 노크를 하기에 문을 여니 햇볕이 쏟아져 들어왔습니다. 새로 사귄 친구가 금방 구운 계피빵 네 개를 들고 방긋 웃으며 서 있었습니다. "방금 구운 건데 당신과 잭 선생님이 좋아하실 것 같아서요."

남편의 어깨 수술 결과를 알기 위해 병실에서 기다리고 있는데, 시동생이 살며시 그리로 들어와 의사가 올 때까지 말상대가 되어 주는 바람에 기다리는 시간이 훨씬 덜 고통스러웠습니다.

지난주에는 알지 못하는 어떤 사람으로부터 유머가 가득한 카드를 받았습니다. 앞면에는 곰 한 마리가 비누 거품으로 가득한 욕조 안에서 이렇게 말하고 있었습니다. "삶이 너무 분주해질 때, 이렇게 뜨끈뜨끈한 물로 목욕을 하면 문제가 거의 다 해결된단 말이야." 카드 안쪽에는 "저는 지난 목요일부터 지금까지 여기에 있었어요"라고 되어 있었습니다. 그 여성은 그 카드가 내가 이전에 나누었던 한 예화를 생각나게 해주었다고 적었습니다. 그 카드를 보면서 웃을 때 나도 유쾌해졌습니다.

친절은 사랑의 마음에서 우러나는 사려 깊은 행동이요, 긍휼의 마음에서 나온 공감이요, 배려하는 마음으로 베푼 자비입니다. 친절은 베푼 것에 대해 보답을 기대하지 않습니다.

우리 가족이 출석하던 조그만 교회에 한 선교사 부부가 방문했는데, 여느 때처럼 우리 부모는 그들을 우리 집에서 묵게 했습니다. 그러나 비자에 하자가 생기는 바람에 그들이 선교지로 돌아가는 것이 연기되었습니다. 그래서 우리와 한 주 동안 같이 있기로 했던 계획이 한 달로 연장되었습니다. 어머니는 그들에게 자신을 내어 주었습니다. 그리고 오랜 친구가 되었습니다. 어머니는 그들에게 도움의 손길을 뻗었으나, 보답으로 무엇을 얻을지는 전혀 생각지 않았습니다.

잠언 14:21은 "빈곤한 자를 불쌍히 여기는 자는 복이 있는 자니라"라고 합니다. 신체적, 감정적, 영적 필요 등, 다양한 필요를 가지고 있는 사람들이 우리 주위에 많이 있습니다. 어떤 가정이 상(喪)을 당하면, 흔히 우리는 "도와드릴 만한 일이 있으면 알려 주십시오"라고 하지만, 그들이 알려 주는 경우는 드뭅니다. 어떤 사람은 상을 당한 친구 가정에 조용히 가서, 다음날 있을 장례식에 대비하여 눈에 띄는 모든 구두를 닦아 두었습니다. 다른 친구는 와서 집 청소를 깨끗하게 해주었습니다. 이러한 것이 어려움에 처해 있는 사람들에게 친절을 베푸는 특별한 행동입니다.

심지어 원수들에게도 친절해야 합니다. 그렇습니다. 우리 원수들에게까지. 누가복음 6:35에서, 예수님께서는 "오직 너희는 원수를 사랑하고 선대하며, 아무것도 바라지 말고 빌리라. 그리하면 너희 상이 클 것이요, 또 지극히 높으신 이의 아들이 되리니, 그는 은혜를 모르는 자와 악한 자에게도 인자로우시니라"라고 말씀하셨습니다. 우리가 친절해야 하는 이유는 하나님께서 친절하시기 때문입니다.

"지나치게 허물없이 놀면 체면을 잃는다"라는 속담이 있습니다. 나는 또한 지나치게 허물없이 놀면 불친절한 행동을 한다고 생각합니다. 한 친구는 이렇게 말했습니다. "성경공부 그룹은 멤버들이 친절에 대해 계속 자신들에게 상기시킨다면 훨씬 문제가 줄어들 것입니다." 그녀는 계속 말하기를, 여성들은 서로의 등뒤에서 이러쿵저러쿵하거나, 서로 냉대함으로 불친절을 행할 때가 자주 있다고 했습니다. "냉대"가 무엇을 뜻하는지 묻자 그녀는 자기가 참석하고 있는 성경공부 그룹의 멤버들은 공부가 끝나고 점심 식사를 하러 갈 때 종종 고의로 한 사람을 빼놓고 가거나, 중요한 소식을 알리면서 어떤 사람들에게는 알리지 않거나, 함께 기도하기 위한 조를 짜면서 어떤 사람을 뺀다는 것입니다. 그 여성에게 있어서, 이러한 형태의 냉대가 '가장 잔인한 행동' 목록의 맨 윗자리를 차지하고 있었습니다.

사전에서 이 냉대를 찾아보면, "업신여기는 태도로 대하는 것, 경멸하는 것, 멸시하는 것, 쌀쌀맞게 행동하는 것, 경시하거나 무시하는 것"으로 되어 있습니다. 경시하고, 무시하고, 멸시하는 태도로 사람을 대하는 것은 친절한 것이 아닙니다. "친절은 누군가에게 베푸는 하나의 선물입니다."

친절한 성품을 계발하는 법

먼저 지금 즉시 당신 자신의 삶을 진지하게, 유심히, 그리고 오랫동안 살펴보아야 할 것입니다. 마음속으로 당신의 영혼 한구석에 녹음기나 녹화 장치를 설치하고, 당신의 말과 행동을 녹음하거나 녹화하십시오. 당신 자신의 삶을 객관적인 입장에서 관찰할 수 있게 해주시도록 하나님께 기도하십시오.

어느 날 혼자서 차를 몰면서 나는 나 자신에게 귀를 기울여 보기로 했습니다. 깜짝 놀랐다는 것을 인정할 수밖에 없습니다. 나의 독백은 다음과 같았습니다.

(신호등 앞에서) "아주머니, 녹색불이 들어오자마자 건너면 어떡해요?"

(모퉁이에서) "이봐요, 방향 지시등이 왜 있는지 모르세요?"

(일단 정지 표시 앞에서) "이봐요, 제발 좀 가세요."

나는 계속 이런 식으로 지껄였습니다. 아무도 듣는 사람은 없었습니다. 그러나 하나님께서는 들으셨습니다. 그리고 그분은 재빨리 내가 혼자서 중얼거리는 것이 참을성 없는 행동일 뿐 아니라 불친절한 행동이라는 것을 깨닫게 해주셨습니다.

어떻게 친절을 배웁니까? 친절은 우리 대부분에게는 자연적으로 형성되는 자질이 아닙니다.

그 주제를 공부하십시오

하나님께서 얼마나 친절하신 분이신지를 공부하는 것이 도움이 됩니다. 기억하십시오. 우리는 하나님을 본받아야 합니다. 그러므로 우리의 이해를 초월할 정도로 친절하신 분을 오랫동안 살펴보는 것이 중요합니다.

에베소서 2:6-7에 귀를 기울이십시오. "또 함께 일으키사 그리스도 예수 안에서 함께 하늘에 앉히시니, 이는 그리스도 예수 안에서 우리에게 자비[친절]하심으로써 그 은혜의 지극히 풍성함을 오는 여러 세대에 나타내려 하심이니라."

로마서 11:22은 이렇게 말합니다. "그러므로 하나님의 인자[친절]와 엄위를 보라. 넘어지는 자들에게는 엄위가 있으니, 너희가 만일 하나님의 인자[친절]에 거하면 그 인자[친절]가 너희에게 있으리라."

예레미야 9:23-24은 다음과 같이 선언합니다. "여호와께서 이같이 말씀하시되, 지혜로운 자는 그 지혜를 자랑치 말라. 용사는 그 용맹을 자랑치 말라. 부자는 그 부함을 자랑치 말라. 자랑하는 자는 이것으로 자랑할지니, 곧 명철하여 나를 아는 것과, 나 여호와는 인애[친절]와 공평과 정직을 땅에 행하는 자인 줄 깨닫는 것이라. 나는 이 일을 기뻐하노라."

"나 여호와는 인애[친절]를 행하는 자이다"라는 말씀을 나는 좋아합니다. 하나님께서는 친절하신 분이실 뿐만 아니라, 친절을 행하십니다! 하나님께서는 의도적으로 친절을 행하기로 하셨습니다. 우리도 그렇게 해야 합니다.

친절해지는 능력을 주시도록 기도하십시오

친절과 같은 특성을 갖추려면, 우리의 집중적인 노력 그 이상을 필요로 합니다. 하나님의 능력을 필요로 하는 것입니다. 우리는 계발이 필요한 그 '구체적인' 자질을 위한 기도 제목을 기도 목록의 맨 위에 두어야 합니다. "구체적"이라고 말씀드렸습니다. 단지 친절해지게 해달라고 기도하지 마십시오. 너무나 일반적입니다. 자녀들을 훈계할 때도, 피곤을 느낄 때도, 심지어 당신이 이용당하고 있다고 느낄 때도 친절하게 해달라고 기도하십시오. 기도를 시작하는 좋은 방법이 있습니다. 당신이 불친절해지기가 쉬운 특정 영역에서 늘 깨어 있게 해주시도록 기도하는 것입니다. 어떻게 해도 우리를 사랑해 주고 용납해 주는 가족들에게 우리는 너무 마음 편하게 대하며, 낯선 사람에게라면 생각할 수조차 없는 말을 하는 경향이 있습니다.

내 친구 하나는 자기 삶에 가장 필요하다고 느끼는 자질을 위해 "1년을 위한 구절"을 하나님께 구했습니다. 그리고는 그 구절을 조그만 카드에 기록하여, 성경에 꽂아 두었습니다. 매일 경건의 시간을 가질 때면 그 구절을 읽었으며, 그 내용을 가지고 기도했습니다. 그녀는 하나님께서 그 자질을 키워 주시기 위해 삶에서 진행하시는 수업들이 때때로 어렵기도 했지만, 그 결과 자신의 삶이 매우 향상되었다고 했습니다.

알다시피, 우리는 자신을 변명하기가 쉽습니다. 그렇지 않으세요? 불친절한 행동으로 다른 사람에게 상처를 주게 되면, 흔히 우리는 "죄송해요. 나는 그것이 …하리라고는 생각지 않았어요"라고 합니다. (당신의 말을 넣어 보십시오. 나는 그게 당신에게 상처를 줄 것이라고는 생각지 않았어요… 나는 당신이 참여하고 싶어하리라고는 생각지 않았어요… 나는 그런 뜻으로 한 말이 아니었어요….) 편리한 변명입니다. 하지만 용납될 수 있는 변명은 아닙니다. 우리가 하는 말을 깊이 생각하며, 자신의 행동의 결과를 따져 보며, 말하기 전에 생각하도록 하나님께서 도와주실 수 있습니다. 그렇습니다. 하나님의 도움이 필요합니다! 그리고 나는 하나님께서 나에게 오래 참으시는 것이 기쁩니다. 당신도 그렇지요?

다른 사람의 도움을 구하십시오
다음 단계는 용기가 있을 때라야 밟을 수 있는데, 당신과 가까운 사람들로부터 도움을 구하는 것입니다. 겁이 납니까? 물론 그럴 것입니다. 창피합니까? 당연할 것입니다. 그러나 경건한 자질을 성품으로 갖추기를 진정으로 원한다면, 그렇게 하는 것이 필요할 것입니다.

린은 사람들이 대화할 때 사용하는 '넌지시 하는 말'에 대해 이야기합니다. 그것은 준비 없이 즉석에서 하는 말로서, 그 사람이 진정으로 생각하고 있거나, 흥미를 갖고 있는 것에 대해 알 수 있는 실마리를 제공해 줍니다. 만약 그러한 말을 듣고 캐물어 본다면, 그 사람에 대해, 혹은 그 사람이 우리에 대해 생각하고 있는 것에 대해, 풍부한 정보를 얻게 될 것입니다.

'넌지시 하는 말'의 예를 들면 "확실히 거기에는 비판적인 사람들이 많은 것 같았어요"와 같은 말입니다. 우리는 "네, 정말 그래요"라고 하고, 다른 화제로 넘어갈 수도 있습니다. 아니면 좀더 깊이 파고들며, 다음과 같은 질문들을 던질 수도 있습니다. "말씀하고자 하는 게 뭐예요? 무엇 때문에 그들이 그렇게 되었다고 생각해요? 그들은 무엇에 대해 비판적이에요? 당신 생각에 나는 비판적인 사람이에요?"

당신은 '넌지시 하는 말'을 감지할 만큼 지혜롭고 주의 깊은 사람입니까? 당신 자신에게 상처를 주는 주제에 대해 계속 파고들 정도로 겸손합니까? 나아지기 위해 어떤 것을 시도할 정도로 간절한 마음을 가지고 있습니까? 나는 그렇지 않을 때가 많다는 사실을 인정할 수밖에 없습니다. 오, 때때로는 남편의 '넌지시 하는 말'을 감지할 것입니다. 그가 "당신 너무 바쁜 것 같은데"라고 말하면, 나는 꼬치꼬치 물어 볼 것입니다. (무슨 뜻이에요? 제가 혹시 당신에게 소홀해요? 아니면 린에게? 아니면 집안일을 소홀히 해요?) 린이 "엄마는 마음이 좀 분산되어 있는 것 같애"라고 하면, 대화를 계속할 것입니다. (내가 네 말을 경청하지 않는다고 생각하니? 흥미가 없다고 생각하니?) 나는 손자 자매가 "자매님은 거기서 약간 비판적인 것 같았어요"라고 하면 계속 대화를 하며 왜 그렇게 느꼈는지 알아 볼 것입니다. 그러나 내가 잘 알지 못하는 사람이나 나를 정말로 알고 있다는 생각이 안 드는 사람들의 말에 대해서도 그런 식으로 물어 봅니까? 나는 그들을 무시하며, 그들이 단지 더 이상 이야기하지 않고 그만두기를 바라는 경향이 있습니다. 나는 다른 사람들이 넌지시 하는 말과 격식 없이 하는 말을 인지할 필요가 있습니다. 그런 말이 내가 자신에 대해 좀더 정직하도록 도와줍니다. 그리고 나는 나 자신에 대해 잘 보지 못하고 있는 것을 보게 도와달라고, 가까운 사람들에게 **부탁하는 모험**을 할 필요가 있습니다.

친절함이란 얼마든지 배울 수 있고 계발할 수 있습니다. 하나님께서는 우리가 그 영역에서 자라 가도록 은혜를 주실 것입니다. 친절은 꼭 필요한 자질이며, 문간 층계에 놓여 있는 과자 봉지와 쪽지로, 염색한 겨울 코트에 대한 친절한 말 한마디로, 새로 사귄 친구가 갖다 주는 계피 빵으로 표현되는 것입니다. 친절함은 삶의 상처에 발라 치료해 주는 향유와도 같습니다.

성경의 진리를 당신의 것으로

이번주는 "관찰하는 주간"입니다! 앞으로 7일 동안, 당신 주위에서 친절한 행동을 찾아보십시오. 남편, 자녀, 친구, 또는 잘 모르는 사람이 나타내는 친절한 행동도 되고, 책이나 신문 같은 데서 읽은 것도 됩니다. 그러한 친절한 행동을 기록하십시오. 그런 것들을 보게 되면 잠시 시간을 내어 주님께 감사하십시오. 그리고 나서, 각 날에 어떤 친절한 행동을 할 것인지 기도하는 가운데 결정하도록 하십시오. 그리고, 그러한 행동들을 죽 기록해 목록으로 만들어 가십시오.

그리고 다음 구절에 대한 **구절별 성경공부를** 하십시오.

- 에베소서 4:32
- 잠언 31:26
- 골로새서 3:12
- 디모데전서 5:10
- 잠언 11:16

T-O-P-I-C-A-L을 사용하여 주제별 성경공부를 하는 법

'친절(kindness)'이라는 단어에 대한 **주제별 성경공부**를 하십시오. 10장에서 '절제'에 대해 공부할 때, 일종의 주제별 성경공부를 했습니다. 이제 T-O-P-I-C-A-L을 사용하여 좀더 확대된 주제별 성경공부를 해보도록 합시다.

T-Title(제목)
이 경우에는, "친절," "성경은 친절에 대해 무엇을 말하고 있는가?" 또는 "친절에 이르는 열쇠" 등이 될 수 있습니다.

O-Outline(개요)
구절들을 죽 살펴볼 때, 때로는 자연스럽게 개요가 분명히 드러나기도 합니다. 그렇지 않다면, 언제든 육하 원칙(**누가, 언제, 어디서, 무엇을, 왜, 어떻게**)을 사용할 수 있습니다. 친절이라는 주제에 대해서는, 다음과 같은 단락으로 나눌 수 있을 것입니다. 친절의 정의(사전이나 성경 사전 사용), 친절과 연관성이 있는 성품, 친절의 근원(갈라디아서 5:22-23), 친절해야 할 사람, 친절의 예, 친절 계발의 열쇠 등.

P-Problem(문제)
성경 구절들을 공부할 때 질문들이 떠오를 것입니다. 모든 질문들에 대해 다 답을 가지고 있을 필요는 없습니다(비록 다른 성경 말씀들이 그 질문들에 대해 빛을 비춰 주기는 할 것입니다). 그러나 구절들을 공부할 때, 떠오르는 질문이나 해결된 문제가 있으면 기록하십시오. 왜 친절을 흔히 절제와 연관시키는가? 명철과의 관계는? 그리스도께서는 늘 친절하셨나? 그렇지 않다면, 왜 그런가? 그리스도께서 친절해 보이지 않은 예들로는 어떤 것이 있는가?

I - Illustrations(예화)
흔히 예화는 우리 자신의 경험에서 나오지만, 성경 말씀에서도 계속 찾아보십시오. 노트를 늘 가지고 다니면서, 설교에서 듣거나 책에서 읽은 이야기들을 기록하십시오.

C - Commentaries(주석)
원어로 된 성경으로 공부한 경건한 사람들이 기록한 주석류를 구할 수 있다면, 많은 주제들과 구절들에 대한 그들의 생각을 참조할 수 있을 것입니다.

A - Application(적용)
이것이 가장 중요한 단계입니다. 그러나 우리 대적은 우리가 이 단계를 밟는 것을 원치 않기 때문에, 이 적용을 꾸준히 해 나가기가 아주 어려울 것입니다. 적용은 개인적이고, 실제적이며, 이번주에 할 수 있는 것이어야 합니다. 예를 들면, 하나님께서 당신이 자녀들에게 친절하지 않은 때를 말씀해 주시면 (예를 들면, 식탁에 저녁 식사를 차릴 때 짜증을 잘 부리는 것 따위), 그러한 때에 도움이 될 만한 아이디어를 주시도록 기도하십시오. 예를 들면, 에베소서 4:32을 큰 카드에 기록하여 싱크대 위에 붙여 두고 매일 그 시간에 읽는 것도 좋습니다.

L-List(목록)

친절에 관한 성경 구절을 찾고 공부할 때, 주의를 끄는 구절이 몇 개 분명히 있을 것입니다. 이러한 구절들을 "장차 암송할 구절들"이라는 제목이 붙은 노트에 기록하십시오. 매월 이 구절들을 훑어보고, 암송할 구절 하나를 선택하도록 하십시오.

친절에 관한 구절 네 개를 **암송하십시오.**

제 13 장

복 종

길게 줄지어 있는 의자들 가운데 하나에 자리를 잡고 있는데, 몸집이 큰 여인이 내 옆자리에 털썩 주저앉더니, 지치고 체념한 듯한 목소리로 "전 꼬박 한 달 동안 남편이 제게 말한 것은 무엇이든 했어요. 이 사실을 아셨으면 해요"라고 불쑥 내뱉었습니다.

나는 놀라서 그 여인을 바라보았는데, 왜 그런 말을 하는지 영문을 알 수가 없었습니다. 그녀가 누구인지 알아보지 못했지만, 내가 남편과 아내 사이의 관계에 관해 종종 말씀을 전한다는 것을 알고 있는 사람이 분명했습니다. 그녀는 내가 물은 적도 없는 질문에 답하고 있었으며, 자기는 나름대로 복종이라고 생각되는 것을 꽤 잘하고 있노라고 나에게 확신시키고 있었습니다.

나는 '저런, 그것만큼 성서적 복종과 거리가 먼 것은 들어 본 적이 없구나!' 하는 생각이 들었습니다.

  그러나 나도 똑같은 생각을 했던 시절이 있었습니다.

  결혼했을 때, 나는 복종이란 "예스맨"이 되는 것, 개성도 자기 의견도 없는 따분한 사람이 되는 것, 생각이 모자라는 듯한 하찮은 존재가 되는 것을 뜻한다고 여겼습니다. 뿐만 아니라, 내가 복종하는 아내가 된다면, 남편은 요구하기만 좋아하고, 이기적이고, 독재적이 될 것이라고 생각했습니다. 그 가운데 어느 것도 참을 수 없는 것이었습니다! 나는 결혼이란 흔히 생각하듯 50대 50으로 이루어진다고 생각하고 있었습니다. 남편이 그의 몫인 50%를 주면, 나도 내 몫인 50%를 줄 거라고. 단 한 가지 문제는, 우리는 누가 50%를 줄 차례냐 하는 것에 대해 늘 다툼을 벌인다는 것이었습니다! (오랜 후에 내가 배우게 된 것은 성공적인 결혼 생활을 위해서는, 양편 다 늘 기꺼이 100%를 줄 필요가 있다는 것이었습니다.)

  하나님과 동행하는 삶이 깊어 감에 따라, 그리고 그분이 복종에 대해 나의 마음에 말씀해 주시기 시작함에 따라, 하나님과 나는 논쟁을 벌였습니다. 사실, 몇 달 동안 나는 이 문제를 두고 하나님과 싸우다시피 했습니다. 먼저 나는 복종하라고 권면하고 있는 구절들로 주제별 성경공부를 했습니다. 그 구절들이 **진정으로** 복종을 요구하고 있는지를 알기 위해서였습니다. 그 구절들은 복종을 요구하고 있었습니다. 그리고 나서 좀더 성경공부를 하면서, 그리고 성경 읽기를 하면서도 성경에서 '예외적인 것'들을 찾아내고자 애를 썼습니다. 아내가 복종하지 않았는데 아무 문제가 되지 않았거나 혹은 그로 인해 칭찬받는 경우가 있는지를 알아보려고 한 것입니다. 남편을 조종하거나 속인 아내들을 몇 명 겨우 찾아내기는 했으나, 그 누구도 훌륭한 아내라고 하지는 않고 있었습니다. 사실, 경건한 아내라는 말을 들은 사람은 베드로전서 3장에 나오는 사라인데, 그녀는 "아브라함을 주라 칭하여 복종했기" 때문이었습니다. 나는 시간을 내어 사라가 실제로 어떻게 했는지를 살펴보고는 충격을 받았습니다! 그녀는 아브라함을 위해 거짓말을 했습니다(창세기 12:1-20, 20:1-17). 그녀는 실제로 다른 남자와 살기 위해 갔는데(두 번씩이나!) 이는 훌륭하고, 나이도 들었고, 용감하기도 했던 가장(家長)인 아브라함이 자기가 죽임을 당할까 봐 두려워(권력 있는 사람이 자기 아내를 탐냈기 때문에) 사라에게 "당신은 나의 누이라고 하시오"라고 했기 때문입니다.

나는 남편을 위해 거짓말을 하리라고는 생각지 않으며, 누가 오늘날 나더러 거짓말을 해야 한다고 하지도 않을 것입니다. 그러나 사라는 거짓말을 했고, 경건한 아내의 예가 되었습니다. 내가 믿기로, 사라는 하나님께서 자신을 악으로부터 지켜 주실 것을 신뢰하고 있었을 것입니다. 실제로 하나님께서는 그녀를 지켜 주셨습니다. 그리고 그녀가 칭찬을 받는 것은 거짓말을 한 것 때문이 아니라 순종을 한 것 때문입니다. 여전히 그 문제는 좀 생각해 볼 여지가 있습니다.

성경에서는, 지혜로워서 남편에게 복종을 하지 않은 여성을 딱 한 사람 언급하고 있습니다. 바로 아비가일입니다. 남편인 나발(정말로 비열한 사람!)은 다윗과 그 부하들에게 음식물을 주지 않으려 했고, 그러자 다윗은 그와 그의 집 사람들을 멸하기로 결정했습니다. 아비가일은 남편에게 알리거나 동의를 구하지 않고, 다윗과 그 부하들에게 음식물을 가지고 가서는, 지혜롭게 말을 하고 다윗에게 그 음식물을 제공함으로 자기 남편을 비롯하여 모든 사람들의 목숨을 건졌습니다(사무엘상 25장). 위기 일발이었던 그 상황에 대해 듣자, 나발은 낙담하여 몸이 돌과 같이 되었다가, 열흘 후에 하나님께서 치셔서 죽었습니다. 그 후 아비가일은 다윗과 결혼을 했습니다. 아비가일의 예는 약간 위로가 되었습니다.

나는 "아내들이여, 자기 남편에게 복종하기를 주께 하듯 하라"(에베소서 5:22)라는 말씀을 "아내들이여, 남편이 주님처럼 행하거든 그에게 복종하라"라고 생각하려고 애를 썼습니다. 그렇게 되면 너무나 쉬울 텐데! 그러나 나는 그 말씀이 그런 의미를 갖게 만들 수가 없었습니다. 그 대신, 그 말씀은 내가 주님께 기쁨으로 그리고 전폭적으로 복종하기 원하듯 같은 태도로 남편에게도 복종해야 한다고 말하고 있었습니다. 어려운 문제였습니다!

어느 날 아침에 있었던 일을 아직도 생생하게 기억납니다. 그때 나는 침실에서 무릎을 꿇고 주님께 이렇게 말씀드렸던 것입니다. "좋습니다! 저는 손을 들었습니다! 저는 아직도 복종의 의미나, 복종에 수반되는 여러 가지 것들과 복종의 결과에 대해서는 잘 모르겠습니다. 하지만 그런 것은 주님께서 알아서 하실 일입니다. 그렇지 않습니까? 제가 복종을 하는 것은, 남편이 복종하라고 말했기 때문도 아니요, 남편이 열심히 노력하여 복종을 요구할 만한 사람이 되었기 때문도 아닙니다. 저는 **주님께 대한 순종으로 남편에게 복종하기 원합니다.**"

깜짝 놀랄 일이 일어났습니다. 나는 남편에게 그 결단을 이야기한 것 같지는 않습니다. 그 결단은 어떤 것을 하고 하지 않고에 관한 것이 아니라 마음의 태도에 관한 것이요, 자신을 남편의 권위하에 두며, 내가 원하는 바를 관철시키기 위해 조종을 하거나 논쟁을 벌이지 않으며, 주관하려 들지 않겠다는 의도적인 결단이었습니다. 결단을 실행에 옮기자 생각했던 것과 정반대 되는 일이 일어났습니다. 남편은 이것저것 더 **많은** 것에 대해 내 의견을 묻기 시작했습니다. 그는 더 사려 깊어지고 배려를 더 많이 해주었습니다. 우리는 사랑으로 뭉쳐 함께 움직이는 팀이 되었으며, 한 사람은 고집 불통이고 한 사람은 늘 따라가기만 하거나 다른 길을 가려고 버둥대는 것이 아니었습니다. 요한일서 5:3의 진리를 조금은 깨닫게 되었습니다. "하나님을 사랑하는 것은 이것이니, 우리가 그의 계명들을 지키는 것이라. 그의 계명들은 **무거운** 것이 아니로다." 하나님의 계명들은 나의 삶을 힘들게 만드는 것이 아니요, 더 아름답고, 더 평화롭고, 더 만족스럽게 만들어 주는 것입니다.

남편은 그리스도께서 교회를 사랑하시듯 아내를 사랑하며 그리스도께서 교회를 이끄시며 돌보시듯 아내를 이끌며 돌보아야 합니다. 남편의 이 책임은 두렵고 엄숙한 일입니다. 그러나 내게는 아내의 책임 또한 동일하게 두렵고 엄숙하며, 경이감을 불러일으킵니다. 거기에는 남편에게 복종하는 것도 포함됩니다.

내가 말해 두고 싶은 것이 있습니다. 나는 복종이 무엇이냐에 대해 서로 다른 의견들을 많이 들어 왔고, 심지어 지금 당신과 나 사이에 이 주제에 대해 의견이 일치하지 않아도 당황스럽지 않다는 것입니다. 권면하고 싶은 것은, 이 주제에 대해 개인적으로 공부를 하며, 당신 자신의 확신을 얻도록 하라는 것입니다. 하지만, 반드시 어떤 편견도 버리기 바랍니다. 선입견들을 지워 버리고 공부를 시작하며, 직접 성경 말씀으로부터 공부하고, 성경 말씀을 다른 사람이 해석한 것을 가지고 하지 마십시오(그런 것은 대개 한 방향으로 치우쳐 있습니다). 하나님의 진리를 보여 주시도록 기도하면서 공부하십시오.

어떤 것이 성경적인 복종인가

복종에 대해 괴상한 생각을 가지고 있는 사람들이 많이 있습니다. 한 여성은 자기 남편이 있는 자리에서 "나에게 있어서 복종이란, 남편에게 부정적인 생각을 표현하지 않는 거랍니다"라고 했습니다. 그 말에 그녀의 남편은 이렇게 말했습니다. "하지만, 난 아내가 그런 생각을 표현해 주기 원한답니다! 아내가 나에게 건설적인 비판을 해줄 수 있다고 생각하는데, 내가 부탁을 해도 아내는 해주기를 거절합니다."

하나님께서는 "모든 지혜로 피차 가르치며 권면하고"(골로새서 3:16), "사랑 안에서 참된 것을 말하며"(에베소서 4:15), "사람이 무슨 범죄한 일이 드러나거든, 신령한 너희는 온유한 심령으로 그러한 자를 바로잡으라"(갈라디아서 6:1)고 말씀하십니다. 이러한 명령들은 그리스도의 몸 된 교회 안에 있는 모든 그리스도인들에게 주신 것이며, 거기에는 남편과 아내도 포함됩니다. 당연히, '권면을 하기 위해서는,' 다시 말해 부정적인 것을 말하기 위해서는, 때와 장소를 가려야 합니다. 그리고 결혼 생활에서 부정적인 것 한 가지를 말하기 위해서는 50

가지의 긍정적인 것을 말함으로 비판적인 분위기보다는 긍정적인 분위기가 되도록 해야 합니다. 그러나 아내(이 세상에 있는 그 누구보다 남편에 대해 더 잘 아는 사람)가 남편한테서 관찰된 것을 말해 주지 않고 감추고 있는 것은, 비록 그것이 부정적인 것일 때라도, 남편에게 큰 해가 됩니다.

어떤 아내는, 복종하기 위해서는 어떤 결정도 내리지 않는다고 하면서, 거기에는 식사 메뉴 결정까지도 포함된다고 했습니다. 나는 하도 놀라서 그녀를 쳐다보며, "하지만 남편은 그런 일은 당신이 좀 책임지기 원치 않으세요? 그건 그에게 버거운 짐이 아닌가요?"라고 물었습니다.

"모르겠어요. 난 단지 그가 인도자가 되기를 바랄 뿐이에요"라고 말하면서 그녀는 뿌듯함을 느끼는 듯했습니다.

글쎄요, 그것도 남편이 이끌게 하는 한 방법이기는 하겠지요! 하지만 남편은 아내가 집안일에 대한 책임, 자녀들의 훈련과 관련해서 두 사람이 합의한 영역들에 대한 책임, 그리고 손님 접대 등에 대한 책임을 맡아 주기를 원하는데도, 아내가 이를 거부하는 것이 복종입니까? 이끄는 자가 해야 할 일 가운데 하나는, 이끄는 데 시간과 에너지를 확보하기 위해 책임들을 위임하는 것입니다. 그 밑에 있는 사람들이 그가 맡겨 준 일을 거부하면, 이는 분명 복종하지 않고 있는 것입니다.

그렇다면 진정한 복종이란 정확히 무엇입니까? 복종은 우월함 혹은 열등함과 관계된 문제가 아니라는 데 대개가 동의합니다. 남자와 여자는 영, 혼, 마음, 양심, 신분, 특권, 자유, 행복, 그리고 하나님과 동행하는 일에서 동등합니다. 나는 다음 말을 좋아하는데, 어거스틴의 말로 알려져 있습니다. "만약 하나님께서 여자가 남자를 다스리도록 하셨다면, 아담의 머리뼈로 여자를 만드셨을 것이다. 만약 여자가 남자의 종이 되도록 하셨다면, 남자의 발뼈로 여자를 만드셨을 것이다. 그러나 하나님께서는 남자의 갈비뼈로 여자를 만드셨다. 이는 여자가 돕는 배필이 되며 남자와 동등하도록 만드셨기 때문이다." 그러나 이 동등성에는 한 가지 조건이 있습니다. 남편과 아내는 **권위**에서 동등한 것은 아닙니다. 하나님께서 정해 주신 질서 때문입니다. 아내는 자신을 남편의 권위 아래 두어야 합니다. 남편은 아내의 인도자요, 보호자요, "머리"입니다.

복종은 속박이 아닙니다. 오히려 참된 복종은 자유로 이끕니다. 자기 자신이 되는 자유, 자신의 은사들과 전문 분야에서 계발되는 자유, 하나님께서 원하시는 모든 것이 되는 자유로 이끕니다. 지금 나는 어떤 아내들은 자유를 느끼지 못한다는 것을 알고 있습니다. 어떤 여성은 독재적인 남편이 가하고 있는 제약 때문에 마치 감옥에 갇혀 있는 듯한 느낌이 든다고 했습니다. 얼마나 슬픈 일인지요! 그 남편은 머리가 된다는 것이 무엇인지에 대해 잘못된 개념을 가지고 있는 게 분명했습니다. 나는 그녀에게 기도하라고 촉구하되, 하나님께서 남편에게 그의 생각이 얼마나 잘못된 것인지 깨닫게 해주시고, 남편의 이해를 돕기 위한 창의적 방법들을 보여 주시고, 그리고 그 무엇보다도, 이 기간 동안 자신의 마음을 예수님께 고정하도록 지켜 주시고, 이 "감옥"이 어떻게 자신을 주님의 형상으로 변화시킬 수 있는지 깨닫게 해주시도록 기도하라고 했습니다.

남편이 복종을 요구하는 것은 하나님께 순종하지 않는 것입니다. 아내는 남편에게 그리스도께서 교회를 사랑하시듯 자신을 사랑하라고 요구할 수 없으며, 남편도 아내에게 자기에게 복종하라고 요구할 수 없습니다. 에베소서 5:21은 남편과 아내의 관계에 대해 다루기 시작하면서 나오는 구절인데, "그리스도를 경외함으로 피차 복종하라"고 말합니다. 남편과 아내 둘 다 복종해야 하며, 둘 다 사랑해야 합니다. 그러나 남편의 특별한 책임 가운데 하나가 사랑하는 것이며, 아내의 특별한 책임 가운데 하나가 복종하는 것입니다.

복종의 장애물

복종하다를 나타내는 헬라어는 "아래에 두다, 하위에 놓다"라는 의미를 갖고 있습니다. 그것은 한 개인이 다른 사람에게 굴복하는 것이며, 자기를 주장하는 태도나, 독립적이고 독재적인 태도의 반대입니다. 한 친구는 이렇게 말했습니다. "복종은 당신 자신을 온전히 다른 사람의 처분에 내맡기는 것입니다. 그것은 당신의 모든 것(생각, 감정, 은사 등등)의 가장 좋은 것을 취하여 당신 위에 있는 사람과 지혜롭게 나누는 것입니다"라고 했습니다. 복종은 하나의 태도로서, 다음과 같은 마음가짐을 갖는 것입니다. "나는 당신과 함께하고 있으며, 당신은 나의 우두머리입니다. 당신의 결정에 전심으로 따르겠지만, 동의가 되지 않는 것은 얘기하겠습니다. 그러나 일단 결정이 이루어지면, 나는 전폭적으로 당신과 함께하겠습니다. 나는 당신을 따르고, 당신을 바라보고, 당신의 보호 아래 있고자 하는 태도를 갖기 원합니다."

아내가 남편에게 성경적인 복종을 하는 길에는 커다란 돌멩

이들이 많이 놓여 있습니다. 그 가운데 가장 큰 것은 여성들이 가지고 있는 조종하려는 경향이라고 생각합니다.

조종하기

결혼 생활 초기, 나는 이 일에 꽤 숙달되어 있었습니다. 여섯 명이 우리 집에서 영적 훈련을 받고 있을 때, 두세 명이 나에게 와서는 남편에게 무슨 부탁을 해줄 수 있는지 알고 싶어했습니다. 예를 들면, 군인 선교 센터로부터 잠시 벗어나 시간을 갖는 것, 차 사용, 혹은 기타 특별한 배려 등입니다. 나는 적절한 때를 기다리고 있다가, 남편에게 그 필요에 대해 설명하고 나서, 그 문제에 대해 물으면, 대개 긍정적인 반응을 얻곤 했습니다.

어느 날, 하나님께서는 내가 하고 있는 일에 대해 눈을 뜨게 해주셨습니다. 남편도 나도 깨닫고 있지는 못했지만, 나는 남편을 조종하고 있었습니다. 그 젊은이들은 원하는 것이 있으면 내가 아니라 남편과 상의하는 것이 마땅했습니다. 그리고 그 일은 내가 관여하려고 해서는 안 될 일이었습니다.

아내는 여기서 분별력이 필요합니다. 어떤 화제를 끄집어내기에 좋은 때를 기다리는 것은 지혜로운 일입니다. 진정 "모든 것에는 때가 있습니다." 그러나 단지 우리 목적을 이루기 위해 그런 식으로 지혜를 사용된다면, 그것은 지혜로운 것이 아니라 조종하는 것입니다. 우리는 마음대로 사용할 수 있는 조종법들을 많이 가지고 있습니다. 남편이 가족들과 함께 충분한 시간을 보내지 못하고 있다고 죄책감을 느낄 때, 어떤 문제를 슬쩍 꺼냅니다. 우리는 뿌루퉁해 있습니다. 화를 냅니다. 웁니다. 틀어박혀 있습니다. 나는 이 모든 것들을 내가 원하는 것을 관철시키기 위해 사용하곤 했습니다. 그리고 때로는 내가 무엇을 하고 있는지 깨닫지도 못합니다. "주님, 제가 언제 조종을 하고 있는지 깨닫게 해주소서"라고 기도할 때, 하나님께서는 신실하게 알려 주실 것입니다.

합리화하기

우리는 합리화하는 데 명수입니다. 최근에 들은 우스갯소리 한 가지는 우리는 자신이 원하는 것을 갖기 위해 때로 얼마나 애를 쓰는지 잘 보여 주었습니다. 어느 여성은 남편으로부터, 일시적인 재정적 어려움에서 벗어날 때까지 한동안 돈을 절약하되, 특히 옷 사는 데는 돈을 쓰지 말라는 말을 들었습니다. 며칠 후, 그녀가 새 옷을 걸치고 집으로 오는 것을 보고 남편이 "여보, 정말 멋진 옷이오. 하지만 한동안 아무 옷도 사지 말라고 했는데, 그 말 기억하고 있소?"라고 말했습니다. "물론 기억해요. 하지만 가게에 갔을 때 이 예쁜 옷이 눈에 띄는데, 사탄이 절 유혹하는 거예요"라고 대답했습니다. 남편은 "여보, 당신은 그런 상황에 어떻게 대처해야 하는지 알고 있지 않소? '사탄아, 내 뒤로 물러가라'고 말했어야지"라고 했습니다. 그러자 그 부인은 "그렇게 말하긴 했지요. 하지만 사탄은 내 뒤로 가더니, 거기서도 그 옷이 너무 아름다워 보인다고 말하지 않겠어요"라고 대답했습니다.

많은 여성들은 남편의 권위를 무너뜨리는 방법으로 합리화를 사용합니다. 그들은 사실 남편은 원하지도 않는데, '남편을 도와준다면서' 어떤 영역을 자신이 주관합니다.

가족간의 의사 소통에 관한 과정을 이수한 후, 나는 가깝게 지내는 한 그리스도인 부부에게 면담을 좀 할 수 있겠는지 물어 보았습니다. 그리하여 우리는 어느 날 저녁 함께 만났습니다. 잠시 잡담을 주고받다가, 남편 되는 사람에게 "당신은 가족의 일원으로서 어떤 느낌을 받으세요?"라고 질문을 던져 보았습니다.

그의 답변은 나를 깜짝 놀라게 했습니다. "나는 가장 아래쪽 횃대에 앉아 있는 새 같고, 아내는 더 위쪽 횃대에 앉아 있는 것 같은 느낌을 받습니다." 그의 아내 또한 깜짝 놀랐습니다!

더 대화를 나누어 보니, 그는 아내가 재정 관리를 잘하기에 그 일을 맡겼다고 했습니다. 하지만 그 결과, 다른 영역에서도 자신의 권위를 아내가 앗아갔다고 느끼고 있었습니다. 이 사람은 나약한 그런 사람이 아니었습니다. 운동도 잘하고 지적인 사람이요, 훌륭한 아버지요, 매력적인 그리스도인이었습니다. 그럼에도, 해가 갈수록 그는 점차 자기 가족의 머리라는 느낌을 가질 수가 없었습니다. 그 저녁, 그 아내는 자기에게 주관하려는 욕망이 있다는 것을 인정했습니다. 그녀는 사과했고, 하나님의 은혜로운 도우심에 힘입어, 그 가족에게 있었던 문제는 그 후 몇 년에 걸쳐 해결되었습니다.

주관하기

어떤 때는 주관하는 행동은 확 드러납니다. 다른 때는 하도 교묘해서 자신이 주관하려 했다는 것도 깨닫지 못합니다.

때로 자녀들과 보내는 시간이 남편보다 더 많고, 그러다 보면 자녀 양육 문제를 우리가 주관하게 됩니다. 자녀들을 위한 규칙들을 만들면서도 남편과 상의를 하지 않고 우리 마음대로 만듭니다. 곧 남편은 집안에 어떤 규칙이 있었는지도 모르고 있다는 것을 알게 됩니다. 혹은 남편이 자녀들에게 준 지침들을 그의 등뒤에서 거스르게 합니다. 혹은 남편과 합의한 어떤 훈련을 시키는 데 더디거나 아니면 소홀히 합니다. 또는 확립된 어떤 규칙들을 강력히 시행하지 않습니다.

내가 힘든 씨름을 해야 할 때가 있습니다. 우리 부부가 다른 부부나 소그룹과 만났을 때가 그런 경우입니다. 나는 남편이 입을 열기도 전에 스무 마디는 할 수 있기 때문에, 대화를 주도하려는 유혹을 많이 받습니다. 그 유혹은 더 커질 때가 있는데, 남편은 어떤 사람의 질문에 대해 내가 답변하기를 원할 때가 많이 있기 때문입니다. 내가 답변할 때 그는 할 말을 깊이 생각할 수 있는 시간을 얻기 때문입니다. (그는 생각합니다. 나는 말합니다.) 그러나 나는 남편이 내게 원할 때뿐 아니라, 아무도 원치 않을 때도 대화를 주관하고 있는 자신을 보곤 합니다. 이 때문에 주님께 자주 자백했습니다. (남편에게 자백하는 경우는 훨씬 더 적은 것 같습니다. 그가 눈치채지 않았으면 합니다!)

복종의 제한

좋습니다. 한숨 돌리세요. 복종하는 일에도 제한이 있습니까? 네, 있습니다. (기쁘세요?)

복종이라는 길을 따라가다 보면, 하나님께서 몸소 그 길에 설치해 두신 바리케이드 같은 것이 있어서, 거기서는 끽소리를 내며 정거하게 됩니다. 항상 그러한 바리케이드는 하나님의 말씀에서 분명하게 명령하고 있는 것에 의해 설치됩니다. 나는 "분명하게"라고 했습니다. 우리는 성경 말씀에서 자신이 원하는 것을 억지로 읽어 내려고 하는 경우가 더러 있기 때문입니다. 우리는 "악은 모든 모양이라도 버리라"는 말씀을 주일날 오후 남편을 따라 야구 경기장에 가는 것을 하나님께서 원치 않으신다는 의미로 해석합니다. 정말로 하나님의 법에 어긋난다고 생각해서 그랬다면 문제가 다릅니다. 하지만 실제로는 하나님의 법에 어긋난다고 생각해서가 아니라 가기가 싫어서 그렇게 하는 수가 있습니다.

하나님의 분명하고도 구체적인 명령에 의해서만 복종이 제한됩니다. 하나님께서는 "간음하지 말라"고 하셨습니다. 그것은 바리케이드입니다. 그러므로 남편이 혼인의 순결을 더럽힐 가능성이 있는 어떤 모임에 가자고 하면, 당신은 거부해야 합니다. 남편이 "함께 은행을 털자"고 해도 거부해야 합니다. "도적질하지 말지니라"라는 바리케이드가 당신 앞에 설치되어 있기 때문입니다. 불교 신자인 남편이 아내에게 하나님을 예배하지 말고 부처를 예배해야 한다고 하면, 아내는 이를 거부할 수 있습니다. (내 생각에는, 그녀는 남편과 함께 절에 갈 수는 있으나, 오직 한 분이신 참 하나님만 예배해야 합니다.) 정신 이상이 있는 남편이 아내에게, "이 병원에서 빼내 달라"고 하면, "그런 자는 살아 있는 동안에 그 남편에게 선을 행하고 악을 행치 아니하느니라"(잠언 31:12)라는 말씀에 대한 복종이 남편의 말에 대한 복종보다 우선합니다. 그러나 이러한 바리케이드는 많지 않으며, 나타날 때는 분명할 것입니다.

남편이 잘못 되었으면 어떻게 합니까?

복종에 관한 이러한 생각과 씨름하고 있을 때였습니다. 한 조그만 모임에서 강사는 이렇게 말하는 것이었습니다. "남편이 내가 좋아하지 않는 것을 행하고, 내가 동의할 수 없는 결정을 하고, 나를 짜증나게 만드는 어떤 습관을 나타낼 때마다, 내가 하는 것이 한 가지 있답니다."

나는 귀를 쫑긋 세우고 기대하는 마음으로 다음 말을 기다렸습니다!

"나는 기도한답니다."

나는 '저런, 당신은 그것만 해서는 안 되는데'라고 생각했습니다. (당시 나의 철학은 "암시를 주지 않는 믿음은 죽은 믿음이다"이었습니다. 기도하는 것은 좋지만, "암시를 주는 것"-어쩌면, 귀가 따갑게 잔소리를 하는 것-과 내가 시도해 볼 만한 것은 시도해 보는 것 또한 필요하다고 생각했습니다.)

그 강사는 말을 이었습니다. "내가 기도할 때마다 세 가지 가운데 하나가 반드시 일어난답니다. (1) 나를 어렵게 하던 그것이 바뀝니다. (기도는 정말로 변화를 일으킵니다.) (2) 남편이 그것에 대해 물어 옵니다. ('하나'가 된다는 것은 모든 것에 대해 생각을 교환하는 것입니다.) 흔히 그는 내 말에 진심으로 귀를 기울였으며, 그가 변화하는 경우가 많았습니다. (3) 하나님의 인도를 받아 그 문제를 다시 한 번 이야기하면, 그가 귀 기울여 듣습니다. 물론, 그이가 늘 내 말에 동의하는 것은 아닙니다. 하지만 나는 그가 나의 관점에 대해 진정으로 들었다고 느낍니다."

나도 그렇게 해보기로 결심했습니다. 그리고 그녀의 말이 맞다는 것을 알았습니다. 기도는 효과가 있습니다. 내가 발견한 것은, 나를 짓누르는 어떤 것에 대해 진심 어린 기도를 하면, 많은 경우 하나님께서 내 마음에서 그것을 들어올리신다는 것이었습니다. 하지만, 그렇게 않으신다면, 계속 내 마음속에 차갑고 단단한 덩어리가 있는 것으로 느껴진다면, 그 문제를 다시 거론하라는 지시로 여겼습니다. 올바른 시기에 말입니다.

몇 달에 걸쳐 그 방법을 시도해 본 후, 나는 네 번째 것을 추가했습니다. 많은 경우, 하나님께서는 내게 먼저 잘못이 있다는 것을 보여 주셨습니다. 한번 상상해 보세요! 하나님께서는 나를 변화시키셨는데, 내가 먼저 변화가 필요한 사람이었기 때문입니다.

나는 자신에게 이렇게 종종 물어야 합니다. '나는 밀어붙이고 있는가, 기도하고 있는가? 나는 무시하고 있는가, 세워 주고 있는가? 나는 화나게 하고 있는가, 격려하고 있는가? 나는 용서하고 있는가, 실망하고 있는가?' 누군가가 이렇게 말했습니다. 비록 결혼은 천국에서 만들어졌지만, 유지 보수하는 책임은 사람들에게 있다고. 그 책임은 평생 갑니다. 그리고 그 책임 가운데 하나가, 아내들에게는, 복종입니다. 복종이란, 우리 많은 사람들에게는 결코 쉬운 일이 아닐 것입니다. 그러나 우리의 참된 안내자 되시는 하나님과 함께라면, 길바닥에 있는 깊은 구덩이들이 우리를 삼키지 못할 것이요, 도로가 평탄하지는 않을지라도 안전할 것이며, 그리고 그 길은, 이런 말을 믿지 않을지 모르지만, 우리를 자유로 인도할 것입니다.

성경의 진리를 당신의 것으로

끝이 다 되어 갑니다. 공부를 계속하십시오! 이번 것은 껄끄러운 주제인지라 건너뛰고 싶은 유혹을 받을 것입니다. 하지만 그러지 마십시오. 이 주제는 당신의 확신을 계발하는 것이 특히 중요합니다. 그러니 깊이 생각하면서 공부하십시오.

다음 구절에 대해 **구절별 성경공부**를 하십시오.

- 에베소서 5:22-24
- 에베소서 5:33
- 베드로전서 3:1-6

그 다음에는, 사라에 대해 **인물별 성경공부**를 하십시오(창세기 12,16-23장). 왜 사라가 베드로전서 3:5-6에서 "거룩한 부녀"라고 불려졌는지 알아보십시오.

한 페이지 정도로 복종에 대한 당신의 개인적인 생각을 기록해 보십시오. 이 주제에 대해 당신이 가지고 있는 생각은 무엇이며, 이와 대조적으로 당신이 가지고 있는 확신은 무엇입니까? 왜 그렇습니까? 무엇 때문에 그런 확신들을 갖게 되었습니까?

제 3 부

주님을 알게 함

제 14 장

누가 누구를

제자삼는 일에 필요한 자질

마리온은 오븐의 문을 열고, 그날 저녁 손님들에게 내놓을 커다란 레몬 파이를 맨 위의 선반에 조심스럽게 놓고, 타이머를 5분에 맞추었습니다. 그녀는 주위 정리를 하면서, 부엌 창문을 흘끗 보더니 소스라치게 놀라는 것이었습니다. 세 살 난 아들이 타고 있던 그네가 천천히 흔들리더니, 갑자기 뒤집히는 바람에 아이가 꼼짝 못하고 거꾸로 매달려 있게 되었던 것입니다. 온갖 생각이 다 드는 가운데, 그녀는 바깥으로 달려나갔고, 엉클어진 체인과 기둥과 판자 사이에 끼어 있던 아들 리키를 구출해 내고, 다친 데는 없는지 살펴보았습니다. 그 애는 겁을 먹고 큰 소리로 비명을 지르고 있었지만, 상처라고는 팔에 있는 조그마한 긁힌 자국뿐이었습니다. 그 애의 흐느낌이 진정될 때까지 그녀는 꼭 껴안고 있었습니다. 그리고 나서, 잔디밭에 앉더니 리키를 무릎에 올리고, "얘야, 하나님께서 널 어떻게 지켜 주셨는지 알겠니? 하나님의 천사가 늘 지켜보고 있지. 자, 이제 그만 울고 널 지켜 주신 하나님께 감사 기도를 드리자꾸나."

두 사람은 머리를 숙였습니다. 함께 기도하는 소리가 들려왔습니다.

그러는 동안 레몬 피자는 파삭파삭하게 잘 구워졌습니다.

그녀가 부엌으로 들어올 때, 오븐 문의 틈 사이로 김이 뿜어져 나오고 있었습니다. 그녀는 오븐을 끄고, 냄비 집게를 집어 들더니, 검게 구워진 파이를 꺼냈습니다. 파이 윗부분의 탄 부분을 침착하게 긁어 내고, 커다란 생크림 통을 가지러 냉동실로 가더니, 가져와서 생크림을 파이 위에 넓게 발랐습니다.

모본이 최고의 교사라는 말이 있습니다. 마리온은 나의 모본이었습니다. 깨닫지는 못했지만, 그녀는 내가 그녀의 삶을 관찰할 때 나를 가르치고 있었습니다. 그러나 또한 자신의 지식과 지혜를 나눔으로 의도적으로 나를 가르치기도 했습니다. 영적인 삶에서 당신만큼 성장하지 않은 사람에게 당신은 마리온 같은 사람이 될 수 있을까요? 물론, 될 수 있습니다! 당신이 교회와 성경공부와 주위의 경건한 사람들로부터 진리를 배울 뿐 아니라 이 책에 있는 원리들을 파악하기 시작했다면, 다른 사람과 함께 걸을 수 있으며, 당신은 그에게 인도자가 될 수가 있습니다.

제자를 삼는 자의 핵심적인 자질

당신의 일은 아주 중요합니다. 그러나 어떤 이유에서 고려해 보지도 않았을지 모릅니다. 왜 바울은 디도에게, 늙은 여자들로 하여금 젊은 여자들을 훈련하게 하라고 했는지 깊이 생각해 본 적이 있습니까? 디도에게 준 교훈을 보면, 다른 네 범주의 사람들은 디도가 직접 가르치도록 되어 있었습니다. 네 범주란 바로 늙은 남자, 젊은 남자, 늙은 여자, 그리고 종들입니다. 그러나 젊은 여자들만큼은 따로 하나의 범주를 형성하고 있습니다. 왜 그랬을까요?

경건한 친구이자 교사인 사람이 있습니다. 그는 200명 이상의 기독교 사역자들이 자기 교회의 여성과 간음죄를 저지른 이유를 조사했습니다. 그 원인으로서 가장 흔한 것은 영적 삶의 침체였습니다. 그러나 두 번째로 많은 것은 젊은 여성을 상담해 주다가 형성된 불건전한 관계였습니다. 응답자의 거의 80%가 이에 해당되었습니다. 그래서 바울은 대적 마귀의 모든 전략을 잘 알고 계시는 성령의 인도로, 늙은 여자가 젊은 여자를 가르치고 훈련해야 한다고 했던 것입니다.

디도서 2장에 나오는 "늙은" 여자가 누구인지 의아하게 생각해 본 적이 있습니까? 그것은 내가 보기에는 하나님과 동행하는 삶에서, 도움을 받는 사람보다 더 성장한 사람인 것 같습니다. 그것은 20대 여성이 40대 여성을 - 적어도 어떤 영역에서는 - 훈련할 수도 있다는 것을 의미합니다. 만약 그 젊은 여성이 더 오랫동안 주님과 동행하는 삶을 살아왔다면 말입니다. 하지만, 디도가 묘사하고 있는 여성은 삶에서 영적 성숙의 증거를 충분히 오랫동안 나타내어 온 사람입니다. 경건한 자질들을 계발하고, 선한 것을 가르치는 데 필요한 경험을 갖추려면, 어느 정도 시간이 걸립니다.

제자 훈련하는 사람이 되려면 기본이 되는 다음 세 가지를 가지고 있어야 합니다.

사람들을 사랑하는 마음,
　당신이 성취하기 원하는 것에 대한 비전,
　　그리고 그것을 이루기 위한 방법.

당신은 책의 이 부분을 읽고 있는 것으로 보아 아마 처음 두 가지는 가지고 있을 것입니다. 그러나, 내가 강조하고 싶은 것은, 당신은 알지도 못하는 것을 가르칠 수는 없으며, 자신이 살아보지도 않은 것에 대해 누군가를 훈련시킬 수는 없다는 것입니다. 가르치는 방법 가운데 가장 좋은 것은 본을 통한 것이며, 훈련을 시키는 유일한 방법은 자기가 직접 경험을 통해 알게 된 지식을 나누는 것입니다.

한번은 계속 신나는 **결혼 생활을 하는 법**이라는 책을 본 적이 있습니다. 대담한 제목이 흥미를 자아내기에 잠시 읽어 보았습니다. 그 책에서 결혼 생활에서 낭만을 유지하는 한 가지 방법으로 제시하고 있는 것은, 아침에 남편의 얼굴에 입을 맞춤으로 잠을 깨워 주는 것이었습니다. 나는 '양치질을 하기도 전인데?'라는 생각이 들었습니다. 계속 읽어 나가다 보니 이상한 생각이 들어 내 눈은 더 휘둥그래졌습니다.

마침내 그 책을 쓴 사람이 누구인지 알기 위해 책 뒷표지를 보았더니, 그 사람은 결혼한 지 채 2년도 되지 않은 사람인 것을 알게 되었습니다. 나는 쓴웃음을 지으며 책을 덮었습니다. 어떻게 그녀가 자기보다 몇 배나 더 오래 결혼 생활을 한 사람에게 결혼 생활을 신나게 하는 법들에 대해 말해 줄 수 있을까요?

어떤 나이의 어떤 사람으로부터도 배울 수 있습니다. 십대인 손녀 써니는 나에게 스페인어를 가르쳐 줄 수 있습니다. 그 애는 태어나서 10년 동안 멕시코에서 살았기 때문입니다. 십대인 손자 에릭은 나에게 축구 규칙을 가르쳐 줄 수 있고, 심지어 어떻게 축구공을 차는지에 대해 나를 훈련시켜 줄 수도 있습니다. 하지만 에릭도 써니도, 나에게 어떻게 훌륭한 할머니가 될 수 있는지를 가르치거나 훈련할 수는 없습니다. 오직 나보다 먼저 할머니가 되어 그 길을 가본 사람만이 나를 가르칠 수 있습니다.

독신으로 사는 성숙한 여성은 디도서에 언급되어 있는 대부분의 영역에서 다른 여성을 훈련시킬 수 있습니다. 나는 경건한 독신 여성들이 성품과 삶에서 아내들이나 어머니들을 훈련하는 것을 본 적이 있습니다. 그들은 아내들에게 "영적 어머니" 노릇을 해온 것입니다. 그러나 그들은 어떻게 남편을 사랑하고 복종하는지 그리고 어떻게 자녀들을 사랑하는지에 관해 훈련하는 일은 그 길을 앞서 걸어 본 사람에게 넘겨주는 것이 더 좋을 것입니다.

누구를 제자로 삼을 것인가에 대한 지침들

당신은 어떤 여성에게 삶을 투자해야 합니까? 그 질문은 당신이 무엇을 가르치기 원하며, 어떻게 훈련하기 원하느냐 하는 질문과 똑같이 중요합니다. 만약 당신의 도움을 진정으로 원하지 않는 여성들에게 삶을 투자한다면, 당신은 혼자서만 애쓰고 있는 것 같은 느낌을 갖게 될 것이며, 아무 진전도 없습니다. 당신은 그 모든 과정에 대해 낙심하며, 제자 훈련을 시키는 것은 당신에게 맞지 않다고 결론을 내릴 것입니다.

상대방이 원하거나 필요로 하는 것을 명확히 하십시오

손자가 나의 현관문에 노크를 할 때와 거의 같은 시기에 메리의 전화를 받았습니다. 그녀는 남편이 외도를 하고 있었고, 나를 만나고 싶어했습니다. 우리가 대화를 나눌 때, 그녀는 자신이 이 어려운 기간 동안 하나님과의 관계에서 성장하기를 원한다면서 자신을 도와주겠는지 물었습니다. 나는 이렇게 생각했습니다. '나도 그렇게 할 수 있었으면 좋겠어요. 하지만 당신이 진정으로 원하는 것이 무엇인지 궁금해요. 당신은 들어주는 귀가 필요해요? 아니면 상담자? 당신의 자녀들을 위한 할머니? 나는 당신의 영적 성장을 돕는 것은 좋아하지요. 하지만 그것이 당신의 마음속에 있는 것인가요? 알다시피, 디도서에서 말하고 있는 관계는 일시적인 관계 이상이지요. 그것은 삶을 세워 주는 것이지요. 나는 그런 것이 당신이 원하는 것인지 확신이 없어요.'

그림 하나가 마음속에 떠올랐습니다. 집의 기초는 놓였습니다. 그리고 벽을 쌓아 올릴 준비가 다 되었습니다. 그러나 밤 동안에 바람이 불어 기초 위에 나뭇잎을 한 더미 쌓아 놓았습니다. 그래서 건축자는 그 나뭇잎들을 쓸어 내는 데 시간을 들입니다. 그 다음날 아침에는, 누군가가 거기에 쓰레기를 던져 놓은 것을 발견했습니다. 그래서 그는 하루 종일 그 쓰레기를 치웠습니다. 몇 주가 가고 몇 달이 가도 그런 일은 계속 반복되었고, 그 건물의 벽은 여전히 올라가지 않았습니다.

많은 사람들의 삶에서 그런 일이 일어납니다. 예수 그리스도라는 기초는 놓였습니다(고린도전서 3:11 참조). 그러나 만약 문제들을 다루는 데만 시간을 쏟아 붓는다면, 나뭇잎, 쓰레기, 눈, 그리고 빗물이 들어오지 않도록 막아 줄 벽은 결코 세워지지 않을 것입니다. 벽이 세워져야 합니다. 하나님의 말씀에 대한 지식과 깊이에서 성장하는 것, 기도하는 법을 아는 것, 하나님께서 하신 말씀에 순종하는 데 헌신하는 것과 같은 벽이 세워져야 하는 것입니다. 문제를 다루고 있을 동안에도 말입니다.

마음속의 그 그림은 사라졌습니다. 그리고 앞에 있는 그 여인에게 초점을 맞추었습니다. 나는 메리가 쓰레기를 치우는 데 도움을 받고 싶은지, 혹은 벽을 세우는 데 도움을 받고 싶은지 알고 싶어서, 그녀의 영적 성장에 도움이 될 몇 가지 구체적인 과제를 주고, 그 과제를 마치면 전화로 알려 달라고 했습니다.

다시는 그녀로부터 소식을 듣지 못했습니다.

상대방이 주도권을 쥐게 하십시오
상담을 해주고, 경청해 주고, 다양한 방법으로 짐을 가볍게 해주는 것은 그 자체로 중요할 뿐만 아니라, 세워 주는 과정에서 중요한 부분임을 깨닫습니다. 그러나 나는 될 수 있는 대로 빨리, 상대방이 진정으로 원하는 것이 무엇인지, 그리고 얼마나 헌신되어 있고 함께하고자 하는지를 알아낼 필요가 있습니다. 이를 알아내는 방법 가운데 하나는 간단한 공부를 한 가지 해보도록 제안하는 것입니다. 상대방의 문제 해결에 도움이 될 뿐만 아니라 세워 주는 과정을 시작하는 데도 도움이 되는 공부라야 합니다. "다음주에 만나서 다시 대화를 나누며, 당신이 해 온 공부를 살펴봅시다"라고 말하고 싶은 마음이 간절하지만, 나는 그렇게 하지 않습니다. 오히려 주도권을 상대방에게 넘겨주면서, "그 공부를 끝냈으면 전화를 해주세요. 그리고 나서 만나도록 해요"라고 말합니다.

그렇게 하는 데는 두 가지 이유가 있습니다. 첫째, 상대방이 잘 배우는 여성인지를 알고 싶어서입니다. 즉 성장하고 싶다고 말할 때 그것이 진심이었는지, 그리고 성장을 위해 시간을 들이고 훈련을 하는 대가를 치를 사람인지 알기 위해서입니다. "반마음인 사람과 함께하지 말라"라는 원리를 잊지 마십시오. 둘째, 나는 내 말-어느 정도의 경험과 지식에 의해 뒷받침되고 있을 때도-이 그 여성을 성장시키는 것이 아님을 알기 때문입니다. 오직 하나님만이 그녀를 성장시키실 수 있고, 일차적으로는 말씀을 통해 그렇게 하십니다. 그렇기 때문에, 그 사람이 하나님께 기꺼이 자신을 개방하며 성경 말씀을 파고들지 않는다면, 그녀를 도울 수 있는 나의 능력은 크게 제한을 받게 됩니다.

FAT한 사람을 찾으십시오

FAT한 사람을 보내 주시도록 기도하면서 찾도록 권면하고 싶습니다. FAT한 사람이라는 것은, 충성스럽고(Faithful), 유용하고(Available), 가르침을 잘 받는(Teachable) 사람이라는 의미입니다. 하나님께서 그러한 사람을 당신의 삶 가운데로 이끌어 오시면, 그녀를 붙잡도록 하십시오! 그녀는 자신에게 필요한 것이 무엇인지, 누구로부터 그것을 채움받을 수 있는지 정확히 알지 못할 수도 있으나, 분명 하나님과의 관계가 깊어지기를 추구하며, 배우기 원하는 사람입니다. 점심 식사나 커피를 함께하자고 요청하여 그 사람을 더 알아 가도록 하십시오. 서로 잘 아는 사이가 되면, 당신 자신의 경험을 나누도록 하십시오. 당신을 이끌어 줄 사람을 얼마나 바랐는지, 그리고 그런 사람이 있게 되었을 때 얼마나 도움이 되었는지를. 영적 성장의 여러 영역에서 누가 그를 도와주었는지 물어 보십시오. 그리고 그 일에서 하나님께서 어떻게 인도하고 계시는지 알아보십시오.

제자 훈련을 위한 격려

영적으로 덜 성숙한 여성들에게 당신이 제공할 수 있는 것에 관해, 이 책이 많은 통찰을 제공해 왔으리라 기대합니다. 만약 이 책 내용을 이해하거나, 공부를 했다면, 당신은 시작할 수 있는 발판을 마련한 셈이며, 성경공부라는 꽤 단순한 "전달 가능한" 도구들을 가지고 있는 셈입니다. 나는 하나님께서 당신이 이 일에서 낙심치 않게 하시리라 믿습니다.

언젠가 영적 침체기에 있을 때였는데, 빚을 갚지 못해 아들을 종으로 빼앗겨야 할 지경에 놓인 한 과부 이야기를 읽었습니다(열왕기하 4:1-7). 그 과부는 엘리사에게 도움을 청했고, 엘리사는 "내가 너를 위하여 어떻게 하랴? 네 집에 무엇이 있는지 내게 고하라"고 했습니다.

엘리사의 말에 과부는 이렇게 대답했습니다. "계집종의 집에 한 병 기름 외에는 아무것도 없나이다."

이 말들을 읽을 때, 나는 울고 싶은 느낌이 들었습니다. 그 과부만큼이나 아무것도 없다고 느꼈습니다. 나는 줄 것이 아무것도 없다고 느끼고 있었습니다. 주님을 섬길 수 있는 재능이나 은사가 없다는 것입니다. 수만 번이나, 나는 실패자처럼 느껴졌습니다. 그러나 하나님께서는 말씀하고 계셨습니다. 엘리사가 그 과부에게 말하듯, 하나님께서는 나에게 "네 집에 무엇이 있는지 내게 고하라"고 말씀하고 계셨습니다. 그래서 그 과부처럼 대답했습니다. "계집종의 집에 아무것도 없나이다." 그리고 그 과부가 "한 병 기름 외에는"이라고 했듯이, "저는 여성들에게 간절히 나누고 싶은 이 간단한 메시지가 있어요"라고 덧붙였습니다.

어떤 일이 일어났는지 당신은 기억할 것입니다. 엘리사는 그 과부에게 이웃에 있는 모든 빈 그릇을 빌려 오라고 했습니다. 그릇은 많았습니다. 그리고 나서, 그 과부가 해야 할 일은 문을 닫고, 조금 있는 그 기름을 그릇에 붓기 시작하는 것이었습니다. 그 과부는 붓고, 붓고, 또 부었습니다. 모든 그릇이 다 찰 때까지. 그녀는 그 기름을 팔아서 빚을 갚았으며, 그리고 남은 돈으로 생활했습니다. 그녀는 믿었고, 순종했고, 그리고 시작했습니다.

그 과부의 본을 따라, 나는 "좋습니다, 주님. 제가 가지고 있는 약간의 기름-제 마음속에 가지고 있는, 여성들에게 도움이 되는 이 메시지-을 주님께 드립니다. 주님께서 그것을 여러 배로 늘려 주시겠습니까?"라고 말씀드렸습니다. 그때는 나의 첫 번째 저서를 쓰기 전이요, 여성들의 수양회에서 말씀을 전하기 시작하기 전이었습니다. 전이었습니다. 하나님께서는 내게 약간 있던 기름을 취하셔서 나의 상상을 초월하여 엄청나게 늘려 주셨습니다. 그리고 내가 말하고 싶은 것은, 그 모든 것은 **하나님께서 하신 일**이라는 것입니다.

어떤 사람을 제자로 훈련시킨다는 말은 그가 경건한 여인이 갖추어야 모든 것을 갖추도록 돕는 것을 의미합니다. 일반적으로, 많은 사람들이 이 과정에 참여합니다. 우리는 그녀를 세워 주는 과정에서 벽돌 하나라도 쌓는 특권에 대해 감사해야 합니다. 대부분의 경우, 우리는 다른 사람의 삶 속으로 들어가, 대단하지 않은 방법으로 그를 돕고, 그리고 다시 나옵니다. 어떤 사람의 삶의 일부분에서만 도움을 주었다고 해서 실패했다고 생각할 필요가 없습니다. 궁극적인 건축자요, 돕는 자요, 상담자요, 인도자는 성령이심을 기억해야 합니다. 성령께서는 모든 조각을 한데 모아 맞추실 것입니다. 당신은 당신의 몫인 조그만 조각을 감당하는 일을 시작할 필요가 있을 뿐입니다.

성경의 진리를 당신의 것으로

하나님께서 다른 누군가를 돕도록 불러 주신 사람으로서, 당신이 할 일은 계속 성장하고… 성장하고… 그리고 성장하는 것입니다. 당신의 성장에 도움이 되는 다양한 공부 주제들을 소개합니다.

경건한 여인의 성품에 관하여
경건한 여인의 성품에 관하여 다음 구절로 구절별 성경공부를 하십시오.

- 잠언 14:1
- 잠언 12:4
- 잠언 31:26,30

다음 사람에 대해 인물별 성경공부를 하십시오.

- 룻(룻기) - 나오미가 룻이 경건한 여인이 되도록 도운 방법들을 목록으로 만들어 가면서
- 아비가일(사무엘상 25장)

혀의 특성들을 공부하십시오. 야고보서 3장으로 시작하십시오. 그리고 나서 성구 사전을 사용하여 혀, 말, 입 등의 단어를 찾아보십시오. 우리 말이 어떻게 되어야 하고, 어떻게 되지 말아야 하는지를 목록으로 만들어 보십시오. 하나님께서 당신 마음에 말씀해 주신다고 느껴지는 한 영역에 대해 개인 적용을 하십시오.

혀에 관한 책을 읽으십시오. 내가 쓴 말: 해가 되는 말, 덕이 되는 말(네비게이토 출판사 간)로 시작해도 좋습니다.

요한복음을 죽 읽으면서 그리스도의 특성들을 기록해 보십시오. 하나를 골라서 **주제별 성경공부를** 해보십시오.

기도에 관하여

요한복음 17장을 읽고, 제자들을 위해 그리스도께서 기도하신 주제들을 열거해 보십시오. 그 가운데는 누구에게나 해당되는 것이기 때문에 우리가 사랑하는 사람들을 위해 기도해 주어야 것들이 있습니다. 어떤 것입니까?

기도에 관한 **주제별 성경공부**를 해보십시오. 무엇을 위해 기도해야 하며, 언제 기도해야 하며, 어떻게 기도해야 하며, 누구에게 기도해야 하는지 등에 대해 살펴보십시오.

빌립보서 1:9-11과 에베소서 1:17-19을 공부하고, 바울이 기도한 내용들을 기록해 보십시오. 무엇을 위해 기도해야 하는지에 대해 바울이 보여 준 본을 따라, 남편, 자녀, 친구, 그리고 영적으로 도와주고 있는 사람들을 위한 **기도 제목 목록**을 만들어 보십시오.

마지막으로, 주저하지 말고, "늙은" 여자에게, 계속 당신을 이끌어 달라고 요청하십시오. 기도를 배우는 데 도움이 필요하다면, 주위에서 기도의 용사로 알려져 있는 사람을 찾아서 도움을 청하십시오.

290   주님과 동행하는 기쁨

제 15 장

하지만 어떻게?

제자를 삼는 방법

내가 좋아하는 이야기가 있습니다. 어떤 사람에 관한 이야기인데, 그는 친구한테서 빌린 책에 밑줄이 쳐진 부분들이 있고 그 옆 여백에 YBH라고 적혀 있는 것을 보고 호기심을 느꼈습니다. 그것이 무슨 뜻일지 골똘히 생각해 보았습니다. 그 후 그 책을 돌려줄 때 밑줄 친 부분 옆 여백에 있는 그 이상한 표시가 무슨 뜻인지 물어 보았습니다. 그 친구는 미소를 지으며, "나는 기본적으로는 밑줄 친 부분의 내용에 동의해. YBH는 '옳습니다. 하지만 어떻게?'라는 의미지"라고 했습니다. 그것은 "Yes, but how?"라는 말이었습니다.

나는 늘 "어떻게?"에 관심을 가지고 있습니다. 당신도 나와 같다면, 젊은 여자들을 제자로 삼으려면 "어떻게 시작하고 계속하는가?"에 관한 구체적인 가르침이 더 필요할 것입니다. 몇 가지를 소개하겠습니다.

언제 그리고 어디서?

가능하면 매주 만나는 것이 제일 좋습니다. 그러나 격주로 만나는 것도 괜찮습니다. 실제적으로 몇 차례 만나느냐는 일관성, 규칙성, 그리고 그 시간들에 대한 헌신만큼 중요하지는 않습니다.

아마도 당신의 집이 만나기에 가장 좋은 장소일 것입니다 (전화벨이 울리지 않도록 해두어야 함). 그러나 만약 상대방이 어린아이들이 잠시 잠이 들었을 때 만나야 한다면, 그녀의 집이 좋은 선택일 것입니다. 만약 양쪽 집 다 방해되는 요소가 계속 있다면, 레스토랑이나 기타 다른 장소에서 만나도록 하십시오. 두 사람 중의 한 사람, 혹은 두 사람 다 아기를 잠시 탁아소에 맡기거나, 아기 봐주는 사람의 도움을 받아야 할지 모릅니다. 중요한 것은, 주의를 산만하게 하는 요소가 가장 적은 장소를 찾는 것입니다.

어떻게?

상대방은 영적인 도움을 받고자 하는 진지한 열망을 정말로 가지고 있습니까? 그것이 확인되었다면, 이 관계로부터 그녀가 원하거나 기대하고 있는 것뿐만 아니라, 그 자신의 목표들과 개인적인 필요들도 적어 오게 하십시오. 그리고 나서, 앞으로 4주(혹은 6주나 8주) 동안 당신이 목표로 할 것의 전체적인 모습에 대해 이야기하십시오. (당신은 그녀의 삶에서 앞으로 2년 동안에 일어나기 원하는 것을 기록해 두어야 합니다. 그러나 단기 목표는 질리게 하지 않아서 좋고, 그녀가 참으로 충성되고, 유용하고, 가르침을 잘 받는 사람인지를 계속 살펴보는 기간 동안 도움이 될 것입니다.) 단기 목표들의 내용은 당신이 그녀의 개인적인 필요들을 결정해 감에 따라 자주 바뀔 것입니다. 첫 한두 달이 지난 후, 두 사람 다 함께 배우는 것에 대해 기쁨을 누렸다면, 당신은 다른 분명한 목표를 마음속에 가지고, 가르침과 훈련 기간의 연장을 제안할 수 있습니다.

당신은 여성들을 일대일로 만나서 제자 훈련을 하거나, 혹은 소그룹으로 만나 훈련을 할 수 있습니다. 서너 명의 여성들이 함께하면 서로 자극을 줄 수 있고, 흔히 그들은 성장해 감에 따라 서로 도움을 줄 수 있는 친구가 됩니다. 한번은 한 주에 서너 명의 여성들과 개인적으로 만나고 있었는데, 그들 각자와 동일한 교재를 가지고 공부를 하고 있었습니다. 그들이 모두 영적으로 비슷한 수준에 있었기 때문입니다. 그래서 우리는 격주로 소그룹으로 만나서 성장의 기본이 되는 것들을 공부하고, 모임이 없는 주에는, 내가 그들 각자와 개인적으로 만나서, 그룹에서 공부하고 있는 내용을 잘 파악하고 소화하고 있는지 확인해 보고 도와주었습니다.

무엇을?

한 개인을 돕고 있기 때문에, 어떤 것을 다루어야 하느냐는 변할 것입니다. 아기를 키우는 엄마로서 겪고 있는 어려움이나 깨어진 관계로 말미암아 경험하고 있는 분노처럼, 상대방이 현재 느끼고 있는 필요를 채우는 것으로 시작할 수도 있습니다. 그러나, 어느 시점에 가서는, 그녀를 압박하는 긴급한 필요로부터 모든 그리스도인들이 성장하는 데 필수적인 것으로 옮아가는 것이 극히 중요합니다. 삶의 여러 문제를 다루어 주는 것을 제자삼는 일로 여기는 잘못을 범하지 마십시오. 그리고 당신이 눈에 보이는 그녀의 문제나 필요를 다루고 있을 때, 강한 영적인 벽을 세워 주는 일을 소홀히 하지 마십시오. 단지 기초 위에 널려 있는 쓰레기 치우는 일만 하지 말고. 하나님의 말씀이 그 문제들에 답변하도록 하며, 둘이서 함께 그리고 따로 따로 기도하며, 그녀로 하여금 자신의 어려움을 진정으로 다루어 주실 수 있는 분은 하나님 한 분밖에 없다는 것을 알게 도와줄 때, 벽이 세워집니다.

　제자로 삼는 각 여성들을 위해 내가 가지고 있는 첫 번째 목표는 다음과 같은 영역들에서 성장하고 확신을 갖도록 해주는 것입니다.

- 구원의 확신(요한일서 5:11,13)
- 하나님과 함께 매일 교제 시간(경건의 시간)을 갖는 법
- 그리스도를 삶의 중심에 모심
- 하나님의 말씀의 중요성
- 말씀의 섭취 방법(듣기, 읽기, 공부, 암송, 묵상, 적용)
- 기도
- 순종
- 교제의 중요성(교회, 공부 그룹, 다른 그리스도인들)
- 개인 간증을 하는 법
- 불신자들에게 복음을 나누는 법

- 하나님의 뜻을 아는 법
- 믿음을 발전시키는 법
- 그리스도의 몸을 섬김
- 헌금
- 중요한 교리: 삼위일체, 죄, 사탄 등
- 순결, 거룩, 절제, 자비, 시기, 질투, 성령의 열매(갈라디아서 5:22-23) 등을 비롯한 여러 가지 성품, 경건한 아내가 되기, 자녀 사랑, 집안 살림 등.

디도서 2:3은, 늙은 여자가 젊은 여자에게 가르쳐야 할 구체적인 자질들을 보여 주는 구절이 나오기 전인데, 그 구절에도 흥미롭고 간단한 목록이 나옵니다. 거기에는 거룩함, 참소치 않음, 많은 술의 종이 되지 않음, 선한 것을 가르칠 수 있음 등이 포함되어 있습니다. 이 모든 것은 상대방의 필요를 분별할 때 염두에 두고 있어야 할 놀라운 자질들입니다. 어떤 여성에게는, 은사의 확인, 예배, 사역의 효율성, 개인 계발(외모, 예의 등) 등의 주제를 포함시키는 것이 필요할 것입니다.

그리고 함께 만났을 때···

만날 때마다 성경공부와 기도를 해야 합니다. 비록 할당된 공부 분량을 다 마치지 못할지라도, 일부라도 하는 것은 영적 성장과 회계 책임을 위해 중요합니다. 기도에 관해서는, 그 사람이 준비가 되지 않은 한 억지로 시키려고 하지 마십시오. 특히 소그룹에서는 그렇습니다. 억지로 기도를 시키면 겁먹을 수 있고, 어떤 여성들은 다시는 나오지 않게 됩니다. 기도를 가르칠 때, 나는 어떤 사람이나 그룹에게(함께 몇 번은 모인 후에) "당신(여러분)이 감사할 수 있는 것 한 가지만 생각해 보십시오. 단 한 가지만"이라고 말합니다. (그리고 나서 기다리면서 그들에게 생각할 시간을 줍니다.) "자, 하나님께 그 바로 한 가지를 소리 내어 말씀드리되, '하나님, …해 주셔서 감사합니다'라고 합시다"라고 말합니다. 내가 먼저 기도하는데, 한 문장으로 기도합니다. 예를 들면, "하나님, 독생자를 보내 주셔서 감사드립니다"와 같이 합니다.

목표와 회계 책임이 필수적입니다. 어떤 여성이 당신이 해 오라고 한 공부를 제대로 해 오지 않으면 그와의 관계를 재평가하고 변화시켜야 합니다. 가르침은 없는 친구 관계로 바꿀 수도 있고("우리 한 달에 한 번씩 만나 점심 식사나 같이 해요"), 아니면 아예 관계를 종결할 수도 있습니다. 성장과 변화를 가져오는 것은 하나님의 말씀이지 우리의 말이 아닙니다. 그러므로 성경공부에 헌신하지 않으려 하고, 성장에 필수적인 회계 책임을 다하지 않으려 하는 사람을 제자로 삼으려고 계속 노력하는 것은 별로 의미가 없습니다.

만날 때마다 당신이 하기 위해 노력해야 할 것을 요약하면 다음과 같습니다.

- 동기 부여와 격려
- 성경공부 해온 것을 나누고 당신의 생각을 말해 줌
- 다음에 만날 때까지 할 과제를 줌
- 함께 기도함

당신은 만난 날짜, 했던 공부, 다음 번에 만날 때를 위해 내어 준 과제, 당신이 함께 대화했던 내용을 적어 두어야 할 것입니다. 다음 번에 만날 때 묻고 싶은 질문들도 적어 두십시오. 예를 들면, "당신이 그 사람을 방문했을 때 어떤 일이 일어났어요? 그 일은 어떻게 진행되었어요? …을 위한 당신의 기도에 하나님께서는 어떻게 응답하셨어요?"와 같습니다.

당신이 궁금해할 것들

내가 참으로 원하는 것은 당신과 함께 앉아 이야기를 주고받는 것입니다. 당신이 염려하는 것들이 분명 있으리라 생각되기 때문입니다. 내가 가장 궁금했던 것 가운데 하나는, "내가 배워야 할 것이 많은 사람인데 어떻게 다른 사람을 가르치거나 훈련을 하거나 이끌 수 있단 말인가?" 하는 것이었습니다. 실망하지 마십시오. 우리 각 사람은 다 불완전하고 죄악 된 존재입니다. 그러나 그 사실 때문에 하나님께서 우리에게 주신 일을 하지 못해서는 안 됩니다.

우리가 처음으로 우리 집에서 젊은이들과 함께 살면서 그들의 삶과 성품 계발을 도와주고 있을 때의 일이 생각납니다. 남편은 그 젊은이들 가운데 하나인 앨의 삶에서 부정적인 특성 하나가 발견되어, 그것을 본인에게 말해 주기 원했습니다. 동시에, 남편은 앨이 주님과 교제 시간을 충성스럽게 갖고 있는 것을 보았습니다. 앨은 날마다 아침 5시에 일어나 말씀 안에서 최소한 1시간을 보냈으며, 그리고 나가서는 동네를 돌고 또 돌면서 기도하는 시간을 가지고 있었습니다.

남편은 자신에게 영적 도움을 주고 있던 인도자인 봅에게 그 상황에 대해 물었습니다. "앨은 하나님과 교제 시간을 나보다 훨씬 더 충성스럽게 가지고 있는데, 어떻게 내가 그의 이 문제에 대해 말해 줄 수가 있습니까?"

봅은 이렇게 대답했습니다. "만약 누구에게 뭔가를 말해 주기 위해 내가 모든 면에서 완벽해질 때까지 기다린다면, 나는 결코 그 누구에게도 아무 말도 해줄 수 없을 걸세."

남편은 무슨 말인지 알았습니다. 주 예수님 한 분을 제외하고, 우리 모두는 하나님께서 고쳐 가고 계시는 취약한 영역이 있습니다. 그럼에도 불구하고, 하나님께서는 우리를 사용하셔서 어떤 영역에서 다른 사람들을 도우실 수 있습니다. 우리가 좀더 알고 있고 약간 더 나은 영역에서 말입니다. 우리가 모든 면에서 완벽해질 때까지 기다린다면, 마태복음 28:19-20에 나오는 예수님의 명령에 순종하지 못할 것입니다. 거기서 예수님께서는 "가서 모든 족속으로 제자를 삼으라"고 하셨습니다.

당신은 또한 그 일은 너무나 많은 대가를 치러야 하지 않을까 염려할지도 모릅니다. 대가에 대해 당신은 제대로 알고 있습니다. 다른 여성을 제자로 삼는다고 해서 경제적인 보상이 돌아오지는 않습니다. 보상은커녕 당신이 돈을 써야 합니다. 당신은 시간과 힘과 감정을 쏟아야 하며, 때때로는 당신의 삶을 쏟아 부은 사람으로부터 거부당할 때 마음의 고통도 겪어야 합니다. 세상은 우리를 꾀어 성공이란 "돈"과 "출세"라고 생각하게 만들었습니다. 하나님께서는 성공이란 "순종"이라고 하십니다.

당신은 시간이 있습니까? 아마도 없을 것입니다. 당신은 시간이 없을 것이며, 시간을 만들어야 합니다. 그렇게 하려면, 당신의 우선 순위를 다시 평가해 보아야 할 것이며, 때때로 바꾸어야 할 것입니다. 때때로 우리는 좋은 일-구제를 위한 점심 식사 모임을 계획하고, 수양회 준비를 하고, 암 환자들을 위한 순회 활동을 하는 등-을 하느라 너무 바빠서 하나님께서 우리에게 하라고 명하신 가장 좋은 일, 즉 가서 제자를 삼는 일을 게을리하고 있습니다.

루시벨 배너타는 자신의 한 저서에서 우리가 다른 사람들과 함께하는 시간을 가질 때 도움이 되는 것 여섯 가지를 제안합니다.

A - 그들의 가치를 알아 주고(Appreciating), 박수를 쳐줌
S - 그들의 필요를 연구함(Studying)
M - 그들이 계발하려는 자질에서 본이 됨(Modeling)
I - 열정적인 삶의 태도를 심어 줌(Imparting)
L - 주의 깊게 경청함(Listening)
E - 그들이 성공하기를 기대함(Expecting)

우리는 미소(a smile)를 지으며 그 일을 할 수 있습니다.

친구여, 당신이 점점 더 예수님을 닮아 가고, 주님에 대해 알고 있는 바를 모든 곳에 있는 여성들에게 전달하고자 하는 열정을 가지게 된다면, 하나님께서는 당신의 삶을 의미심장하게 사용하실 수 있고, 또 사용하실 것입니다.

2차 대전이 일어나기 전의 일입니다. 한 약사는 아내와 함께 사우스다코타 주에 있는 월이라는 조그만 읍으로 이사를 했습

니다. 월은 외진 곳이어서 다른 어느 곳으로부터도 몇 km나 떨어져 있었고, 주요 간선 도로로부터도 1km 정도 떨어져 있어, 장사가 잘 안 되고, 약국은 문을 닫아야 할 형편이 되었습니다.

어느 날 약사의 아내가 깊은 우물에서 냉수 한 두레박을 긷기 위해 뒤뜰로 갔습니다. 두레박을 올리던 그 부인은 멀리 떨어진 간선 도로에 자동차들이 씽씽 소리를 내며 달리고 있는 것을 유심히 바라보게 되었고, 자기와 남편이 그 차들을 멈추게 할 수는 없을까 생각해 보았습니다. 아이디어 하나가 떠올랐습니다.

그 부인은 약국으로 가서 남편에게 "여보, 아마 우리가 간판들을 만들어 도로에다 설치하여 얼음같이 차가운 물을 공짜로 준다고 광고를 하면 멈추는 차들이 있을지 몰라요"라고 했습니다. 남편은 웃었지만, 한번 시도해 본다 해도 밑질 것은 전혀 없기 때문에 다음날 몇 개의 간판에다 손으로 "얼음같이 차가운 물이 공짜! 월 약국, 사우스다코타의 월"이라고 써서, 간선 도로를 따라 세워 두었습니다. 아니나 다를까 몇몇 차들이 멈추어 섰고, 타고 있던 사람들은 그들이 공짜로 준다는 얼음같이 차가운 물을 얻기 위해 수줍은 듯이 손을 내밀었습니다. 물을 얻고 나면, 필요한 다른 것들을 사가는 사람들이 많았습니다.

힘을 얻은 그 젊은 부부는 더 많은 간판들을 설치했고, 더 많은 사람들이 차를 멈추고 그 약국을 들렀습니다. 그러자 그들은 간판 전문가에게 부탁하여 만든 간판을 그 길의 양방향으로 각각 160km에 걸쳐 설치하게 되었고, 수많은 사람들이 그 약국을 들르게 되었습니다. 오늘날 그 부부는 백만 장자가 되어 은퇴를 했고, 자녀들이 그 약국을 물려받아 확장을 했는데, 지금은 레스토랑, 선물 가게, 그리고 관광객들의 관심을 끌 만한 것을 다 갖추고 있습니다.

그들은 어떻게 그 일을 했습니까? 그들은 자기들이 있는 곳에서 시작했고(사우스다코다의 월), 자기들이 가지고 있는 것을 사용했으며(얼음같이 차가운 물), 그리고 자신들이 할 수 있는 것을 했습니다.

그러므로 당신도 할 수 있습니다!

본서는 미국의 WaterBrook Press와의
계약에 의하여 번역 출간된 것이므로
본서의 전부 또는 일부의 무단 복제, 또는
원문에 대한 무단 번역을 금합니다.

주님과 동행하는 기쁨

초판 1쇄 발행 : 2000년 12월 30일

펴낸곳 : 네비게이토 출판사 ⓒ
펴낸이 : 조 성 동
120-180 서울시 서대문구 창천동 497
120-600 서울 서대문 우체국 사서함 27호
전화 : 334-3305(대표), 334-3037(주문)
팩스 : 334-3119
출판등록 : 1973년 3월 12일 제10-111호

ISBN 89-375-0245-3   03230